고객만족경영 **왜?** 실패할까

고객만족경영 왜? 실패할까 ⓒ 조광행 2000

초판 1쇄 발행일 | 2000년 5월 20일
초판 3쇄 발행일 | 2007년 4월 20일

지은이 | 조광행
펴낸이 | 이정원

펴낸곳 | 도서출판 들녘미디어
등록일자 | 1995년 5월 17일
등록번호 | 10-1162
주소 | 경기도 파주시 교하읍 문발리 출판문화정보산업단지 513-9
전화 | 마케팅 031-955-737 편집 031-955-7381
팩시밀리 | 031-955-7393
홈페이지 | www.ddd21.co.kr

값은 뒤표지에 있습니다. 저자와의 협의하에 인지는 생략합니다.
잘못된 책은 구입하신 곳에서 바꿔드립니다.
ISBN 89-36632-42-X (03320)

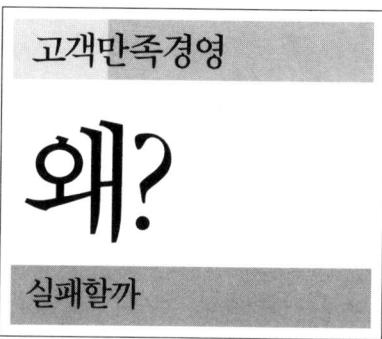

조광행 지음

들녘미디어

책머리에

　주위에서 누구나 다음과 같은 구호와 광고를 흔히 볼 수 있을 것이다.

- 새해에도 고객만족 1위 기업으로 남겠습니다
- 품질로 인정받는 고객만족 아파트
- 더 큰 만족으로 보답하겠습니다
- 21세기 물부족 해결과 고객만족경영에 최선을 다하겠습니다

　이처럼 우리나라 기업과 정부기관들은 고객의 만족을 위하여 노력하며 잘하고 있다고 주장하지만, 제품과 서비스를 사용하는 우리나라 소비자들의 반응은 차가운 것 같다.
　만일 우리나라 기업 및 정부기관의 주장과 광고가 사실이라면, 왜 우리나라의 제품 및 서비스가 외국제품 및 서비스에 비해 못하다는 인식이 팽배해 있을까?
　필자가 교육 및 컨설팅을 위해 기업에 가는 경우, 대부분의 기업에서 고객만족을 위해 노력하고 있다는 말을 듣는다. 그러나 고객만족에 대해 몇 마디 이야기를 나누다 보면, 고객만족경영을 인사 잘하기 운동, 미소 짓기 운동으로 알고 있거나 고객만족에 관한 몇 번

의 특강을 통해 이룰 수 있다고 생각한다. 그러나 고객만족은 말이나 구호 또는 광고를 잘한다고 해서 달성할 수 있는 것은 아니라는 점이다.

필자를 비롯한 여러 독자들은 다음과 같은 말을 여러 번 들은 기억을 가지고 있을 것이다. "부모님께 효도해라", "공부를 잘해야 한다."
이러한 말들은 누구든지 이야기할 수 있다. 그러나 왜 부모님께 효도를 못하는지, 공부를 못하는 이유는 무엇인지에 대해서는 거의 이야기해 주지 않는다. 더구나 어떻게(How) 부모님께 효도하고, 공부를 하라는 이야기는 필자도 별로 들어보지 못했다.

마찬가지로 "고객만족경영이 중요하다", "고객만족경영을 지금부터 우리 회사에서 하겠다"라는, 즉 목표(What)에 대해서는 자주 언급된다. 그러나 왜 고객만족경영이 실행되지 않는지, 고객만족경영을 어떻게(How) 해야 하는지에 대한 이야기는 거의 없는 편이다. 그 이유는 목표를 정하는 일은 매우 쉽고 누구나 할 수 있는 일인 반면, 어떻게 하는지에 대해서는 잘 모르고 그러한 접근방법이 있는지도 제시되지 않기 때문이라고 생각된다.
따라서 필자는 고객만족경영을 성공적으로 정착시키는 데 도움을 주기 위해, 다음의 의문점을 해결하고자 이 책을 썼다.

- 고객만족경영 왜(Why) 대부분 실패할까?
- 그렇다면, 고객만족경영이 정착하기 위해서는 구체적으로 어떻게(How) 해야 할까?

이 책은 주로 기업을 대상으로 하여 쓰여졌지만, 그 내용은 고객을 가지고 있고 고객만족경영(customer satisfaction management)을 원하는 모든 조직인 정부기관, 학교, 지방자치단체 및 자영업자(제과점, 노래방, 음식점 등) 등에게도 마찬가지로 적용될 수 있을 것이다.

이 책이 나올 때까지 많은 분들의 도움을 받았다. 무엇보다도 이 책을 처음부터 끝까지 읽고 사례 하나, 토씨 하나까지 많은 조언을 해주신 동료 교수들과 기업에 있는 여러 친구들에게 진심으로 감사를 드린다. 또한 이 책의 출판을 위해 애써주신 들녘의 이정원 사장님에게도 감사를 드리고 싶다.

마지막으로 이 책을 준비하는 짧지 않은 기간 동안 옆에 있는 것만으로도 도움을 준 아내, 아라, 혜인 등 가족들에게도 고마움을 표하고자 한다. 이 책을 일평생 가족을 위해 헌신해 오신 아버님과 돌아가신 어머님에게 바친다.

2000년 4월

조광행

차 례

■ 책머리에

제1부 고객만족경영 왜 필요한가?

고객만족경영의 필요성 • 13
고객만족경영이란 • 24
우리나라 소비자들의 고객만족도 • 26

제2부 고객만족경영 원칙

종업원만족
고객만족경영 왜(Why) 실패하는가—종업원의 불만족 • 31
종업원만족을 위해서는 무엇을(What) 해야만 하는가 • 35
종업원만족을 위해서는 어떻게(How) 해야 하는가 • 38

최고경영자의 리더십
고객만족경영 왜(Why) 실패하는가—최고경영자의 고객만족경영에 대한 솔선수범 부족 • 47
최고경영자의 리더십이란 • 52
최고경영자의 솔선수범, 어떻게(How) 해야 하는가 • 62

보상과 인정
고객만족경영 왜(Why) 실패하는가—불공평하고, 부족한 보상 및 인정 • 71
보상 및 인정에는 무엇이 있는가 • 75
보상 및 인정 어떻게(How) 해야 하는가 • 79

측정
고객만족경영 왜(Why) 실패하는가—측정의 부족 및 잘못된 측정 • 90
무엇을(What) 측정해야 하는가 • 98

구체적으로 어떻게(How) 측정해야 하는가 • 125
측정 후에는 무엇을 해야 하는가 • 134

교육과 훈련
고객만족경영 왜(Why) 실패하는가 – 고객만족 관련 교육훈련의 부족,
　잘못된 교육훈련 • 140
고객만족 관련 교육훈련에 대해 무엇을 알아야 하는가 • 147
고객만족 관련 교육 구체적으로 어떻게(How) 해야 하는가 • 152

프로세스 개선
고객만족경영 왜(Why) 실패하는가 – 프로세스 개선의 중요성에 대한
　이해부족 • 160
프로세스 개선을 위해 무엇을(What) 알아야 하는가 • 163
프로세스 개선 구체적으로 어떻게(How) 해야 하는가 • 167

제3부 고객만족경영 어떻게(How) 해야 성공할 수 있을까!

Step 1. 최고경영자가 솔선수범하면서 고객만족경영을 주도하라
왜(Why) 최고경영자의 솔선수범 및 주도가 필요한가 • 181
최고경영자는 어떻게(How) 해야 하는가 • 183

Step 2. 고객만족추진위원회를 구성하라
고객만족추진위원회 왜(Why) 필요한가 • 192
고객만족추진위원회의 구성 어떻게(How) 해야 하는가 • 196
고객만족추진위원회에 대한 교육훈련 • 203

Step 3. 비전, 사명, 가치, 목표를 설정하라
비전, 사명, 가치, 목표는 왜(Why) 필요한가 • 207
비전, 사명, 가치, 목표란 무엇인가 • 212
비전, 사명, 가치, 목표는 구체적으로 어떻게(How) 만드는가 • 218

Step 4. 고객만족 및 종업원만족 수준을 파악하라
　왜(Why) 고객만족 및 종업원만족 수준의 파악이 필요한가 • 225
　고객만족 및 종업원만족 수준의 측정 • 226
　내부고객의 만족수준도 파악하라 • 228
　종업원만족 수준의 측정, 구체적으로 어떻게(How) 해야 하는가 • 233

Step 5. 성공가능성이 높은 팀 프로젝트를 선정하라
　왜(Why) 성공가능성이 높은 팀 프로젝트를 선정해야 하는가 • 237
　팀 구성원의 확정 • 241
　프로젝트 팀에 대한 교육훈련 • 245
　프로젝트 팀에 의한 문제해결 사례 • 250

Step 6. 프로젝트 팀과 부서개선 팀을 계속 선정하여 지속적 개선을 추구하라
　프로젝트 팀과 부서개선 팀에 의한 지속적 개선, 왜(Why) 필요한가 • 261
　팀 프로젝트의 선정, 어떻게(How) 해야 하는가 • 263
　고객만족경영을 위한 지속적 개선의 예 • 266
　고객만족경영이 어느 정도 정착되었다고 판단되면, 부서개선 팀을 구성하라
　　• 268

부록　문제해결 도구 및 기법

흐름도 (Flow chart) • 273
체크 시트 (Check sheet) • 279
히스토그램 (Histogram) • 283
파레토 도표 (Pareto diagram) • 290
관리도 (Control chart) • 297
원인결과 도표 (Fishbone diagram) • 304

■ 에필로그 • 311
■ 참고문헌 • 313

제1부

고객만족경영 왜 필요한가?

고객만족경영의 필요성

고객만족경영이란

우리나라 소비자들의 고객만족도

고객만족경영의 필요성

필자는 1992년 가을에 고객만족 및 종합적 품질경영에 대한 연수를 받기 위해 보스톤 소재 다국적 컨설팅 기업인 ODi(Organizational Dynamics International)사에 간 적이 있다. ODi사는 세계적인 택배업체인 페더럴 익스프레스(Federal Express)사에 대해 고객만족 및 종합적 품질경영을 컨설팅해 주는 회사인데, 필자는 연수가 끝난 후 회사 관계자의 안내를 받아 미국의 여러 기업을 견학하였다.

그때 인상적이었던 점은, 늘어나는 외채 및 일본과 비교한 국제경쟁력 열위에서 벗어나기 위해 모든 직원이 고객만족 및 종합적 품질경영을 위해 열심히 노력하는 광경이었다. 특히 "일본은 하는데 우리는 왜 못하나?(If Japan Can, Why Can't We?)"라는 슬로건이 생각난다.

이때의 필자 심정은, 과연 미국기업이 경쟁력을 회복하고 천문학적인 무역적자의 수렁에서 벗어날 수 있을까였다. 그러나 이 글을 쓰고 있는 오늘 아침 신문기사(1999년 9월 29일자, 조선일보 1면)를 보면, 클린턴 대통령이 득의만만한 얼굴로 "미국재정은 1,150억 달러 흑자"라고 말하고 있다. 반면 "우리나라 정부의 빚은 200조 원으로서 국민 한사람이 436만 원씩 빚진 꼴"이라는 보도가 공교롭게도 묘한 대조를 이룬다. 다음의 두 신문기사를 보자.

 빌 클린턴 미국 대통령이 27일 백악관 로즈가든에서 이 달 말 끝나는 99 회계연도의 재정 흑자가 사상 최대규모인 1,150억불에 이를 것으로 추산된다고 설명하였다.
 그는 TV로 생중계되는 가운데 '115,000,000,000'이란 숫자를 직접 써보이며 "우리 경제가 이룩한 놀라운 업적"이라고 말했다.
-조선일보, 1999년 9월 29일자, 1면-

 한국 정부가 앞으로 직접 갚아야 할 채무(직접채무)와 지급보증을 선 채무(보증채무)가 올 연말쯤에는 모두 합쳐 200조 원을 넘어설 전망이다. 이를 우리나라 국민수(4,727만 명)로 나눌 경우 1인당 부담액은 436만 원이나 된다.
 9월 28일 기획예산처에 따르면 우리 정부(중앙정부와 지방자치단체)의 직접채무는 올해 말쯤 111조 5천억 원, 보증채무는 94조 4천억 원 선에 각각 이를 것으로 추정됐다.
 이에 따라 직접채무와 보증채무를 합친 '넓은 의미의 국가채무'는 올 연말쯤 총 205조 9천억 원 선에 이를 것으로 보인다. 이는 작년 말(143조 4천억 원)에 비해 43.6% 증가한 것이다.
 기획예산처는 "IMF 쇼크 이후 기업-금융 구조조정에 들어간 공적

(公的) 자금을 조성하는 과정에서 국가채무가 급증했다"며 "그러나 정부가 가지고 있는 국가채권이 118조 원(98년 말)에 달하기 때문에 정부의 실질(實質) 채무는 100조 원 정도"라고 말했다.

국내총생산(GDP)의 23.1%에 해당하는 직접채무의 내역을 살펴보면 중앙정부의 채무가 93조 9천억 원, 지방자치단체의 채무는 17조 6천억 원에 각각 이르고 있다.

—조선일보, 1999년 9월 29일자, 1면—

그렇다면 미국의 이 놀라운 역전은 어떻게 이루어졌을까? 물론 우연은 아닐 것이다. 한편 우리나라는 과연 어떨까? 다음 신문기사를 보자.

〈한국 국가경쟁력 갈수록 떨어진다〉

한국의 국가경쟁력이 갈수록 떨어지고 있는 것으로 나타났다. 스위스 국제경영대학원(IMD)은 20일 '99년도 세계경쟁력 연감'을 발표, "한국경제의 국가경쟁력이 미국, 일본, 독일 등 세계 47개국 중 38위를 기록했다"고 밝혔다.

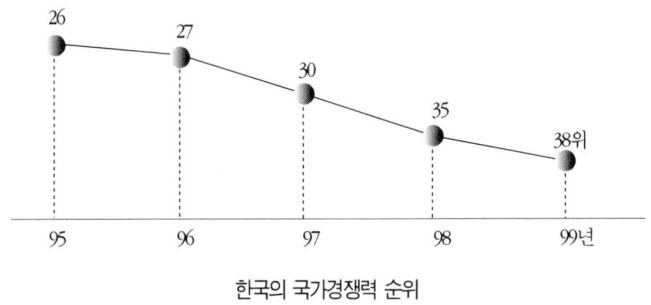

한국의 국가경쟁력 순위

이 같은 순위는 지난해 35위에서 3단계 떨어진 것이며, IMF로부터 지원을 받고 있는 태국(34위)이나 브라질(35위)보다 낮은 것이다. 한국은 95년 26위, 96년 27위, 97년 30위를 기록, 해마다 국가경쟁력이 떨어지는 추세를 보이고 있다.

-동아일보, 1999년 4월 21일자, 1면-

도대체 미국은 좋아지는데, 우리나라의 국가경쟁력은 왜 퇴보할까? 필자는 이러한 의문에 대한 해결방안을 조금이나마 제시하기 위해 이 책을 쓰게 되었다.

필자가 생각할 때 기업이 생존 및 성장하기 위해서는 다음 두 가지 요건이 필요한 것으로 보인다.

첫째, 시장성이 있는 업종의 선택
둘째, 업종 선택 후 그 업종 내에서 경쟁자보다 더 고객을 만족(customer satisfaction)시킬 수 있는 지속적 경쟁우위의 확보

첫째 요건인 '시장성이 있는 업종의 선택'은 업종진출 전에 고려되어야 할 요건이다. 반면 둘째 요건의 목표는 '고객만족'이라고 할 수 있다. 국가경쟁력을 거론할 때 언급되는 기술개발, 규제완화, 업종전문화, 물류 인프라, 금융환경 등도 결국은 기업의 생존 및 발전을 위하여 존재하는 것이며, 이들의 효율성은 결국 최종고객인 우리나라 및 외국 소비자들을 만족시킬 수 있는가에 따라 결정된다고 할 수 있다.

달리 표현하면, 어느 기업이 경쟁자보다 좀더 고객을 만족시키느

나에 기업간 경쟁 및 국가간 경쟁의 성패가 달려 있다고 할 수 있다.

결국 국가경쟁력이 낮다는 것은, 우리나라 기업들이 외국 소비자들을 외국 경쟁기업보다 제대로 만족시키지 못하고 있음을 뜻한다. 또한 국내기업들이 망하는 이유도 십중팔구는 국내 소비자들을 경쟁기업보다 제대로 만족시키지 못하기 때문이라고 할 수 있다.

다음 세 가지 사례를 보자.

〈병주는 병원〉

몇 년 전 신장이식 수술을 한 나는 세브란스병원 이식외과에서 한 달에 한 번씩 정기검진을 받는다. 그런데 전혀 번거롭지 않다. 따로 수속을 밟지 않아도 아침 7시에서 9시 사이에 진찰실 앞에 이름만 써놓으면 금방 주치의와 면담할 수 있다. 검사결과가 좋지 않으면 병원에서 먼저 입원하라는 전화를 걸어온다. H박사 같은 분은 환자걱정에 공휴일에도 회진을 한다. 아내가 다니는 S의료원에서도 예약날짜 하루 전에 확인전화가 온다. 진찰실 앞에서 10분 이상 기다리게 하지도 않는다.

그러나 모든 병원이 그렇게 친절한 것은 아니다. 내가 다니는 병원 S과에선 환자가 방문 앞에서 신음을 해도 정해진 진찰시간이 아니면 절대 봐주지 않는다. 나도 겨우 간단한 혈압검사를 받고 검사날짜를 예약하기 위해 입원까지 했던 경험이 있다. 그런 때면 오히려 없던 병도 생길 것 같다.

더 웃기는 것은 아들 때문에 다니게 된 H 대학병원 류머티스 내과다. 주치의의 명성 때문이라던가, 예약하고 최소 4년은 기다려야 한다고 한다. 게다가 걸핏하면 다른 의사의 대진이다. 간호사들은 왜 그렇게 불친절한지 금방 싸우자고 덤빌 듯한 표정들이다. 한두 시간 기다리는 건 필수다. 약까지 타고 나면 거의 반나절 넘어 걸린다. 그래놓고도 주차관리인은 주차요금을 악착같이 따진다. 병원에 갈 때마다 울화가 터지지만 하소연할 데 없이 혼자 가슴만 치는 게 우리 소시민들이다.

　국회의원님들, 제발 쓸데없는 싸움질은 그만두고 의사나 간호사들 불친절을 응징하는 법이나 만들어 주세요.

―박건호(시인·작사가), 조선일보 1999년 1월 30일자, 19면―

〈갈비를 시켰더니…〉

　92년 나고야로 가는 비행기를 탔다. 옆자리에는 50대쯤으로 보이는 점잖은 신사가 앉았다. 한국말을 모르는 일본인이었다. 명함을 내밀면서 인사를 청하자 별로 달갑지 않다는 듯 명함을 꺼내 주었다. 나는 "한국에는 자주 오느냐"고 물었다. 그는 굳은 표정으로 나를 바라보더니 "지금까지 2, 3일 여가가 생기면 와서 쉬곤 했는데, 아마도 다시는 안 오게 될 것 같다"고 했다.

　"한국은, 올 때는 기대에 부풀어 오지만 돌아갈 때에는 항상 개운찮은 기분이 되지요. 특히 음식점 횡포는 도저히 참을 수가 없어요. 오늘도 아침 겸 점심을 먹으려고 음식점에 갔어요. 옆자리 손님 앞에서 익어가는 갈비가 먹음직스러워 손으로 그것을 가리켜 주문을 했어요. 아주 맛이 있어서 흐뭇한 마음으로 계산대로 갔어요. 마침 계산대 앞에는 옆자리의 그 사람이 계산을 하고 있었어요. 계산기에 찍힌 금액을 보고 나도 그 정도일 거라고 생각했죠. 그런데 내 차례가 되고 보니 금액이 그 사람의 배나 되지 않겠어요? 손짓 발짓을 해가며 항의했지만, 계산원은 무서운 표정을 지으며 큰 소리로 뭐라고 떠들었어요. 부끄럽기도 하고, 어쩔 방법이 없었어요. 한국에 올 때마다 이런 언짢은 일들을 겪게 돼 피로가 풀리는 게 아니라 오히려 스트레스가 쌓여서 돌아가요."

창 밖을 바라보는 그의 쓸쓸한 눈빛과 처진 어깨를 보니, 변명을 해야 할지 위로를 해야 할지 난감했다.

—최길시(서울국제교육진흥원 교사), 조선일보 1999년 3월 6일, 3면—

〈군림하는 공무원… 세금이 아깝다〉

며칠 전 자동차 면허시험장에 갔다. 미국 대학에서 주최하는 연수회에 학생들을 데리고 참석해야 하는데 혹시 현지에서 운전할 일이 있을지 몰라 국제면허증을 발급받기 위해서였다.

대부분의 사람들에게 면허시험장이란 유쾌한 장소가 아니다. 열악한 환경 속에서 면허시험에 몇 번씩 떨어진 경험이 있는 사람들이 대부분이어서다. 이런 이유 등으로 필자도 웬만하면 국제면허증을 포기하고 출국하려 했는데, 함께 가는 동료교수에게서 국제면허증을 발급받는 데 1시간밖에 기다리지 않았다는 이야기를 듣고 받기로 한 것이다. 그런데 오전 10시에 접수를 했더니 오후 3시쯤 오라고 했다. 5시간을 그곳에서 기다리자니 너무 무리일 것 같아 그냥 올 수밖에 없었다.

우리나라 관청 어디를 가도 비슷하지만, 공무원들이 왜 그 자리에 있어야 하는지에 대해 의아심을 가지게 되는 경우가 적잖다. 국민이 내는 세금으로 그 자리에 있는 것인데 국민에게 서비스하기보다는 군림하려드는 공무원이 아직 상당수이다.

국제면허증 발급만 해도 그렇다. 수수료가 5천 원인데 이 수입만 해도 상당한 액수이다. 이 돈은 정부가 국제면허증 발급 서비스를 독점해서 얻는 이득이다. 그럼에도 '불친절한 정부'가 국제면허증 발급에 대한 독점권을 계속 가지는 것이 올바른지 의문이 생긴다. 미국의 경우 국제면허증은 정부 몫이 아니다. 우리로 말하면 교통편의점에 해당하는 '트리플에이(AAA)'라는 민간기구가 담당한다. 그곳에 가면 거의 기다리지 않고 국제면허증을 발급받을 수 있다. 국민 입장에서는 같은 수수료를 내고서 친절하고 시간낭비가 없는 곳에서 서비스를 받고 싶을 것이다.

교정행정도 마찬가지다. 국민세금으로 죄인을 교화해서 더 이상 범죄를 저지르지 못하게 하는 것이 교도행정의 목표일 것이다. 그런데 우리 교도소는 아직도 범죄를 배우는 장소로 둔갑하는 경우가 많다. 지금 우리 정부는 국제면허증 발급에서부터 국민들의 수준에 못미치는 서비스를 제공하고 있다는 느낌이었다.

―김정탁(성균관대 교수, 언론학), 경향신문, 1997년 7월 2일자, 12면―

반면 한국에 진출한 다음 외국기업의 사례를 보자.

〈"고객을 편하게…" 점포운영 차별화― 할인점 까르푸〉
"고객을 만족시켜라. 고객이 없으면 월급도 없고 일자리도 없다."
96년 7월 부천 중동에 백화점과 창고형 할인점을 결합한 유럽형 하이퍼마켓을 선보이며 유통업계에 돌풍을 일으킨 까르푸.
고객을 편하게 만드는 매장운영이 국내 유통업체들의 벤치마킹 대상이 되고 있다.
까르푸는 점포를 지을 때 주차장의 위치를 철저하게 지상에 확보한다. 국내 까르푸점엔 1층에 주차장이 있다. 이는 프랑스, 대만, 인도네시아 등 전세계 까르푸 매장이 똑같다. 컴컴한 지하에서 고객을 헤매게 하는 것은 불경(?)이라는 프랑스 본사의 원칙에 따른 것.

계단식 에스컬레이터도 없다. 비스듬하게 경사가 진 엘리베이터인 '오토워크'가 대신한다. 물건이 많더라도 쉽게 층마다 이동할 수 있도록 한 배려다. 진열대 간격도 4m가 넘는다. 국내업체의 1.5배. 카트를 밀고 서너 명이 지나도 넉넉하다. 롤러스케이트를 탄 안내원들은 수시로 돌아다니며 고객들의 의문에 답한다. 물건값을 지불하고 나가는 곳인 카운터엔 저울을 비치했다. 육류 등의 무게를 직접 달아 볼 수 있게 한 것이다.

부천 중동점, 일산점 등의 오픈을 지휘한 미셸 람(Michel Lamt) 지역본부장은 그러나 "고객들이 매장을 나갔다고 안도하지 않는다"고 한다. 각층에는 고객제안서 통을 두고 하루에 두 번씩 열어 본다. 요구는 그날 반영한다. 고객들이 불편을 호소할 수 있는 무료전화도 마련했다.

하루에 고객 1백 명 이상을 대상으로 가격, 품질, 친절도에 관한 서베이를 한다. 미셸 람 본부장은 "회사측은 아주 까다로운 고객들을 상정한 뒤 이들의 요구를 항상 공손하게 받아들일 수 있을 정도까지 직원을 교육한다"고 소개했다.

유통전문가들은 가격경쟁력 면에서 까르푸는 다른 업체와 큰 차이가 없다고 분석한다. 그러나 고객들을 편하게 하는 데는 한발 앞서 있다는 평가다. 까르푸는 올해 분당 안양점 등 총 6개 매장을 추가로 열어 국내에 확실히 뿌리를 내린다는 전략이다.

―중앙일보. 1998년 3월 16일자―

한국기업들이 대부분 그런 것은 아니지만, 한국에 진출한 외국기업과 한국기업 간에는 왜 이 사례들처럼 차이가 날까?

앞의 병원, 공무원 및 갈비집의 사례를 살펴보자. 필자는 불친절한 의사, 간호사, 공무원, 갈비집 종업원이 주위에서 쉽게 볼 수 있는 사람들이라고 생각한다. 그 이유는 이들도 처음부터 불친절하기로 마음을 먹은 것은 아닐 것이기 때문이다. 그러나 하루종일 환자 및 환자가족들, 민원인, 손님들에게 비슷한 질문으로 시달리게 되면 필자라도 그처럼 불친절하게 되지 않을까 생각된다. 물론 그렇게 행동하면 고객만족은 전혀 이루어질 수 없을 것이다.

그렇다고 고객만족을 위해 인사 잘하기 운동, 미소 짓기와 같은 스마일 운동만으로는 전혀 효과를 기대할 수 없을 것이다. 병원장, 상사 또는 갈비집 주인이 볼 때만 잘할 것이기 때문이다. 또한 신문기사에서 한 독자가 하소연했던 '불친절을 응징하는 법'을 만드는 것도 난센스라고 할 것이다.

그렇다면 어떻게 해야 할까?

기업, 자영업, 학교, 정부단체 등 모든 조직들이 경쟁자보다 뛰어난 고객만족을 달성하기 위해 고객만족경영을 추구하지만 왜(Why) 대부분 실패하며 제대로 하는 기업을 별로 볼 수 없을까? 결과적으로 기업의 경쟁력은 왜 취약하며 향상되지 않을까?

또한 어떻게(How) 해야 고객만족경영에 성공할 수 있으며, 성공하기 위한 구체적이고 이해하기 쉬운 방법은 무엇일까?

이러한 물음에 해답을 제시하고자 이 책을 썼다.

이 책의 전체적인 흐름은 다음과 같다.

고객만족경영 왜 필요한가?

고객만족경영의 필요성
고객만족경영이란
우리나라 소비자들의 고객만족도

고객만족경영 원칙
- 고객만족경영 왜 실패할까?
- 그렇다면 어떻게 해야 하는가!

종업원만족
최고경영자의 리더십
보상과 인정
측정
교육과 훈련
프로세스 개선

고객만족경영 어떻게(How) 해야 성공할 수 있을까!

Step 1 : 최고경영자가 솔선수범하면서 고객만족경영을 주도하라
Step 2 : 고객만족추진위원회를 구성하라
Step 3 : 비전, 사명, 가치, 목표를 설정하라
Step 4 : 고객만족 및 종업원만족 수준을 파악하라
Step 5 : 성공가능성이 높은 팀 프로젝트를 선정하라
Step 6 : 프로젝트 팀과 부서개선 팀을 계속 선정하여 지속적 개선을 추구하라

고객만족경영이란

　만족(satisfaction)이란 말은 satis(충분)+facere(만들다 혹은 하다)라는 라틴어에서 유래한 것으로, 이에 따르면 만족은 '성취하거나 무엇을 채우는 것'으로 볼 수 있다. 고객만족 연구의 대가인 Richard L. Oliver는, 만족을 실제로 구매한 후의 소비경험과 소비자의 사전기대가 어느 정도 일치하느냐에 따라 결정된다고 정의하고 있다.[1]

　즉, 실제로 제품을 사용해서 기대 이상의 가치가 있으면 "이것은 매우 좋은 상품이다"라고 만족하고 "이 다음에도 또 이 상품을 구입하자"고 결심하게 된다. 반대로 사전기대보다 가치가 낮으면 "뭐야, 이 상품은 괜찮은 것이 아니잖아" 하고 실망하고, "다음에는 다른 상품을 구입해야지"라는 생각을 가지게 된다. 이처럼 만족은 고객의 상품과 서비스에 대한 사전기대와 실제로 그 상품과 서비스를 이용한 사용성과의 상대적 관계이다.

　예를 들면, 숙박하는 경우에 싸구려 여관을 이용하였다면 사전기대가 별로 없었으므로 대단한 서비스가 제공되지 않아도 휴식을 취할 수 있으며 그것으로 만족한다. 이에 대해 고급호텔에 숙박하면 사전기대가 크므로 빈틈없는 설비와 서비스가 없으면 불만족하게 된다.

그림 1. 제품 및 서비스에 대한 사전기대와 사용성과의 관계

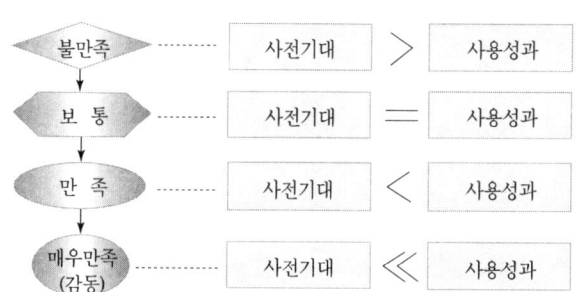

이 때문에 사전기대의 정도에 따라, 절대적인 서비스가 호텔보다도 낮은 여관 쪽이 고객의 만족을 얻는 현상이 발생된다. 그래서 고객의 만족도를 높이기 위해서는 자사의 상품과 서비스를 구입·이용해 주는 고객의 사전기대를 정확히 파악하고 끊임없이 사전기대를 상회하는 상품과 서비스를 제공하는 것이 무엇보다 중요하다.[2]

따라서 이러한 고객만족의 개념에 비추어볼 때, 고객만족경영이란 사전기대보다 사용성과를 크게 함으로써 고객을 만족시키고자 하는 경영적 노력이라고 할 수 있다. 이 경우 경쟁자들보다 고객을 만족시키지 못한다면 무의미하므로, 이 책에서는 고객만족경영을 '경쟁자들보다 사용성과를 크게 함으로써 고객의 사전기대를 더 만족시키고자, 계획을 수립하고 이를 실행하고 통제하는 과정'으로 정의하고자 한다.

우리나라 소비자들의 고객만족도

한국능률협회컨설팅이 1996년에 실시한 조사결과를 보면(그림 2 참조), 우리나라 소비자들은 대체로 서비스업종보다는 제조업종에 더 만족하고 있으며, 서비스업종 가운데서는 공공서비스보다는 일반서비스에 대한 만족도가 더 높다. 그러나 전반적으로 볼 때 우리나라의 고객만족도 수준은 50점이 채 안 되고 있음을 알 수 있다.[3]

그림 2. 각 산업에 대한 우리나라 소비자들의 고객만족도

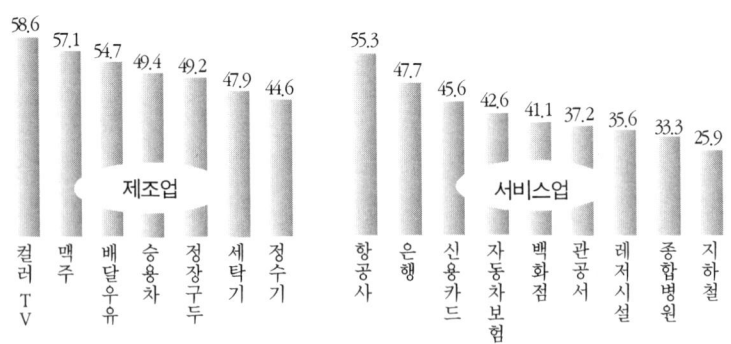

한편 우리나라의 LG 그룹은 1990년 2월 '고객을 위한 가치창조'를 그룹의 경영이념으로 채택한 뒤, 1992년 4월 한 달을 '고객의 달'로 선포하고 한 달 동안 5백여 가지의 갖가지 행사를 펼친 바 있다. LG는 이러한 고객만족운동을 그 후 지속적으로 실시하고 있다.

삼성그룹도 1994년 6월 회장 비서실 직속으로 삼성소비자문화원을 설립하고 여러 가지 고객만족활동을 하고 있다. 삼성소비자문화원에서는 매년 대대적으로 고객만족도 조사를 실시하고 있으며, 조사결과가 계열사 평가에 큰 영향을 미치기 때문에 결과적으로 삼성의 고객지향정신을 높이는 데 이바지하였다.

그렇다면 이처럼 '고객만족도'를 조사하고 '고객만족'이라는 개념이 기업에서 중요시되는 이유는 무엇일까? 그 이유는 고객이 만족할 때와 그렇지 않을 때가 다음과 같이 차이가 나기 때문이다.

그림 3. 고객이 만족할 때와 그렇지 않을 때의 차이

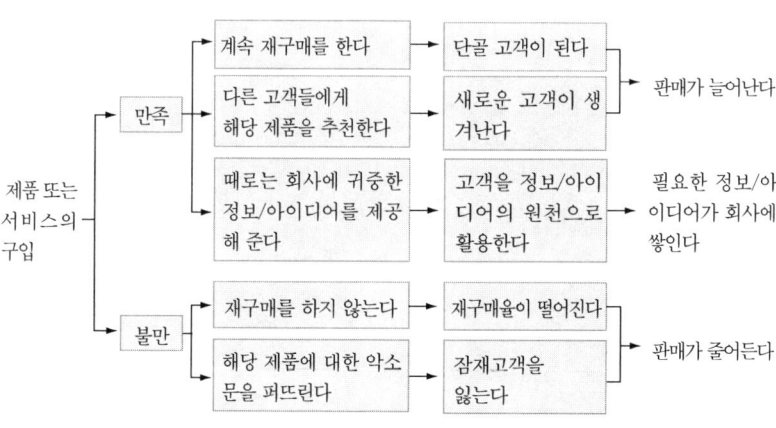

자료: 유필화(1998), 『현대 마케팅론』(제4판), 박영사, p.16.

우리나라의 경우 고객만족운동이 확산되는 것은, 경영자들이 이제 '만들어 팔기만 하면 되는' 시대는 영원히 지나갔다는 것을 절감하기 때문이다. 우리나라의 경영자들도 이제는 파는 것만이 능사가 아니고 고객을 만족시키느냐 그렇지 못하느냐가 회사의 장래에 결정적인 영향을 끼친다는 사실을 깨닫게 된 것이다.[4]

제 2 부

고객만족경영원칙

종업원 만족
최고경영자의 리더십
보상과 인정
측 정
교육과 훈련
프로세스 개선

종업원만족

고객만족경영 원칙 ❶
고객만족을 원하면 우선 종업원을 만족시켜라!

고객만족경영 왜(Why) 실패하는가 – 종업원의 불만족

"불만이 있는 종업원들은 테러리스트다"라는 말이 있다. 그들은 서비스의 질을 송두리째 파괴할 수 있기 때문이다. 또 '10－1＝0'이라는 공식이 있다. 열 명의 종업원이 잘해도 한 명의 종업원이 잘못하면 고객만족은 없다는 것이다.

종업원을 기업의 성공에 결정적인 역할을 하는 존재로 인식하고 이들의 욕구를 충족시키며 동기를 부여하는 내부마케팅이 필요하다. 외부고객만 고객이 아니라 내부고객도 마찬가지로 중요한 고객이기 때문이며, 대접받는 종업원만이 고객을 공손히 대할 것이기 때문이다. 종업원은 고객과 똑같은 정도로 소중하며, 또 소중하게 다루어야 한다.[1]

왜 그러한가? 우선 그렇게 하는 것이 당연한 일이며, 동시에 그것이 회사의 이익으로 이어지기 때문이다. 종업원에게 아무리 뛰어난 고객 서비스를 기대해도 종업원에 대한 대우가 나쁘면 무리인 것이다.

"종업원에게까지 신경쓸 필요가 있는가? 급료를 지불하고 있지 않은가? 그것으로 충분하지 않은가?" 하고 반문하는 사람도 있을 것이다. 천만의 말씀이다!

자신의 직업이 마음에 드느냐, 안 드느냐고 묻고 그 이유를 물어 보면 그것에 대해 사람들이 거론하는 첫째 이유는 돈이 아니다. 급료 이야기가 나오기 훨씬 전에 우선 이렇게 말할 것이다. "이곳은 일을 하기에 아주 좋은 곳입니다", "경영자는 나에게 무척 신경을 써줍니다", "경영자는 나를 인격을 지닌 성인으로 취급해 줍니다"라고.[2]

언젠가 미국의 한 기업을 방문했을 때 인상적인 것이 있었다. 주차장에서 건물입구와 가까운 곳에 우수사원을 위한 주차공간이 확보되어 있었고, 또 방문객을 위한 주차공간이 가장 편리한 곳에 마련되어 있었다. 고객이나 사원이 임원보다 좋은 자리에 주차하는 것을 보며 많은 사원들은 느끼는 바가 있을 것이며, 한층 힘이 날 것이다. 이처럼 기업의 외부고객, 즉 소비자 못잖게 내부고객인 종업원도 중요하게 여겨야 한다. 내부고객의 만족 없이는 외부고객의 만족이 있을 수 없기 때문이다.[3]

1990년에 미국의 서비스기업으로는 처음으로 말콤 볼드리지 상을 수상한 Federal Express사의 경우 종업원만족을 고객만족의 전제조건으로 생각하면서 고객만족을 추진하고 있다. Federal Express사는 종업원이 9만 4천여 명이며 1990년도의 수익이 70억 달러나 되는 거대한 항공운송회사로서 '무조건, 확실하게, 하룻밤 사이(Absolutely, Positively, Overnight)'에 배달한다는 경영이념을 종업원들에게 행동준칙으로 명확하게 제시하고 있다. "종업원은 고객을 만족시키는 서비스를 낳고, 고객을 만족시키는 서비스는 이익을 낳는다(People, Service, Profit)"는 확고한 고객만족경영을 실천하고 있는 우수기업이다. 종업원이 바로 고객이라는 생각은 이 회사 스미스 회장의 "종업원이 최우선이다. 고객만족은 종업원만족에서 시작한다. 서비스의 품질은 종업원의 손에 달려 있다"는 말에 잘 나타나 있다.

또한 "종업원을 중시하라. 그러면 그들도 또한 고객을 중시하게 될 것이다"는 다국적 호텔기업 매리오트사의 매리오트 회장의 말은, 종업원을 제1차 고객으로 생각하고 그들이 일을 잘할 수 있게 회사가 여러 가지 지원을 해야 고객만족이 달성될 수 있다는 뜻을 담고 있다.[4]

어떤 특정한 작업에서 담당직원이 바뀔 때의 비용을 생각해 보면, 종업원들에게 좀더 잘 대해야 하는 이유가 명확해진다. 업무에 숙련되지 못한 새로운 담당자로 대체될 경우 노동력은 떨어지게 마련이며, 이에 따른 비용도 급격하게 증가한다.

아래의 질문항목 중 당신의 회사가 인원교체로 겪고 있는 문제들의 비용을 적어 보라. 그 규모에 깜짝 놀라게 될 것이다.[5]
- 새로 일을 맡게 된 종업원들을 위한 교육 때문에 경영에 몰두할 시간을 빼앗긴 데 따른 비용
- 이직한 종업원에게 그가 일을 배우는 동안 지불한 임금비용
- 그 일의 담당자가 비어 있는 데 따른 기회의 상실과 고객의 불

만비용
- 대체근무 지원자를 인터뷰하기 위한 시간
- 신입직원의 교육비용
- 신입직원이 그의 일에 익숙해지기 전에 지급되는 봉급
- 공장의 감독관이 새로운 직원을 돌보기 위한 추가시간
- 일에 익숙지 않은 신입직원이 범하는 실수의 비용
- 대체자가 결정될 때까지 회사가 겪게 되는 혼란
- 이직한 직원만이 가지고 있는 회사의 각종 노하우 상실에 따른 비용

결론적으로, 고객만족경영의 성공은 종업원의 역할과 중요성을 인식하는 것에서 시작된다. 기업의 최고경영자에서부터 실무자에 이르기까지 "종업원이 행복하지 못하면 고객만족은 이루어질 수 없다"는 사실을 인식하는 것이 중요하다. 왜냐하면 기업의 고객만족(CS)은 그림 1과 같은 순환고리를 가지기 때문이다.[6]

그림 1. 고객만족의 순환고리

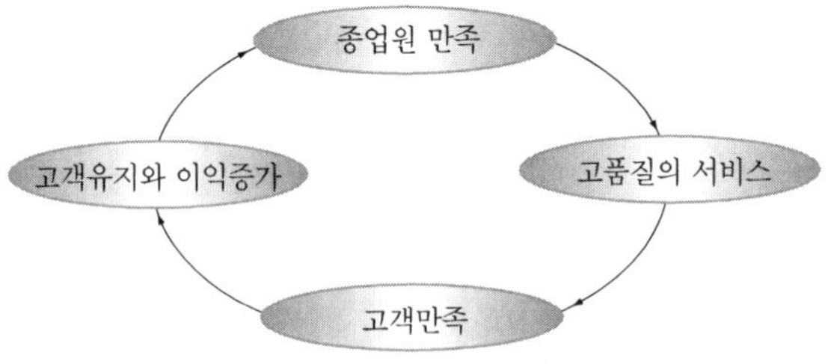

종업원 만족 → 고품질의 서비스 → 고객만족 → 고객유지와 이익증가 → 종업원 만족

자료: 이유재(1999), 『서비스 마케팅』(제2판), 학현사, p.413.

종업원만족을 위해서는 무엇을(What) 해야만 하는가

외부고객을 만족시키기 위해서는 좋은 제품이나 서비스가 필요하다. 마찬가지로 내부고객에게도 좋은 상품이 필요하다. 훌륭한 내부마케팅, 즉 고객지향적 성과를 기대하려면 기업이 종업원에게 매력적인 상품을 제공해야 한다.

내부상품은 고객지향성에 대한 관리자의 요구나 좋은 성과에 대한 기대에 호의적으로 반응하도록 종업원에게 동기를 부여하는 작업환경이다. 또한 훌륭한 종업원을 유치하고 보유할 수 있게 하는 직무나 환경을 포함한다.

관리방법, 인사정책, 직무자체의 성격, 계획 및 실행과정 등이 포함될 것이다. 외부고객에게 판매하는 제품이나 서비스처럼 시장지향적으로 내부상품을 개발해야 할 것이다.

이를 위해서는 경영층의 전략적 의사결정이 필요하다. 표 1은 내부마케팅을 외부마케팅과 대비시켜 정리하고 있다.[7]

내부마케팅의 목표는 종업원만족의 향상이다.

"종업원만족(employee satisfaction) 없이 고객만족(customer satisfacion)은 없다"라는 말을 종종 듣는다.

표 1. 외부마케팅과 내부마케팅의 비교

구분	외부마케팅	내부마케팅
대상	소비자(외부고객)	종업원(내부고객)
제공물	상품	직무 및 작업환경
가격	상품의 대가	직무의 대가
목표	소비자만족	종업원만족

도요타 자동차에서도 고객만족의 기본전제는 종업원만족이라고 강조한다. 스스로 만족하는 종업원이 고객을 만족시킬 수 있으며, 친절도 자연스럽게 고객에게 전달된다는 것이다. 일방적으로 고객만족을 강요하여 종업원이 불만을 느낄 때 진정한 의미의 고객만족은 기대할 수 없다.

예를 들면, 고객을 만족시키기 위해서 근무시간이 8시간에서 11시간으로 늘어나 부담으로만 느껴진다면 어느 종업원도 고객만족을 실천하지 않을 것이다. 그럼 종업원을 만족시키기 위해서는 무엇을 해야만 할까?

이에 대한 답은 그림 2와 표 2에서 찾아볼 수 있다. 즉, 종업원들에게 일에 대한 만족, 직장에 대한 만족, 인사에 대한 만족, 근로조건에 대한 만족, 회사에 대한 만족을 제공하여야 한다.[8]

이른바 WIIFM(What's In It For Me? : 내게 무슨 도움이 되는가?)이라는 질문에 대한 답을 종업원들이 이해하고 받아들여야 종업원의 자발적 참여를 통해 고객만족이 가능한 것이다.

그림 2. 종업원 만족도에 대한 다섯 가지 관점

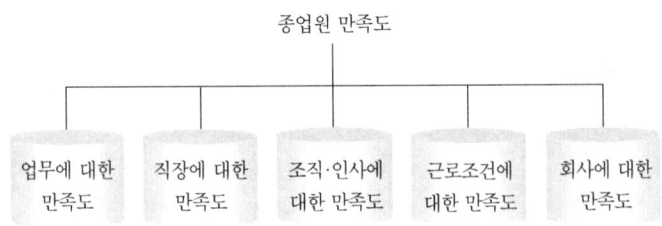

표 2. 종업원만족의 유형

입무에 대한 만족도	• 지금 하는 일이 자신을 성장시켜 주는가? • 자유재량의 폭이 넓은가? • 고객이나 타부서의 사람에게 공헌하고 있는가?
직장에 대한 만족도	• 상사와의 커뮤니케이션은 잘 이루어지고 있는가? • 동료들과의 커뮤니케이션은 잘 되는가? • 결정된 일은 모두 달성하고자 하는 결속력이 있는가?
조직·인사에 대한 만족도	• 인사평가와 처우는 공정하다고 생각하는가? • 실패를 비난하지 않고 재도전하게 해주는가? • 개인의 성장을 지원해 주는가?
근로조건에 대한 만족도	• 복리후생은 충실하게 되어 있는가? • 소득수준은 일에 비해 합당한가? • 근무조건은 납득할 만한가?
회사에 대한 만족도	• 경영자세에 공감할 수 있는가? • 이 회사에 다니는 데 자부심을 가지고 있는가? • 지역사회에 대한 공헌 등 좋은 이미지를 가지고 있는가?

자료 : 고나가와 신지로/에가와 가쓰히코 지음·한국 제이마크(주) 옮김(1993), 『DC카드의 CS경영』, 21세기북스, p.182.

단 한 개의 점포에서 출발하여 10년 만에 2천여 개의 점포를 거느리며 세계 최고의 커피전문 체인 기업으로 성장한 스타벅스사의 하워드 슐츠 사장은 다음과 같이 말한다.[9]

소매와 레스토랑업은 고객에 대한 서비스에 흥망이 달려 있는데도 종업원들이 그 어떤 산업보다도 낮은 봉급과 복리후생 혜택을 받는다는 것은 이상한 일이다. 이 사람들은 회사의 심장이요, 영혼일 뿐만 아니라 대외적인 얼굴이다. 우리가 버는 모든 달러는 바로 그들의 손을 거쳐 들어온다.

　점포나 레스토랑에서 고객이 경험하는 것은 곧 그 업체의 생명이다. 한 번 나쁜 경험을 하게 하면 당신은 그 고객을 영원히 잃어버리는 것이다. 만일 당신의 사업이 대학에 다니는 한 스무 살 먹은 파트타임 종업원의 손에 달려 있다면 그 사람을 소모품으로 다룰 수 있겠는가?

　나는 스타벅스를 처음 경영할 때부터 모든 사람들이 일하기를 원하는 그런 좋은 회사를 만들기를 원했다. 소매점과 레스토랑에서 주는 일반적인 임금보다 더 많은 봉급을 줌으로써, 또한 다른 어떤 곳에서도 주지 않는 혜택을 제공함으로써 커피에 대한 열정을 기꺼이 전달할 수 있는 능숙한 사람들을 끌어들이고 싶었다.

　내 생각에, 후한 복리후생 혜택의 제공은 경쟁력의 핵심적인 강점이다. 그러나 반대로 많은 서비스 지향적 회사들은 견습사원에 대한 대우를 좋은 사람을 끌어들이고 보답하는 기회로 보지 않고 최소화해야 할 비용으로 간주하고 있다.

　나는 경주에서 승리하기를 원했다. 그러나 나는 또한 경주가 끝났을 때 아무도 뒤에 처져 있지 않기를 바랐다. 만일 소수의 회사간부와 주주들이 종업원들을 희생시켜 승리한다면 그것은 승리라고 할 수 없다. 우리는 모두가 함께 결승 테이프에 도달해야 한다.

종업원만족을 위해서는 어떻게(How) 해야 하는가

　그렇다면, 종업원 만족을 위해서는 구체적으로 어떻게 해야만 할까? 참고로 일본의 NTT데이터통신이 종업원의 만족도를 높이기 위

하여 실시한 시책에는 다음과 같은 것들이 있다.[10]
- 의사 소통의 활성화
    - 사내 TV의 설치
    - 사내보(社內報)의 정비
    - 생일 미팅의 실시
- 복리후생 서비스의 향상
    - 리조트 호텔 및 스포츠 클럽의 계약
    - 정신건강 강좌 개설
    - 주택자금 융자
    - 사택의 개선 및 입주기준의 명확화
    - 헬스센터의 운영에 의한 건강관리의 충실화
    - 직장환경의 개선
- 전사원 경영 참가의 추진
    - 장기 경영계획 수립에 대한 참여
- 근무시간의 탄력적 운영
    - '마이 실렉트 타임(my select time)' 제의 실시
    - '플렉서블 타임(flexible time)' 제의 실시

이러한 시책의 예와 함께 종업원 만족을 위해서는 다음과 같은 종업원만족 관련 실행방안이 병행되어야 한다.[11]

적합한 사람의 고용

기업에서 우수한 종업원을 채용하는 일은 매우 중요하다. 매리오트 호텔의 Roger Dow는 "우리는 사람들을 어떤 직무든지 수행할 수 있게 훈련시킬 수 있다. 그러나 친절한 태도를 가지게 하기 위해

서는 채용 및 선발부터 시작되어야 한다"고 말하고 있다. 이는 신입사원의 선발이 그만큼 중요하다는 의미이다.

특히 서비스 기업은 서비스 능력(service competencies)뿐만 아니라 서비스 성향(service inclination)을 고려해야 한다. 서비스 능력이란 기술이나 지식 또는 신체적 조건이나 학력 등을 의미하지만, 서비스 성향이란 가치관, 태도 등을 의미하는 것으로서 남을 기꺼이 도우려는 성향, 사려 깊음, 사교성 등이 이에 포함된다.

최고사원의 유지

많은 기업에서 고객과의 접촉이 많은 직책은 대개 신입사원들에게 맡겨진다. 예를 들면 패스트푸드 식당의 카운터 보는 사람, 비행기 승무원, 버스기사, 사무실 안내원 등이다. 이런 직책에서 일을 잘하면 승진되어 고객과의 접촉이 적은 직책으로 가는 것이 일반적이다.

여기서 두 가지 위험을 발견할 수 있다. 첫째, 기업이 기업의 성공여부를 신참이며 훈련이 덜 된 종업원들 손에 맡기게 되는 것이다. 둘째, 이런 직책에서 훌륭하게 해낸 종업원은 종종 승진되어 현 직책을 떠나게 되고 결국에는 능력이 부족한 신참직원들에게 그 일이 남겨진다는 것이다. 이외에 기업이 최고사원을 유지하지 못해 경쟁사에 뺏기거나 현 기업을 떠나는 경우 남은 종업원들의 사기가 저하되고 전반적으로 고객만족이 감소하게 된다.

최고사원을 유지하기 위해서는 종업원에게 동기를 부여하는 환경을 구축하는 것이 필요하다. 실제로 어느 기업에서는 활력이 넘치고 성취감이나 일에 대한 기대감과 흥분감까지 느낄 수 있는 반면, 어느 기업에서는 전반적으로 권태감이나 활력이 없는 무관심을 발견할 수 있다. 동기부여 환경이 존재하는가를 평가할 수 있는 지표로는 다음과 같은 것들이 있다.

첫째, 종업원이 인식하는 '노동생활의 질'이다. 이에는 직무만족도, 직무의 안정성, 승진기회, 유능한 감독자, 공정한 평가 등이 포함된다. 노동생활의 질이 높다고 인식할수록 종업원의 동기부여는 강하다.

둘째, 전반적인 근로의식이다. 근로의식이 낮은 종업원이 강한 의욕을 가지고 일하기를 기대할 수 없다.

셋째, 일반적인 활력수준으로 개인의 건강상태 및 심리적 안정도를 볼 수 있다. 피로에 젖은 서비스 종업원이 의욕적으로 일하리라고는 생각할 수 없다.

권한부여와 팀워크의 장려

고객의 요구에 발맞추고 문제발생시 빨리 대응하기 위해서는 일선 종업원들에게 재량권을 부여하는 것이 필요하다. 즉, 즉각적인 상황판단과 문제해결 및 융통성 있는 업무흐름을 위해서 종업원들의 자발적인 의사결정을 지원하는 운영방식이 필요하다. 종업원에게 상황에 따른 의사결정 권한을 부여하는 것이 권한부여(empowerment)의 핵심이다.

권한부여는 종업원이 스스로 지시하고 스스로 관리하게 하는 것이다. 자발적인 사람은 기능부서간, 조직간 벽을 효과적으로 허물 수 있고 고객만족을 방해하는 조직상의 장애를 제거한다. 패시픽 가스전기(Pacific Gas & Electric)사는 1987년 종업원 권한부여 프로그램을 시행해 엄청난 조직변화를 가져왔다. 종업원들의 각종 제안을 환

그림 3. 역피라미드로의 전환

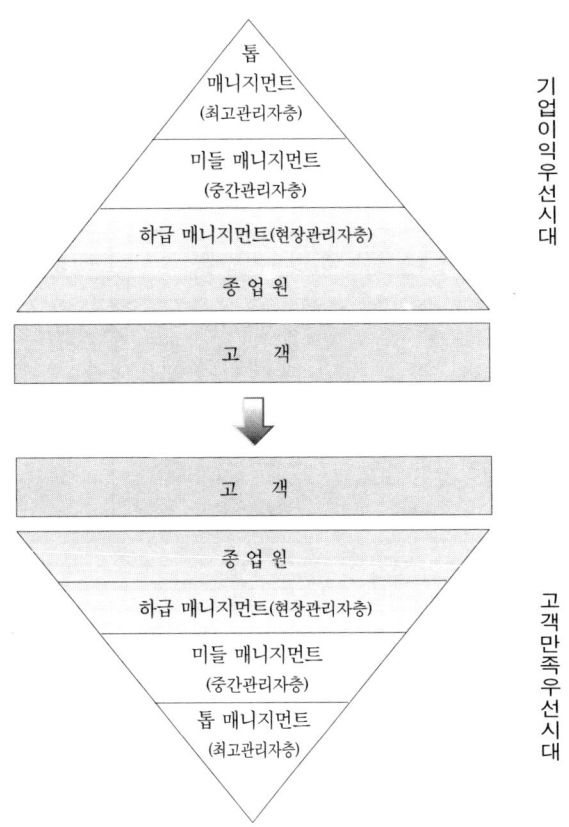

자료: 히라시마 야스히사 지음 · KMAC CS경영혁신센터 옮김(1992), 『고객만족경영의 추진방법』, 21세기북스, p.49.

영하게 되었으며 평직원들에게도 업무상 재량권을 크게 부여한 결과 계층이 축소되어 연 8백만 달러의 경비절감, 높은 직무만족, 고객만족의 증대를 가져왔다. 이 프로그램이 실시되기 전에는 고위층의 승인 없이는 계량기 설치경로도 변경할 수 없을 만큼 종업원의 권한이 제한적이었다고 한다. 그러나 프로그램을 통해 상사를 만족시키기보다는 고객을 만족시키는 데 주력하도록 강조하고 많은 권한이 위임되었다.

기업이익을 우선으로 하는 종래의 경영조직은 최고경영자가 정점에 오르는 피라미드형이지만, 고객만족을 우선으로 하는 경영조직은 종래와는 전혀 다르다. '역피라미드'로 되는 것이다. 가장 중요한 것은 고객의 만족이므로 고객이 먼저이고, 다음으로 중요한 것은 고객만족을 실현하기 위해 제일선에서 고객과 직접 접촉하는 종업원이다. 이렇게 제일선에서 분투하는 종업원을 지원하는 것이 현장관리자층, 중간관리자층, 최고관리자층이며 종업원 다음으로 오게 된다. 경영조직이 역피라미드로 되어 있다고 해서 결코 관리자층의 권위실추를 의미하는 것은 아니다.

관리자의 역할이 다르기 때문에 종래와 같이 경영전략을 설정하고 의사결정을 하는 것은 변함없고, 거기에 고객만족을 실현하기 위해 제일선에서 활약하는 종업원을 지원한다는 새로운 역할이 추가되는 것이다.[12]

권한부여 이외에도 팀워크를 통해 종업원만족이 더 제고될 수 있다. 기업은 "모든 구성원이 고객을 가지고 있다"는 자세를 일깨워 줌으로써 팀워크를 장려할 수 있다. 팀간 선의의 경쟁을 유도하고 우수한 성과를 낸 팀에 대해 직절한 보상이 주어질 때 구성원인 종업원의 만족이 더 커지는 경향이 있다.

감정노동의 관리

　감정노동이란 종업원의 감정이 업무상 하나의 요소가 되는 노동을 말한다. 즉 인간으로서의 심리적·감정적 반응이 업무결과에 반영되는 노동이다.

　감정노동의 비율이 높은 업무의 예로는 의사, 간호사, 소방사, 사회사업가, 경찰관 등을 들 수 있다. 이런 직종의 사람들은 일상적으로 사람들과 접촉해야 하고 접촉대상이 되는 사람들이 뭔가 문제를 가지고 있는 경우가 많다. 따라서 고뇌를 가진 사람들의 감정을 헤아리고 달래야 한다.

　감정노동이 거의 없는 노동자로는 건설노동자, 엔지니어, 회계사, 컴퓨터 오퍼레이터, 작가 등을 들 수 있다. 이들의 업무는 인간과의 접촉이 비교적 적고 따라서 갈등이나 반감을 품는 일도 비교적 적다.

　그러나 상대방에 대해 신경을 쓸 필요가 없어 보이는 간단한 접객 업무에서도 감정노동은 존재한다. 이를테면 단순히 전화로 접촉하는 것에서도 상당히 스트레스가 발생한다. 따라서 웨이터, 비행기 승무원 등과 같이 감정노동의 성격이 강한 업무를 가진 경우, 항상 주의를 기울여 가능한 한 고객을 위해 최고의 서비스를 제공하겠다고 의식하고 있으므로 스트레스가 매우 과중할 것이다.

　심리학자들은 이를 가리켜 '대인접촉과잉 증후군(contact-overload syndrome)'이라 부른다. 아주 많은 사람과 일 대 일로 접촉하는 업무에 종사하는 사람이 빠지기 쉬운 증상이다. 하루종일 운전면허증 신청접수를 받는 사람, 붐비는 식당에서 계속 식사비를 받는 사람, 애프터 서비스 전화를 받는 고객센터 직원, 은행의 창구직원, 비행기 승무원 등이 예이다. 하루종일 계속해서 낯선 사람과 대화하는 일은 당연히 상당한 '감정적 피로'를 느끼게 한다. 그 각각의 한 건이 정서적으로는 작은 것이지만 그것을 무수히 많이 취급하기 때문이다.

대인접촉과잉과 그 밖의 스트레스를 주는 감정노동이 초래하는 악폐로는 다음과 같은 것이 있다.

- 무력감, 권태감, 의욕감퇴, 현실도피, 육체피로, 긴장, 스트레스, 조급함, 과잉노동을 야기시키는 고객에 대한 적대감
- 업무와 고객에 대한 관심의 저하, 고객에 대한 무례한 행동, 업무의 질에 대한 무관심, 자존심 및 성취의욕 결여
- 각 상황에 대해 프로그램화된 기계와 같은 대응

감정노동에 대한 이런 반응은 두 가지 측면에서 심각한 문제를 야기한다.

첫째, 이런 상황에 빠진 종업원의 건강이다. 감정노동에서 생긴 스트레스로 인해 자신의 직업을 하찮은 것으로 생각하게 되고 개인적 생활도 영향을 받는다.

둘째, 종업원의 바람직하지 못한 감정적 대응이 고객에게 파급되어, 고객과 접촉하는 '결정적 순간(Moment of Truth)'에 서비스의 품질을 훼손한다는 것이다. 무관심으로 업무에 대한 의욕과 흥미를 잃고 적의까지 품게 된 종업원은, 그 감정을 고객에게 터뜨리기 때문에 고객에게 기업에 대한 나쁜 인상을 주게 된다.

이처럼 감정노동이라는 개념을 파악하면 제일선의 서비스 제공자가 왜 고객에게 해로운 행동을 하는가를 이해할 수 있게 된다. 대개 게으르고, 무관심하고, 서비스 의욕이 없다고 보이는 종업원들에게

서 대인접촉과잉으로 인한 의욕감퇴 증상이 나타난다. 따라서 이러한 문제가 있다는 사실을 이해하고 관심을 가지고 이 문제를 다루어야 한다.

감정노동의 문제는 여러 측면에서 대응해야 한다.
첫째, 종업원의 선발 및 직무배치에서 다루어야 한다. 관리자는 어떤 사람이 감정노동에 대해 더 저항력이 있는가를 확인하여야 한다. 그리고 저항력이 상대적으로 약한 사람에게 적합한 업무를 찾아주어야 한다.
둘째, 종업원 훈련을 통해 고객접촉시에 생기는 스트레스를 완화해 나가는 방법을 가르치고, 지속적으로 열의와 의욕을 지니고 업무를 수행할 수 있게 도와주어야 한다.

최고경영자의 리더십

> **고객만족경영 원칙 ❷**
> 최고경영자부터 변해야 한다!

고객만족경영 왜(Why) 실패하는가
 – 최고경영자의 고객만족경영에 대한 솔선수범 부족

고객만족경영이 성공하는 과정에서 여러 요인들이 서로 영향을 미치게 된다. 이들 중 가장 근본적이며 가장 중요한 것 한 가지를 들라고 하면 최고경영자의 고객만족경영에 대한 정열과 솔선수범이다.

학교를 졸업하고 아버지가 경영하던 '소웰 빌리지 캐딜락'사에 입사하여 연간매출액을 1천만 달러에서 2억 5천만 달러로 25배나 신장시키고, 이익도 높은 비율로 증가시켜 온 칼 소웰(Carl Sewell)은 다음과 같이 말한다.[1]

경영자는 모범이 되지 않으면 안 된다. 경영자는 단지 설교를 하는 것만으로는 안 된다. 모두의 모범이 되어서 지도해야 한다. 리더십이란 솔선수범이다. 회사를 청결하게 하는 것을 목표 가운데 하나로 결정했다면, 경영자 자신이 주차장에 떨어져 있는 종이조각을 보고 줍지 않았을 경우 종업원 누구에게도 회사를 청결히 하는 것을 기대해서는 안 된다.

예를 들어 보자. 새로운 매장을 개점하는 날의 일이었다. 나는 시외에 나갈 용무가 있었고 더구나 아침부터 밤까지 굉장히 바빴다. 그날 밤 점포로 돌아오니 빌딩 밖에 종이컵과 빈 상자가 마구 흩어져 있었다. 개점 시각이 박두했는데 아직 남아 있던 일을 하던 목수가 내버려 둔 것들이었다.

나는, 쓰레기를 주우면서 돌아다녔다. 금세 두세 명의 세일즈맨이 가담했다. 내가 아무것도 부탁하지 않았는데도 말이다.

청소를 하는 동안 세일즈맨 하나가 "이것은 저 친구들이 해야 할 일이잖아요?" 하고 말했다.

"하지만 하지 않은 것을 어쩌겠나? 이곳은 우리의 점포니까 우리들이 뒤치다꺼리를 하세."

나는 그 세일즈맨이 내가 한 말을 이해해 주었으리라 생각한다. 상사는 함께 일하는 부하에게 이런 종류의 이야기를 되풀이해서 들려주지 않으면 안 되고, 주차장에 떨어져 있는 쓰레기를 줍는 모습이나 고객의 짐을 자동차까지 들어다주는 모습을 부하에게 보여주어야 한다. 이것이 회사의 가치관을 정립하고 강화하는 방법이 된다. 귀찮은 일을 마다하지 않고 고객을 위해서 봉사한 종업원이 있다면 사보에서 크게 다루는 것도 이런 이유에서고, 기회 있을 때마다 우수한 사원에 대해서 이야기를 하는 것도 마찬가지 이유에서다.

최고경영자의 솔선수범은 미국뿐만 아니라 어느 나라에서도 효력을 발휘한다. 1993년 연말 에버랜드의 식당에서 일어난 조그만 사건이야말로 전사적인 변화의 물결을 일으키기에 충분한 사건이었다.[2]

〈변화의 리더십-접시를 든 대표이사〉

허태학 대표이사는 취임한 해 연말 간부들과 경영전략회의를 마치고 에버랜드의 한 식당에서 임직원들과 식사하는 자리를 가지게 되었다. 취임한 지 얼마 되지 않은 터라 임직원들과 단합의 자리를 마련하고 한 해를 마감하는 송년회도 겸한 자리였다. 행사가 끝날 무렵 간부들이 하나둘 자리를 뜨기 시작하고, 식당직원들도 정리할 준비를 하고 있었다.

그런데 이상한 것은 대표이사가 밖으로 나갈 생각을 않고 상의를 벗고 주방으로 들어가는 것이 아닌가? 대표이사는 주방에 있는 접시를 정리하더니 접시들을 옮기는 것이었다. 직원들에게는 이상하고 궁금하기 짝이 없는 행동이었다. 대표이사가 옷소매를 걷어붙이고 접시를 나르는 판에 직원들이 가만히 있을 수는 없는 일이었다. 순식간에 식당에 있던 모든 사람들이 접시를 나르는 진풍경이 벌어졌다.

초기단계에서는 변화의 물꼬를 트기가 그리 쉬운 일이 아니다. 진정한 변화는 위와 아래가 모두 동참하는 가운데 완성될 수 있을 것이다. 그러나 변화의 시작은 위에서부터 시작되어야 아래를 쉽게 움직일 수 있다. 이러한 점에서 대표이사의 솔선수범이야말로 말뿐인 변화가 아니라 행동으로 보여주는 '나부터 변하기'의 전형이었다.

이제 최고경영자가 서비스 개념과 고객지향적 사고를 가지고 있고, 그러한 사고를 적극적으로 실천하려는 솔선수범의 자세를 가지고 있어야 한다는 사실이 확실해졌다.

그렇다면 많은 기업들이 고객만족경영을 시도하지만 제대로 안 되는 이유는 무엇일까? 가장 큰 이유는, 역설적으로 말해 고객만족경영을 가장 바라는 최고경영자가 제대로 하지 않기 때문이다. 다시 말해서 최고경영자의 고객만족경영에 대한 몰입부족 또는 하위직급자에 대한 위임 때문이다.

최고경영자를 제외하고는 어느 누구에게도 회사의 전체업무를 조감할 수 있는 기회가 주어지지 않고 있다. 따라서 정책수립이나 중요의사결정에 참가하지 못한 부서장은 자기 입장, 자기 부서의 입장에서 전체를 바라보기 때문에 전략이나 정책에 대한 완전한 이해가 부족하다. 그 결과 총론이나 전체적인 방향에 있어서는 찬성하지만, 각론에 들어가서 추진단계에 이르면 이견을 제시하거나 총론에 어긋나는 세부 실행계획을 세우기가 쉽다. 어떤 부서장은 자기 부서가 회사를 위해서 존재한다는 사실을 망각하고 회사가 자기 부서를 위해서 존재하는 것처럼 착각하고 행동하기조차 한다.

따라서 최고경영자가 주도하여 강력한 힘으로 추진하지 않으면 고객만족경영은 성공하기 어렵다. 고객만족경영을 성공시키기 위해서는 많은 시간과 자원, 끊임없는 개혁, 창조력 그리고 막대한 경영노력이 필요하다. 선투자보다는 경비절감에 익숙한 우리나라 경영풍토에서는 최고경영자가 주도하지 않고 실무차원이나 몇몇 부서를 관장하고 있는 임원급이 추진해서는 실효성을 기대하기 어렵다.

즉, 최고경영자의 철학과 강력한 추진력 없이는 총론에는 찬성하지만 '나'에게만은 변화가 없기를 바라고 편하기만을 바라는 조직구성원들을 변화시키기가 불가능하다.[3]

최고경영자의 주도로 고객만족경영을 시작하더라도 처음에는 잘

추진되지 않는 것이 보통이다. 가장 근본적인 이유는 고객만족경영이 지금까지 해오던 회사 위주의 경영방식과 정반대이므로 익숙해지는 데 시간과 노력과 비용이 많이 들기 때문이다.

더욱 심한 경우는 최고경영자가 말로는 고객을 만족시켜라, 고객을 최우선으로 하라고 하면서 실제로는 자기에게 잘하는 사람을 좋아하는 '이중잣대(double standard)' 증세를 보이는 경우이다. 이중잣대 증세는 최고경영자 본인은 매우 익숙해져 있기 때문에 전혀 인식하지 못하지만 부하들은 금방 알 수 있는 병이다.

최고경영자가 이런 증세를 보이면 눈치 빠른 부하들은 고객은 안중에도 없고 최고경영자의 생각이나 기분에 따라 일을 하게 된다. 그래야 좋은 점수를 딸 수 있기 때문이다. 이렇게 되면 고객만족경영은 말로만 하고 실제로는 상사만족·자기만족(자기 점수따기)경영이 되고 만다.

현실적으로는 최고경영자가 고객만족을 외치면서 영업실적도 동시에 늘리도록 요구하는 경우가 많다. 고객만족한다고 금방 영업실적이 높아지는 것도 아닌데 말이다. 이는 영업실적이 나빠지면 최고경영자의 자리가 불안해지는 측면 때문이기도 하지만 두 마리 토끼를 잡고 싶은 욕심 때문이다. 그러면 모두가 영업실적(회사) 위주로 행동한다. 그쪽이 더 익숙하므로 더 높은 점수를 딸 수 있다고 믿기 때문이다. 그 결과 의사결정은 고객의 입장에서 이루어지지 않고 회사이익 우선 또는 자기점수 따기 우선으로 이루어진다.

고객만족경영의 성공사례로서 많은 기업이 있지만, 고객과 기업이 만나는 결정적 순간을 강조한 스칸디나비아항공과 마루이, 도요타 등은 모두 선두에 서서 조직을 이끌어간 최고경영자의 정열이 가장 큰 성공 비결이었다. 위에서 진두지휘하는 것만이 아니라 현장에 뛰어들어 전사원과 함께 어떻게 하면 고객만족을 얻을 수 있는가 계속 이야기하고 실천하였던 것이다. 이러한 최고경영자의 정열이 전사원에게 전달되고 사내의 풍토가 개혁됨으로써 고객만족향상에 연결되는 것이다.

이와 같이 고객만족경영에 성공하는 첫번째 열쇠는 고객만족경영을 추진하려는 강력한 최고경영자의 정열에 있다. "최근 고객만족경영이 화제가 되고 있으니 우리도 해볼까? 그래, 당신이 선두에 서서 해보지 않겠소?" 하고 부하에게 맡기는 것이 아니라, 최고경영자 자신이 고객만족경영이란 무엇인가부터 진지하게 연구하고 고객우선, 고객만족경영을 실천함으로써 성공할 수 있는 것이다.[4]

최고경영자의 리더십이란[*]

지도자, 특히 기업에서 최고경영자는 선택의 폭이 넓은 자리이다. 힘으로 이러저러한 규정을 만들 수도 있고, 자발적으로 자신을 따르게 고취시킬 수도 있다. 이들 두고 '위협을 통한 리더십', '감동을 통한 리더십' 등으로 표현할 수 있을 것이다.

전자의 리더십은 가장 빠르고 쉬운 방법으로 게으르고 인내심이 없는 리더가 흔히 택하게 되는 유형이다. 강압에 의한 리더십은 장기적으로는 결코 성공할 수 없다. 노예화되고 압박당하는 이들의 마

---

[*] 여기에 소개되는 내용은 폴 레베스크 지음 · 최연홍 옮김(1997), 『고객감동 주식회사』, 한세, pp. 94~114를 인용하였음.

음과 열정은 압박에서 벗어나는 길을 찾게 마련이다. 따라서 끊임없이 태업(怠業) 기회를 찾고, 산출물은 늘 최소한의 것밖에 나오지 않는다.

반면 후자의 리더십은 결과를 가져오기까지 좀더 오랜 시간이 걸린다. 사람들은 변화의 필요성과 당위성을 지속적으로 느끼기 전에는 자신의 신념이나 행동을 자발적으로 바꾸려 하지 않기 때문이다.

유능한 리더십의 비결은 결코 비밀이 아니다. 실행하는 데 특별한 어려움이 있는 것도 아니다. 단지 현실에서 능란하게 활용하지 못하고 있을 뿐이다. 리더는 곧 변화를 주는 사람이며, 직원들은 리더가 추구하는 변화에 짜증스러워하고 격렬하게 반대하기 마련이다.

리더십은 다른 이들의 행동에 영향을 주기 위해 그들의 생각을 바꾸게 하는 능력이다. 간단히 말해 이 기술을 통달하는 사람이 곧 리더이며, 리더가 되기 위해서는 가장 먼저 스스로의 생각과 행동을 바꾸는 것이 필요하다.

그렇다면 어떻게 리더로서 생각하고 행동해야 하는가? 어떻게 부하직원들이 리더를 따라 새로운 방법의 사업에 몰두하도록 고쳐시킬 것인가?

다음에 소개하는 네 가지가 답이 될 수 있을 것이다.[5]

리더십의 비결 1-사명

"당신이 그냥 서 있기만 하면 내가 어떻게 당신을 따를 수 있겠어요?"

리더가 되기 위해서는 어딘가로 가야 한다. 다른 말로 표현하면 당신은 사업을 이끌어 나갈 때 어떤 종류의 새로운 변화를 도입할 필요가 있다. 당신이 추진하려는 변화가 무엇이며, 그 변화를 위해 어떻게 해야 하는지를 직원들에게 이해시키는 것이 바로 당신의 사명인 것이다.

2년 안에 시장점유율을 20% 증대시키겠다는 목표를 세우는 일, 이 목표를 위해 직원들의 팀워크 강화와 고객초점 경영계획을 세우는 일, 이 계획을 실천하기 위해 직원들에게 사내교육을 시키는 일 등이 당신의 사명이다.

당신의 사명은 곧 전략전술이 된다. 그것이 곧 "기업의 현재 목표가 무엇인가"라는 질문에 대한 답이며, 당신이 사업체를 '이끌고' 가고자 의도하는 목적지에 대한 설명이다. 갈 데가 없는데 어떻게 이끌고 가겠는가?

오늘날 많은 사업체들이 어려움을 겪는 이유는 리더가 나갈 방향을 제시하지 못하는 가운데 현상유지에 총력을 기울이기 때문이며, 직원들을 못살게 들볶으면서도 아무 변화도 얻을 수 없는 전략에 몰두하고 있기 때문이다.

"무조건 열심히 일해!" "뭘 하든 자리를 지키고 있어!"

현상유지 외에 특별한 사명이 없는 사업체는 하루살이 사업체이며 생존기간이 얼마 남지 않은 사업체이다.

당신이 수행해야 할 사명은, 하고자 하는 일이 불가능해 보이지만 사실은 큰 어려움 없이 달성할 수 있다는 것을 직원들에게 일깨우고 그들의 도전력에 불을 붙여주는 것이다. 직원들이 "우리는 할 수 있어. 쉽지는 않겠지만 분명히 할 수 있어" 하고 집단적으로 느낄 때 멋진 균형이 이루어진다. 모든 직원들에게 한데 뭉쳐 공동의 적인 경쟁사에 맞서야 한다는 목적을 구체화시키는 것이 당신의 사명이다. 사업장 안에서 서로 싸우는 것을 중단하고 '그들'을 때려눕히게 하는 것이 당신의 사명이다.

당신의 사업체는 사명에 의해 움직이는가?

리더십의 비결 2-비전 제시

> "당신은 어디론가 방향을 설정하고 당신을 따르라고 하는군요. 좋아요, 그러나 솔직히 말해 당신이 설정해 놓은 그곳이 지금 내가 있는 곳보다 더 좋은 결과를 가져올 것이라 확신할 수 없군요. 그러니 내가 달리 움직이기 전에 나를 설득할 수 있어야 할 겁니다."

직원들의 생각이 이렇다면 최고경영자의 리더십에 문제가 있는 것이다. 진정한 리더, 훌륭한 리더는 사명을 가지고 출발하며, 특별한 방법으로 그들의 사명을 전달한다. 그들의 사명이 성취되었을 때의 상황을 눈에 보이는 한 폭의 그림처럼 그려낸다. 비전을 제시한다는 것은 "우리가 그 사명을 성취했을 때 어떻게 되는가" 하는 물음에 대한 답을 제시해 주는 것이며, 우리의 성공을 축하할 시간이 다가오고 있다는 것을 생생히 보여주는 것이어야 한다.

케네디 대통령의 사명은, 미국보다 한발 앞선 1957년에 스푸트니크 인공위성을 발사한 러시아와의 우주경쟁에서 미국의 우위를 확보하는 것이었다. 그 사명은 의미있고 가치있는 것이었지만 그렇게 매력적이지는 않았다. 그러나 그가 제시한 비전은 '10년 이내에 인간이 달나라에 발을 내디디는 것'이었다. 이 비전이 사명을 성취하게 했을 뿐 아니라 러시아와의 우주경쟁에서 우위를 확보하게 했다. 그래서 미국은 세계 인류에게서 갈채를 받으며 달나라 착륙이라는 빛

나고 감격적인 충격의 순간을 맛보게 되었다.

비전이 약한 리더였다면 미 전역의 크고 작은 연구실에서 이루어지는 우주공학의 발전을 조용히 감독하는 것으로 끝냈을지 모를 일이다. 이러한 접근방법을 통해서도 궁극적으로 사명은 성취될 수 있을지도 모르지만 성공을 특별한 것으로 만들어내지는 못했을 것이다.

월트 디즈니(Walt Disney) 역시 비전의 힘으로 거대한 비지니스 제국을 건설한 사람이었다. 그러나 1966년 디즈니가 죽자 그가 세운 제국도 서서히 흔들리기 시작했다. 1984년 디즈니사의 수입은 급격히 감소했고, 다른 기업들이 너도나도 삼키려 달려들었다. 이때 또 한 사람의 용감한 공상가 마이클 아이스너(Michael Eisner)가 들어와 디즈니사의 수입을 1984년 9천8백만 달러에서 1990년 8억 2천4백만 달러로 급격히 증가시켰다. 끝이 보이지 않는 상승세를 탄 것이다. 이러한 것이 바로 리더십의 힘이다.

리더십의 비결 3-헌신

> "좋아요, 이제 당신은 나를 이끌고 가고자 하는 지점의 멋있는 그림을 그려 보였지만, 정말 나를 그곳으로 인도해 갈 건가요? 아니면 무작정 끌고 갈 건가요? 당신이 그 목표지점까지 가기 위해 필요한 조치들을 행하지 않는다면 당신이 제시한 비전은 현실성을 잃고 말걸요. 그러면 나는 희망을 포기하겠어요. 우리를 믿게 하려면 당신은 그 목표를 위해 헌신해야 해요."

헌신이라는 말은 때론 우스운 것이다. 만약 직원들이 당신의 헌신적인 행동이 일시적인 것이나 전시효과가 아니라 믿을 만하다는 것을 확신하지 않는다면, 수백 번 강조해서 말한다 해도 믿지 않을 것이다. 단 한 번의 소홀한 행동으로도 그들은 당신의 헌신적인 행동이 진심이 아니라고 결론을 내려버린다.

리더는 감동적인 말만으로 되는 것이 아니라 감동적인 행동으로 부하직원들을 이끌어야 한다. 그러나 이때 늘 따라다니는 것이 경비 문제이다.

최고경영자는 일반적으로 직원들에게 새로운 경비 삭감계획을 발표하는 경우가 많다. 불필요한 군더더기들을 정리하고 비곗덩이를 잘라내고 허리띠를 졸라 매자고 호소한다. 풍성했던 직원 야유회도 사라지고 여유가 없어졌다. 크리스마스 파티에서 직원들의 자녀에게 선물을 주던 산타할아버지도 사라졌다. 너무 비용이 많이 들기 때문이다. 장거리전화도 엄격히 통제되고 종이도 넉넉하게 공급되지 않는다.

낭비를 줄이는 경비절감은 장려되어야 하지만 소득창조의 능력을 마비시키는 경비절감은 파멸을 가져올 수도 있다.

재정이 궁핍해지면 구두쇠작전이 등장한다. 인간의 심리, 동기부여, 감동 같은 것은 안중에도 없고 오직 경비축소에만 혈안이 된다. 구두쇠만이 빛을 발한다.

"이 장비, 이 프로그램들이 정말 모두 필요한 것인가? 필요없는 것들을 대폭 팔아 치우면 상당한 현금이 나올 거야. 우리가 사용하는 공간도 좀 줄이면 임대료에서 많이 절약이 될 거고. 자, 수지타산이 맞을 때까지 줄여 가자. 그러면 마침내 적자에서 탈출할 수 있어! 아참. 더 좋은 생각이 있어. 규모가 축소되었으니까 이렇게 많은 직원을 둘 필요가 없지! 경비가 엄청나게 절감되겠는걸? 기가 막히군.

현금이 막 굴러 들어오겠는데."

그러나 이때쯤 직원들은 자신들이 타고 있는 배가 가라앉고 있다는 것을 알아차리게 된다. 자신들이 패배한 팀의 일원이라는 사실을 알게 된다. 기적적으로 기업이 살아난다 해도 쓰디쓴 기억은 오랫동안 남을 것이다. 아무도 예전과 같은 열의나 노력을 기울일 마음이 생기지 않을 것이다.

그렇다면 재정낭비를 줄이는 것이 나쁘다는 말인가? 그렇지는 않다. 우선 경비절감의 칼을 무분별하게 휘두르기 전에 '비용'과 '투자'를 명확하게 구분해야 한다. 그러고는 조직의 효율성 증진을 통해 낭비를 제거하는 방향으로 움직여야 한다는 의미이다. 이를 위해 리더는 정책과정에서 인간적인 측면을 강조해야 한다. 즉, 리더가 제시된 비전을 위해 헌신하는 모범을 보여야 한다.

성공한 기업가들의 경우를 보면 내부고객(직원)의 사기진작을 위해 상당한 예산을 써 왔다는 것을 알 수 있다. 파티, 축하연, 선물 등에 많은 돈을 쓰고 있다. 그들은 또한 직원들의 사기문제가 그들에게만 해당되는 것이 아니라는 것을 알고 있다. 행복한 외부고객의 창출은 내부고객을 위해 사용하는 경비와 밀접하게 연결되어 있고, 성공을 이룬 기업들은 이러한 지출을 기꺼이 감당해 왔다. 이를 보면서 별로 성공하지 못한 사업주는 이렇게 중얼거릴지 모른다.

"그래, 잘 알고말고. 그 친구들에겐 그 정도 돈쓰는 게 우스운 일이지. 그들이 버는 돈이면 충분히 쓸 수 있고말고."

그러나 그는 핵심을 놓치고 있다. 성공한 사업주들이 내부고객의 사기진작에 많은 투자를 아끼지 않는 것은 그것이 결과적으로 수익을 발생시킨다는 것을 알고 있기 때문이다.

고객에게 제공하는 경품이나 선물도 낭비가 아니라 당신의 기업을 더 나아 보이게 만드는 요소라는 점을 기억해야 한다. 별것 아닌 것 같지만 견실한 투자이다. 그것을 중단하면 당신의 고객은 경쟁자의 품으로 달려가고 말 것이다.

경비절감이나 이윤강화를 위주로 하는 전략은 주로 단기적인 대안으로 채택되는 것이다. 그러나 고객을 행복하게 만드는 일에는 장기적인 전략이 필요하다. 스스로에게 물어보라.

"나는 사업을 단기적으로 하는 편인가, 장기적으로 하는 편인가?"

당신이 헌신적인지에 대해 의심을 가진 직원이라면 다음과 같은 질문에 대한 답을 생각해 볼 것이다.

"우리 사장은 돈을 비전에 투자할 사람인가, 아니면 자신의 입에 털어넣고 말 사람인가?"

그리고 직원들은 스스로에게 다짐할 것이다.

"우리 사장의 흔들리지 않는 결심을 확인할 수 없다면, 설령 그 결심이 아무리 위대하고 고귀하다고 하더라도 나는 그의 비전을 진지하게 받아들일 수 없어."

리더십의 비결 4-모범 보이기

"좋아요, 당신의 생각에 찬성이에요. 당신은 짜릿한 곳으로 나아가고 있고, 아무것도 당신을 방해하진 못하죠. 이제 전 당신을 따르려고 해요. 그러나 당신이 '본보기'를 보여주면 그때 그대로 따라하겠어요."

이것이 바로 당신의 직원들이 당신에게 하고 있는 말이다.

'모범 보이기'는 대개 예기치 않은 순간에 발생한다. 때로는 연속해서 발생하기도 하고, 한참 만에 오기도 한다. 거의 알아차리지 못할 정도로 조용히 발생하기도 하고, 몇 주 동안 사람들이 그 일로 화제를 삼을 만큼 큰 사건으로 비화될 수도 있다. 때로는 스스로를 깨닫게 해주는 은밀한 사건일 수도 있고, 하나의 행동방향을 선택하는 결정적인 역할을 하기도 한다.

이러한 결정들이 당시에는 사소한 것처럼 보일 때도 있지만 후일 그것으로 인해 당신의 리더십에 대한 직원들의 신뢰가 허물어질 수도 있다. 당시엔 그것을 실감하지 못할지도 모르지만, 이러한 상황들은 당신을 궁지에 몰아넣을 수도 있다. 당신이 비전을 위해 헌신할 것을 선언하고 나면 자신이 참으로 어려운 자리에 앉아 있다는 것을 깨닫게 되는 것은 시간문제다. 다음의 가정상황을 생각해 보라.

전체 직원회의에서 한 직원이 불쑥 내뱉는다.

"회사 경영진에서 우리 직원들을 그토록 생각한다면 어떻게 정문 근처의 주차장은 모두 경영진들만 차지하고 우리에게는 남은 자리를 찾아 헤매게 할 수 있나요?"

당신은 그 배은망덕한 자에게 입닥치고 앉으라며 소리치기 전에 갑자기 회의장이 물을 끼얹은 듯 조용해진 것을 감지하고, 그가 여전히 회사에서 일하고 있는 데 대해 감사해야 한다. 당신이 어려운 자리에 앉아 있다는 것이 증명되는 순간이다. 일체의 움직임이나 수군거림이 중지되고 모든 눈길이 당신에게 쏠릴 것이다. 당신은 빨리 결정을 내려야 한다. 행복한 직원, 행복한 고객을 만들겠다는 당신의 헌신에 대한 신뢰를 지킬 것인가, 깨어버릴 것인가를 말이다.

무언가 대답하기 전에 잠깐만 멈추어라. 당신의 머릿속엔 온갖 생각들이 스쳐갈 것이다.

"내가 이 버릇없는 친구에게 양보하면 또 얼마나 많은 직원들이 얼씨구나 하고 불만을 터뜨릴까. 아마 난 회사가 문을 닫을 때까지 어리석은 양보만 하다 볼장 다 볼 거야. 나는 지난 20년간 힘든 과정을 하나하나 거쳐 이 자리에 앉게 되었고, 열심히 일해서 얻은 이 특권을 내게 포기하라고 말할 사람은 없어."

직원들의 마음속에서도 역시 여러 가지 생각들이 떠오를 것이다.

"이제 곧 '행복한 내부고객'이란 것이 말로만 그럴듯하게 포장된 구호라는 걸 보게 되겠지. 두려울 것 없는 우리 사장이 어떻게 이 위기를 미꾸라지처럼 피해 갈까? 이거 참 재미있겠는데."

모든 것이 당신에게 달려 있다.

당신은 지금까지 직원들에게 다소 불편하더라도 이제까지 해오던 작업방식을 자발적으로 바꾸어 새로운 계획에 따라줄 것을 요청해 왔다. 그런데 당신 스스로도 그런 불편을 감수할 준비가 되어 있으며 새로운 방식들을 수용할 준비가 되어 있는지를 점검해 보았는가?

당신의 리더십 스타일은 "내 행동이 아니라 내 말대로 하시오" 하는 식은 아닌가? 사장이라는 사실 하나만으로 다른 사람들의 희생을 강요하는 것은 아닌가? 만약 그렇다면 스스로 인정하든 안 하든 당신은 결국 감동으로 부하직원들을 이끄는 리더가 아니라 위협으로 따라오게 하는 리더인 셈이다.

'은혜를 모르고 큰 소리를 내는 직원은 불만을 가진 내부고객이다. 그는 몇 안 되는 용감한 직원 가운데 하나로 공식자리에서 불만을 털어놓았다. 주차장 배치에 대한 불만은 이 사람만의 생각이 아니라 불만을 잘 드러내지는 않지만 같은 생각을 하고 있는 다른 많은 직원들의 심정을 표현해 준 것일지는 모른다. 그 투덜거림에 화

고객만족경영 원칙 · 61

가 나고 불쾌할지 몰라도 당신이 조금만 다른 방식으로 생각할 준비가 되어 있다면 그에게 고마운 마음을 가질 수도 있다.

그는 전혀 예기치 않은 순간에 자발적인 방법으로 당신이 이제까지 부르짖은 헌신이 얼마나 진실한 것인지를 직접 증명할 수 있는 기회를 제공하고 있는 게 아닌가.

"박 대리, 주차장 배치문제에 대해서 잘 지적해 주었어요. 제 생각엔 경영진에게 배당된 주차자리는 '고객 모시기 챔피언' 자리로 이름을 바꾸어야 할 것 같군요. 매달 고객을 행복하게 하는 직원들의 명단을 그때그때 기록해서 월말에 점수를 많이 받은 사람들에게 한 달간 편리한 지정주차장에 주차할 자격을 주면 어떨까요? 가장 많은 점수를 받은 사원은 아마 정문 바로 옆에 있는 제 자리를 차지하게 될 겁니다. 박 대리, 이러한 생각을 실현시키는 데 아이디어가 있으면 적극 개진해 주시고 우리 함께 최선책을 만들어 나갑시다. 자, 이제 경영진의 한 사람으로서 저도 이제부터 다른 직원들과 마찬가지로 주차자리를 찾기 위해 이리저리 헤맬 각오를 해야겠군요."

만약 당신이 이렇게 답했다면 직원들에게서 어떠한 효과를 불러일으킬까? 이 답으로 당신의 리더십에 대한 믿음을 얻는다면 주차공간을 잃을 만한 가치가 있지 않겠는가?

최고경영자의 솔선수범, 어떻게(How) 해야 하는가

고객만족경영에서 실패하지 않기 위해 최고경영자는 구체적으로 어떻게 해야 할까? 최고경영자의 솔선수범이 필요하다고 하는데 어

그림 1. 최고경영자의 몰입

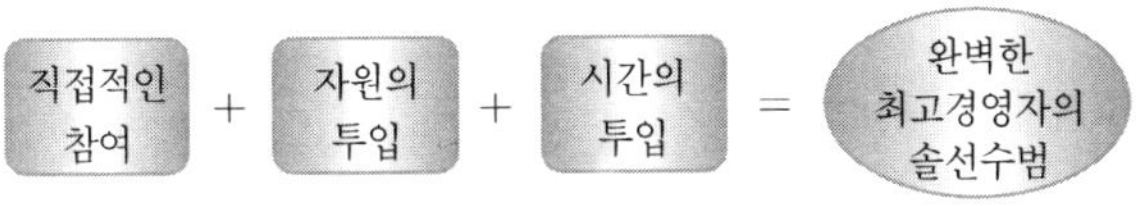

직접적인 참여 + 자원의 투입 + 시간의 투입 = 완벽한 최고경영자의 솔선수범

떻게 솔선수범해야 할까? 그 답은 다음의 세 가지이다. 곧 직접적인 참여(direct involvement), 자원의 투입(commitment of resources), 시간의 투입(commitment of time)이다.[6]

직접적인 참여

최고경영자는 말로만 고객만족경영을 하자고 할 것이 아니라 직접 행동으로 보여주어야 한다. 고객만족경영은 쉽게 달성될 수 있는 것이 아니다. 종업원들이 고객만족을 위해 움직이게 하기 위해서는 최고경영자의 직접적인 참여가 필수적이다. 또한 최고경영자는 회사를 운행하는 추진원동력이기 때문에 종업원들을 고객만족경영에 맞게 변화시키기 위해서는 하위직에 맡기지 말고 최고경영자 자신이 직접 움직여야 한다.

1981년 코펜하겐 공항, 한 여행자가 탑승구를 찾아 서성이고 있었다. 그는 뉴욕에서 출발해서 스톡홀름으로 가던 길이었으나 논스톱 비행기가 없어 이곳 코펜하겐에서 갈아타야 했다. 안내판이 눈에 띄지 않아 한참을 헤매다가 이윽고 탑승구를 발견했다.

'아! 저기군.'

그러나 여독으로 피곤한 몸에 짐까지 끌며 어렵게 찾은 탑승구에는

로스앤젤레스나 시카고로 가는 비행기만 보이고 정작 찾고 있던 스톡홀름행 비행기는 없었다.

가뜩이나 피곤한 참에 '이건 또 뭐야?' 하고 불만이 터져나왔다. 스칸디나비아 항공사의 직원에게 스톡홀름행 탑승구가 어디에 있냐고 묻자 8백 미터 정도 떨어진 공항 반대편에 있다고 퉁명스럽게 대답했다.

"왜 이 근처에서 떠나지 않죠? 이리로 오는 사람들은 모두 스톡홀름행 비행기로 갈아타야 할 승객들인데……."

여행자의 물음에 직원은 조금 전보다 더 짜증을 내며 대답했다.

"여기에 있는 것은 대형기뿐입니다. 저기 좀 보슈, 바로 저기 보이는 정비소에서 대형기들을 정비하기 때문에 그 근처에서 출발하는 겁니다."

바로 그 순간 이 여행자는 자신의 머리를 치며 속으로 외쳤다.

'아하, 이것이 문제로구나!'

항공사는 당연히 승객을 위해 존재해야 하는데, 기본적인 시스템을 항공사측이 편리한 대로 배치해서 많은 여행자들이 비행기를 타기 위해 먼 거리를 걷고 뛰어야만 했다. 결국 고객편의보다 기업편의, 아니 비행기편의대로 영업을 하고 있었던 셈이다.

이 여행자가 바로 스칸디나비아 항공사의 사장으로 취임한 지 몇 개월이 안 된 얀 칼존(Jan Carlzon)이었다. 승객의 입장에서 보니 불편한 점을 발견할 수 있었을 뿐 아니라 회사전체 경영방식에서의 문제점도 깨닫게 된 것이다. 칼존 사장은 여행에서 돌아오자마자 긴급 중역회의를 열어 기업위주의 사고에서 고객위주의 사고로 전환해야 한다는 것을 역설하고 모든 임직원을 상대로 고객지향적 사고에 대한 교육을 실시했다. 비행기의 배치를 승객의 이동거리를 최소화하는 방향으로 바꾸고, 나아가 모든 회사의 시스템을 고객의 이용에 편리하게 전격적으로 바꾸었다.

그 결과 스칸디나비아 항공사는 1년 만에 약 7천만 달러의 흑자를 기록하는 개가를 올려 적자에 허덕이던 과거를 청산하고 회생할 수 있었다. 생산자위주의 사고에서 고객위주의 사고로 전환함으로써 회사의 운명을 바꿀 수도 있다는 것을 단적으로 보여준 예이다.[7]

그러나 우리나라 최고경영자 중 상당수는 관리업무나 일상업무를 많이 하는데도 불구하고 자신이 해야 할 일상업무 대신에 부하직원이 해야 할 일(경영진 입장에서는 잘못된 활동, wrong things)을 하며, 그것도 잘못된 방법(wrong way)으로 하는 경우가 많다. 물론 바람직한 관리업무는 회사의 품질, 성과, 업적 상황을 체크하는 일임에도 불구하고 경영진은 일상적인 사소한 의사결정(종업원의 유니폼 결정, 달력 디자인 결정, 사은품 결정, 경비관리 업무 결정 등)에 시간을 허비하는 경우가 많다.

경영진의 바람직한 일상업무는 종업원과 만나서 회사의 경영정책, 기업철학, 비전 등을 전파하고 솔선수범을 보이는 활동과 고객과 만나서 회사와 고객의 협조를 돈독히 하고 고객의 요구를 이끌어 내는 활동(현장방문경영, MBWA : Management By Walking Around)이다. 그러나 우리의 경우, 경영진은 실적이 나쁜 영업현장을 방문하여 직원을 야단치는 등 바람직한 일상업무와는 많이 동떨어진 리더십을 보여주고 있다.

최근에는 많은 경영진이 바람직한 활동(right things)을 하기 시작했다. 그러나 잘못된 방법으로 하는 경우가 많다. 직원 연수나 행사 시에 최고경영자가 행하는 연설이나 훈시내용을 보면 "격변하는 환경 속에서 우리가 살아남으려면 경영혁신도 하고, 고객만족도 해야 하며, 변화해야 한다"는 등의 내용이 많다. 이러한 경영진의 활동은 회사의 경영방향을 전파하는 리더십을 발휘하는 것이다(right things). 그러나 기획부서나 비서실에서 써준 원고를 읽을 뿐 경영자는 자기가 하고 있는 말의 참뜻이 무엇인지는 모르기 때문에 행동으로 보여주지 못하는 부분이 많다(wrong way).

경영자 자신의 철학이나 의지와 관계없이 부하직원이 품의를 올린 내용, 특히 경영혁신이나 새로운 영업방침을 직원들에게 연설함으로써 경영진은 자신도 모르게 자신이 한 말과 어긋나는 행동을 하게 된다. 부하직원이 써준 연설문(훈시내용)을 읽을 당시에는 그 내용이 맞다 하여 결재하고 훈시도 하였는데, 일정시간이 지난 후에는 내용을 잊어버리고 평소 경험으로 느꼈던 내용(훈시한 내용과는 다른 내용)만을 이야기한다. 그러므로 직원들은 경영진이 이랬다 저랬다 한다고 느끼면서 경영진이 말한 대로 해야 될지 종잡을 수 없게 된다.[8]

자원의 투입

어떤 조직이든 활용할 수 있는 자원(resources)에는 돈, 사람, 시설 및 장비가 있다. 고객만족경영은 이 세 가지 자원을 투입하지 않고서는 성공할 수 없다.

스칸디나비아 항공사의 칼존 사장은 취임 후 바로 특별교육을 실시하여 임원 120명, 노동조합 간부 30명과 3주간 집중회의로 개혁에 대하여 토의하였다. 교육훈련 전문회사에 의뢰해 1박 2일로 스칸디나비아 항공을 위한 특별교육 프로그램의 연수를 의뢰하여 중견간부와 책임자급 사무장, 조종사, 지상서비스 담당자 5천 명 전원을 교육하였다. 특히 간부 전원을 교육시켰으며, 관리부문과 지원부문은 직접 서비스부문의 사람들과 혼합 편성해서 합숙훈련을 시켰다. 비록 경영실적에서는 1,700만 달러의 적자를 기록하였으나 칼존 사장은 서비스 품질향상 계획에 관한 전체 종업원 교육에 수백만 달러를 투자하였다.[9]

최고경영자 중에는 곳곳에서 '경영혁신'이니 '고객만족'이니 하니까, 기획부서에 지시하여 실무자 서너 명으로 고객만족추진팀이나 경영혁신팀을 만들어 놓고 일상업무를 하듯이 경영혁신하라는 최고경영자가 있다. 이러한 최고경영자는 고객만족경영을 자신의 주요과업이 아니고 경영혁신 부서의 고유업무인 것으로 착각하고 있다. 경영혁신팀이 의견을 취합하여 개선안을 올리면 관련부서의 합의를 받아 오라고 하는 경영진이 대부분인데, 관련부서의 합의가 잘될 리 없다. 어떤 개선안이든지 돈이 들게 마련인데 돈은 쓰지 말고 하라는 최고경영자도 있다.

가장 나쁜 경우는 "우리야 2, 3년 있으면 다 집에 갈 사람이고 여러분들이 앞으로 회사를 이끌어가야 하니까 열심히 해야지" 하면서 의사결정을 자꾸 아랫사람에게 미루는, 즉 직무를 유기하는 경우다. 이런 경영자들은 경영혁신이나 고객만족 성공사례 발표 세미나에 평생 참석하지 않으며 실무자 한두 명을 보내는 게 고작이다. 여러

명을 보내자고 하면 한두 명이 듣고 와서 전파하면 되지, 여러 명이 갈 필요가 없다고 억압한다. 왜냐하면 직원연수에 돈을 써본 적이 없으므로 교육이나 연수를 대수롭지 않게 생각하고 연수비를 절약 대상 경비 제1호쯤으로 치부하기 때문이다.[10]

시간의 투입

39세의 나이로 스칸디나비아 항공사(SAS) 사장에 취임한 얀 칼존은 1980년 서비스 개선 프로그램을 시작했을 때 120명의 임원과 30명의 노조간부에게 3주에 걸쳐 자신의 고객중시 경영방침을 설명하고 토론을 벌였다. 그럼으로써 경영간부들이 조금도 의문을 가지지 않게 만들었으며, 경영간부 누구나 똑같이 고객중시 경영이념을 체감하고 실천하게 하였다. 또한 서비스의 중요성에 대하여 끊임없이 종업원들에게 전파하였고 그들과 커뮤니케이션을 하였다(이러한 활동은 경영이념, 정책방향을 전파, 전개하고 종업원의 공감을 얻는 리더십 활동이다).

"나는 제일선 종업원에게 직접 이야기하며 돌아다녔다. 1년 반 동안 나는 내 시간의 3분의 2를 서비스의 중요성이나 새로운 SAS 방향에 관한 내 생각을 그들에게 이야기하는 데 소비하였다. 나는 일일이 셀 수 없을 만큼 똑같은 말을 되풀이하였고, 또다시 똑같은 말을 하지 않겠다고 몇 번이고 생각했지만 한 번만 더 하지, 하면서 계속하였다."

최고경영자는 고객과 커뮤니케이션을 하는 데도 많은 시간을 투자하여야 한다. 지속적으로 고객과 접촉하여 요구를 파악하여야 하고, 고객에게 회사의 품질활동(계획, 실천, 관리, 개선 등)을 전파하여야 한다. 고객의 요구와 기대를 정확히 알기 위해서는 경영진이 정기적으로 고객을 방문하고 고객의 소리를 직접 들어야 한다. 이는 의례적인 만남이 아니라 진정으로 고객의 요구를 알고 이를 회사경영에 반영시킨다는 자세로 고객을 만나는 것을 의미한다.

또한 고객과 항상 커뮤니케이션을 할 수 있는 제도적 장치나 시스템을 강구하는 것이 경영진의 역할이며, 고객의 요구와 기대가 충족되게 회사의 경영방향, 영업정책, 품질방침 및 업무 프로세스를 변화시켜 나가야 한다. 여기서 가장 중요한 것은, 생각날 때 산발적으로 고객을 방문하는 것이 아니고, 경영진의 중요임무로서 정기적으로 방문해야 한다는 것과 진정으로 고객의견을 경영에 반영하겠다는 경영진의 개선의지가 확고해야 한다는 점이다. 경영진이 주요고객을 정기적으로 방문하면 다음 세 가지 이점이 있다.

첫째, 경영자가 고객을 이해하고 고객의 요구를 파악할 수 있다.

둘째, 고객만족에 대한 경영진의 의지를 모든 종업원들에게 확실히 보여줄 수 있다.

셋째, 고객의 요구를 경영에 반영함으로써 고객과의 관계를 더욱 강화할 수 있다.

최고경영자는 고객의 소리를 듣는 데 그쳐서는 안 되고 고객의 요구와 불만 내용을 경영정책에 반영시켜야 한다. 이것이 바로 최고경영자의 리더십이다.[11]

세계적인 밀리켄(Milliken)사 회장 로저 밀리켄(Roger Milliken)의 사례를 보자.

　로저 밀리켄은 80%의 시간을 고객의 문제 해결에 할애하고 있다. 캘리포니아주 스패턴버그의 밀리켄 고객서비스센터를 방문한 어떤 이는 회장이 강연하고 있는 것을 보고 "당신과 사장이 여기서 이야기하고 있는 동안에는 누가 회사를 관리합니까?" 하고 약간 어이없는 표정으로 물었다. 밀리켄은 물음에 직접 대답하지 않은 채 "그렇다면 고객과 함께 지내는 일보다 더 중요한 일이 있을까요?" 하고 대꾸할 뿐이었다. 밀리켄은 고객과의 현장방문 경영(MBWA)을 충실히 실천하고 있었던 것이다.[12]

보상과 인정

> **고객만족경영 원칙 ❸**
> 보상과 인정을 적극적으로 활용하라!

고객만족경영 왜(Why) 실패하는가
– 불공평하고, 부족한 보상 및 인정

조직구성원에게 동기를 부여하여 고객만족을 위한 바람직한 행동을 적극적으로 하게 하려면, 보상(reward)과 인정(recognition)을 적극적으로 활용하는 것이 필수적이다.

그러나 대부분의 조직들은 보상과 인정의 활용 면에서 다음 오류들을 범하기 쉽다.

불공평한 보상 및 인정

어떠한 보상 및 인정제도도 종업원의 눈에 공정하고 객관적으로 비쳐져야만 한다. 그러나 많은 경우 부서장이 편애하는 직원에게 보상 및 인정이 돌아가며, 부서별 나눠먹기식이 되곤 한다. 이 경우 보상 및 인정은 바람직한 행동(desired behavior)을 위한 동기부여(motivation)의 수단이 되기보다는 팀워크 및 조직을 파괴하는 부정적인 수단이 되기 쉽다.

이러한 현상은 독자들이 몸담고 있는 조직에서도 보상 및 인정에 대해 다음과 같이 불만을 터뜨리는 조직구성원들에 의해 쉽게 확인할 수 있을 것이다.

"우리 부장은 자기 고향 후배만 챙기는 것 같아. 이번 연말 보너스도 우리 부서에서 일도 별로 잘하지 못하는 자기 후배가 제일 많이 받게 했잖아."

특히 고객만족경영이 성공하기 위해서는 고객만족을 적극적으로 실천하는 개인 및 팀에 대해서 특별한 보상 및 인정이 반드시 수반되어야 한다. 그러나 고객만족경영의 실천결과에 대한 보상 및 인정이 조직구성원에 의해 불공평하다고 느껴질 경우 고객만족경영의 지속적인 성공은 불가능하게 될 수밖에 없다.

보상 및 인정의 부족

대부분의 기업들은 다양하게 구사할 수 있는 유용한 여러 보상 및 인정방법의 활용에 실패하고 있다. 보통 금전적 보상만이 사용될 뿐, 금전적 보상 이외의 여러 보상 및 인정 방법들은 이용되지 않고 있는 실정이다. 금전적 보상은 종업원들의 생활을 안정시키는 데는 기여하지만 종업원들이 가지고 있는 다른 욕구들을 만족시키는 데는 불충분하다.

모든 인간에게서 가장 뿌리깊은 욕구는 칭찬받으려는 열망이다.[1]

이러한 사실은 쉽게 이해가 되지만 대부분의 관리자들은 이 점을 활용하지 않고 있다. 연구 결과, 대부분의 관리자들은 인정과 감사

표명이 가지는 중요성을 충분히 이해하지 못하고 있으며, 대부분의 종업원들은 그들의 기여도를 충분히 인정받지 못한다고 느끼고 있다. 다음의 예를 보기로 하자.

산타모니카 병원에서 한 간호사가 자신의 책상에 앉았다가 작은 꽃병을 발견했다. 거기에는 "당신이 훌륭하게 일하고 있다는 사실을 의사와 환자들에게서 많이 들었습니다. 감사합니다. 우리는 당신을 매우 자랑스럽게 생각합니다"라고 쓴 쪽지가 있었으며, 서비스 품질 개선 팀장의 서명이 적혀 있었다.

또한 한 경비원은 병원장 렌 라벨라에게서 "당신은 가장 훌륭한 직원입니다. 나는 환자와 그 가족들에게서 병원에 들어설 때 환영받는 느낌을 받았다는 말을 여러 번 듣고 있습니다. 당신의 기여에 대하여 감사합니다" 하는 메모를 받았다.

샌디에이고시의 한 경찰관은 경찰청장 밥 브루그린에게서 "나는 교통위반으로 최근 취조받은 한 숙녀로부터 편지를 받았네. 그녀는 당신이 얼마나 예의바르고 전문적으로 사고를 잘 처리했는지를 나에게 알려 왔지. 우리를 잘 대표해 주어 정말 고맙네" 하는 메모를 받았다.

이 모든 메시지가 공통적으로 중요한 어구인 "감사합니다"를 포함하고 있다는 사실을 기억해야 한다. 권한 있는 사람이 보낸 그런 표현은 엄청난 효과를 가져올 수 있다.

기업의 관리자들은 대개가 매출액에서 큰 비중을 차지하는 고객들에게 감사하려고 노력한다. 그러나 그들은 자신의 종업원들에게 충분히, 또 성실하게 감사하고 있는가?

자기 부서 직원 중 한 사람에게 그의 기여에 대해 감사한 지가 얼마나 되었는가? 모든 종업원들에게 그들의 역할에 대해 감사한 지가 얼마나 되었는가?

관리자는 종업원들을 중요시한다는 것, 진정으로 종업원들이 느끼는 바에 신경을 쓴다는 사실, 종업원들이 중요한 기여를 하고 있다는 사실을 알려야 한다. 종업원들에게 그들이 특별하며 그들에게 감사하고 있다는 사실을 보여주기 위해서는 매우 다양한 방법이 사용가능하다.

고객만족과 보상 및 인정의 연결부족

고객만족을 실현하고자 할 때 기업들은 고객만족이 바람직한 수준까지 달성될 경우 개인 및 팀의 공헌에 대한 보상을 약속하곤 한다. 그러나 실제의 보상방법은 대부분 연공서열에 따라 이루어지거나 매출액·이익과 같은 재무지표에 따라 실행된다. 이 경우 조직의 구성원들은 "고객만족이 되었다고 해서 나한테 돌아오는 게 뭐가 있나?" 하는 인식에서, 쉽게 고객만족 추진에 대한 흥미와 관심을 잃게 된다.

이렇게 되면 종업원에게 동기를 부여하는 핵심수단인 보상 및 인정 시스템은 고객만족경영을 위해 아무 역할을 하지 못하게 된다.

예를 들면, 보험회사가 보험 설계사에게 원하는 목표는 보험의 판매액을 높이는 것이다. 그러나 대부분의 보험회사에서는 신규 보험 가입자에 대해서만 보상을 하고 있어 보험 설계사들은 주로 신규 보험 가입자들을 늘리는 데만 주력하고 기존 보험 가입자에 대한 배려를 상대적으로 적게 하게 된다.

반면 보험업계에서 성공을 거두고 있는 스테이트 팜(State Farm)사는 신규 보험 가입자만큼 기존 보험 가입자의 유지를 강조하고 있다. 그 결과 신규가입에 대한 보상만큼 재계약에 대해서도 보상을 하고 있어 고객의 이탈이 적은 편이다. 즉, 보상시스템이 스테이트 팜의 목표인 판매액과 일치되어 있는 것이다.[2]

마찬가지로 고객만족경영을 위해서는 고객만족에 관한 측정결과를 보상 및 인정과 연결시켜야 한다. A를 하라고 하면서 B의 결과에 대해 보상 및 인정을 할 경우, B에 관심을 가질 뿐 A에 대해서는 소홀할 수밖에 없게 되기 때문이다.

따라서 IBM의 경우 영업사원에 대해 보상의 60%는 이익에 따라, 나머지 40%는 고객만족 측정결과에 따라 지급하고 있다.[3]

결론적으로, 고객만족경영이 성공하기 위해서는 보상 및 인정 방법을 통해 다음의 메시지를 종업원들에게 전달할 수 있어야 한다.

첫째, 우리의 급료는 고객들이 지급한다.

둘째, 우리의 업무를 개선하면 보상이 주어진다.

셋째, 우리의 수입은 고객만족을 위한 지속적 개선을 통해 극대화 될 수 있다.

보상 및 인정에는 무엇이 있는가

보상 및 인정이란 무엇인가

보상 및 인정은 금전적 보상(monetary reward)과 비금전적 보상

(nonmonetary reward), 인정(recognition)으로 나누어볼 수 있다.

여기서 인정은 바람직한 행동을 한 데 대해 칭찬 또는 축하파티 등을 통해 감사를 표시하는 것이고, 비금전적 보상은 하와이 여행권, 올림픽경기 관람권, 사장과의 저녁식사 등과 같이 화폐가 수반되지 않는 보상을 의미한다. 또한 금전적 보상은 스톡 옵션(stock option), 현금시상, 주식시상, 보너스 등과 같이 화폐적인 대가가 수반되는 보상을 가리킨다.

한편 보상 및 인정은 개인별 또는 팀에 대해 이루어질 수 있으며, 공식절차를 거치는지 여부에 따라 공식적(formal) 보상 및 인정, 비공식적(informal) 보상 및 인정으로 나눌 수 있다.

보상 및 인정의 종류

1. 금전적 보상

금전적 보상은 종업원들이 가지고 있는 경제적 욕구를 충족시킨다. 금전에 의한 보상이 종업원에게 동기를 부여한다는 점은 누구나 인정할 것이다. 금전적 보상이 많은 조직의 종업원들은 이직률이 낮은 편이며, 비교적 우수한 종업원들을 채용할 수 있다.

그러나 다른 유용한 보상 및 인정 방법들이 많이 있는데도 지나치게 금전적 보상에만 의존하게 되면, 예산적 부담을 가중시킴으로써 경쟁력을 약화시킬 수 있다. 다음은 전형적인 금전적 보상의 종류들이다.
- 현금시상
- 주식시상

- 보너스
- 스톡 옵션
- 커미션
- 수당인상
- 저이자 또는 무이자 대출

2. 비금전적 보상

금전적 대가가 수반되지 않는 보상으로 종업원에게 동기를 부여하여 사기를 올리고 성취감, 귀속감을 느끼게 하는 보상이다. 다음 방법들이 많이 사용된다.

- 승진
- 사장 또는 임원에 의한 표창
- 해외여행 티켓
- 월드컵경기 관람권
- 트로피 시상
- 사장 또는 임원과의 저녁식사
- 이 달의 종업원 또는 팀
- 올해의 종업원 또는 팀
- 팀원 전체의 업적이 기록된 기념사진
- 기념패 수여
- T셔츠, 모자, 벨트, 넥타이 핀 등의 제공
- 필기도구 세트, 커피 컵 등의 제공
- 기념배지
- 음악회 또는 영화 관람권

- 가족들과의 뷔페이용권
- 생일 케이크
- 업무관련 해외여행 기회의 제공
- 업적에 대한 축하파티

3. 인정

상사, 동료, 고객에게서 인정을 받게 되면 종업원들은 조직 내에서 인정받고 있다는 가슴 뿌듯한 느낌을 가지게 된다. 이 경우 심리적으로 존경받고 싶은 욕구가 충족되어 성취감 및 소속감을 느끼게 된다. Bob Nelson은 다음과 같이 말하고 있다.[4]

"효과적인 인정방법은 대개 비용이 거의 들지 않는다. 적절한 시기(the right time)에 적절한 사람(the right person)에 의해 행해지는 진실된 감사의 말 몇 마디는 금전적 보상, 승진, 기념패 수상 등의 어떠한 보상방법보다 종업원에게 더 의미가 있을 수 있다."

다음은 인정의 대표적인 방법들인데, 인정은 창의적 노력에 따라 이것들 외에 새로운 방법이 얼마든지 개발될 수 있다.
- 개인적 칭찬
- 사장 또는 임원의 작업장 특별방문
- 개인 또는 팀에 대한 사장의 감사편지
- 관리자회의에서 특정 개인 또는 팀에 대한 칭찬
- 사보에 개인 및 팀의 업적 게재
- 사장 및 임원의 특별전화

역사적으로 볼 때 나폴레옹은 공적인 인정(public recognition)의 달인이었다고 할 수 있다. 비용이 거의 들지 않는 훈장을 다양하게 수여하여 군인들이 기꺼이 자기 목숨을 버릴 수 있게 하였기 때문이다. 경영자라면 다음의 말을 기억해 둘 필요가 있을 것이다.[5]

오늘 종업원에게 감사했는가? 고객에게 감사한다면 일을 해주고 있는 종업원에게도 감사를 표시해야 할 것이다.
부하에게 맡겨도 좋은 일은 많이 있지만, 좋은 일을 한 종업원에 대한 감사의 표명은 타인에게 맡길 수 없는 일이다. 경영자의 감사는 단지 그가 경영자라는 이유만으로 한결 더 커다란 의미를 가진다.

다음과 같은 경영자의 감사표시를 들으면 듣는 사람은 얼마나 힘이 날까?
"김 과장, 이번에 자네 과에서 해결한 일은 정말 대단해. 그 일은 수년 동안 우리 회사의 숙원사업이었잖아. 아무튼 김 과장과 과원들 모두 수고 많이 했네."

보상 및 인정 어떻게(How) 해야 하는가

보상 및 인정의 원칙

불공평한 보상 및 인정, 고객만족과 연결되지 않은 보상 및 인정은 오히려 조직의 생산성을 감소시키며 조직 분위기를 파괴할 수 있다. 따라서 조직 내에서 보상 및 인정 시스템을 설정할 때에는 다음

원칙에 유의해야 한다.[6]

1. 공정한 보상 및 인정이 되어야 한다.

공평하고 객관적인 보상 및 인정이 되기 위해서는 보상 및 인정에 대한 기준이 미리 설정되어야 할 뿐만 아니라 종업원들이 이를 잘 알고 있어야 한다.

예를 들면 '이달의 종업원 또는 팀(Employee or Team of the Month)'을 선정하는 기준 및 절차는 다음과 같이 미리 정해져야 한다.

- 수상대상 : 일용직을 포함한 모든 종업원, 태스크 포스 팀, 특별 프로젝트 팀
- 심사기관 : 고객만족추진위원회
- 시상 : 사장이 직접 수여
- 심사 및 시상 절차 : 부서장에 의한 추천(매월 마지막 날까지) → 고객만족추진위원회에 의한 심사 및 선정 → 사장의 시상
- 선정기준 :
    - 회사가 추구하는 가치(고객만족, 팀워크, 상호존중, 믿음과 정직)의 실현에 공헌한 개인이나 팀
    - 프로세스의 중대한 개선을 통해 외부고객 또는 내부고객의 만족에 기여한 개인이나 팀
    - 경비를 절약하거나 추가수익에 기여한 개인이나 팀
- 시상내용 : 기념패와 부부의 하와이여행권
- 게시 : 식당 및 모든 회의실에 한 달 동안 부착

2. 금전적 보상, 비금전적 보상, 인정을 적절히 조합하여 활용해야 한다.

보상이나 인정이라고 하면 주로 금전적 보상만을 생각하게 되나, 효과면에서 볼 때 비금전적 보상 및 인정도 매우 유용한 동기부여 수단이라고 할 수 있다. 더구나 비금전적 보상 및 인정은 큰 비용이 들지 않으면서도 구성원들의 바람직한 행동을 발생시키는 측면에서 매우 위력적일 수 있다.

3. 개인적 보상 및 인정, 팀에 대한 보상 및 인정이 조화를 이루어야 한다.

보상 및 인정은 대개 개인별로 이루어진다. 개인적 보상 및 인정은 개개인에게 전달되는 자극은 매우 강하나 보상 및 인정이 개인만을 기준으로 주어질 경우 이기주의에 빠질 염려가 있다. 더구나 고객만족경영을 위해서는 부서 또는 팀의 구성원간 협동 및 상부상조가 필수적이므로 팀에 대한 보상 및 인정도 강조되어야 한다.

4. 보상 및 인정을 위한 기준 및 절차를 정할 때 종업원을 참여시켜야 한다.

보상 및 인정을 위한 기준 및 절차를 마련할 때 종업원들의 대표자를 참여시키는 것이 필요하다. 관리자보다는 종업원 자신들이 보상 및 인정에 대한 욕구와 기대를 잘 알고 있기 때문이다. 특히 이들에게 보상 및 인정을 위해 쓸 수 있는 예산의 범위를 알려줄 때, 더 최적의 보상 및 인정방법이 도출될 수 있을 것이다.

5. 보상 및 인정은 가능한 한 신속하게 주어져야 한다.

바람직한 행동이 발생했을 때 바로 보상 및 인정이 제공되어야 한다. 상당한 시간이 경과한 뒤 주어질 경우 효과가 퇴색하기 쉽다. 따라서 관리자에게 보상 및 인정을 시의적절하게 수여할 수 있는 권한을 주어야 한다. 보상 및 인정을 위한 서류작업(paperwork)은 후에 이루어져도 상관없어야 한다.

물론 비용이 많이 드는 금전적 보상에는 결재절차가 선행되어야 하나 비교적 간단한 보상 및 인정은 필요할 때 곧바로 관리자에 의해 수여될 수 있어야 한다. 이처럼 기동성 있는 보상 및 인정의 예로는 음악회 또는 영화 관람권의 제공, 가족들과의 뷔페이용권, 10만원 범위내의 상품권 지급, 업적에 대한 간단한 축하파티 등을 들 수 있다.

6. 고객만족 측정결과를 보상 및 인정과 연결시켜야 한다.

고객만족경영을 추진하려면 반드시 개인별 또는 팀별 고객만족 측정결과를 보상 및 인정과 연결시켜야 한다. 예를 들면 AT&T 유니버설 카드 서비스(AT&T Universal Card Services)사는, 개별 종업원들이 고객만족 목표를 달성했을 경우 각자에게 급료의 12%에 해당하는 보너스를 지급한다. 평균적으로 볼 때 종업원들은 고객만족과 관련하여 1년간 2,250달러 정도의 보너스를 받는다.

한편 세계적인 에어컨 제조회사인 Carrier사는 3백여 명의 관리자들에게 각각 연평균 3만~5만 달러의 보너스를 지급하는데, 지급기준은 다음과 같다.[7]

• 20% : 고객만족 측정결과 반영

- 50% : 제품품질 개선결과 반영
- 30% : 종업원만족 측정결과 반영

7. 보상 및 인정 결과는 조직 내에서 널리 알려져야 한다.

보상 및 인정이 제공되는 이유는 조직목표를 달성함에 있어 조직구성원의 바람직한 행동(desired behavior)을 불러일으키는 데 있다. 따라서 조직목표의 달성을 위해 모든 조직구성원에게 동기를 부여하기 위해서는 보상 및 인정 결과를 모든 조직구성원들에게 널리 알리는 것이 필요하다. 따라서 많은 기업들이 보상 및 인정 결과를 사보에 싣고 축하파티를 열며, 게시하며, 시상식을 가지는 것이다.

보상 및 인정 방법의 구축을 위한 구체적 절차

앞에서는 보상 및 인정 시스템을 설정할 때 어떠한 원칙하에서 이루어져야 하는지에 대해 설명하였다. 따라서 이러한 원칙에 입각하여 효과적인 보상 및 인정 방법을 디자인할 때 어떠한 순서에 따를 것인지에 대해 알아보기로 한다.[8]

1. 보상 및 인정 예산의 확정

어느 정도의 금액을 보상 및 인정에 사용할 것인지를 정해야 한다.

2. 보상 태스크 팀(RTT : Reward Task Team)의 구성

이 팀에서는 보상 및 인정 시스템을 디자인하며 계속 개선해 나가는 역할을 맡는다.

3. 현재의 보상 및 인정 방법의 파악

현재 조직 내에서 사용되고 있는 모든 공식적·비공식적 보상 및 인정방법을 파악한다.

4. 바람직한 행동의 파악

조직목표를 달성하기 위한 종업원들의 바람직한 행동 리스트를 작성한다.

5. 현재의 보상절차 분석

현재의 보상절차가 종업원에게 의미있게 받아들여지는지, 조직문화 및 조직분위기에 적합한지를 분석한다.

6. 바람직한 행동과 보상 및 인정 방법의 대비

각각의 바람직한 행동을 가져올 수 있게 하는 보상 및 인정 방법을 확인한다. 각각의 행동은 적어도 두 가지 이상의 보상 및 인정 방법에 따라 동기가 부여되어야 한다.

7. 보상 및 인정 활용지침의 마련

이 지침에서는 각각의 보상 및 인정 방법에 대한 목적, 절차, 시상내역 등이 정해져야 한다. 이러한 지침을 통해 관리자는 이를 적극적으로 활용할 수 있으며, 종업원도 보상 및 인정에 대한 기대를 행동에 반영할 수 있다.

8. 활용을 위한 관리자교육

가장 소홀히 하는 부분이다. 그러나 어떤 절차, 방법에 의해 보상 및 절차를 활용할 것인지에 대해 관리자들을 반드시 교육하여야 한다. 그렇게 하지 않을 경우 보상 및 인정 방법의 효과가 반감될 수 있다.

9. 보상 및 인정 방법의 활용 및 효과에 대한 피드백

1년에 적어도 한 번씩 표 1과 같은 문항들을 종업원만족도 조사에 포함시켜 효과를 분석함으로써, 보상 및 인정 시스템을 계속 개선해 나가야 한다.[9]

고객만족과 보상 및 인정을 연결시킨 사례—Federal Express사

고객만족경영에 성공하기 위해서는 보상 및 인정 방법을 고객만족 측정결과와 연결시키는 것이 필요하다. Federal Express사는 1985년부터 다음과 같은 보상 및 인정 방법을 실행하고 있다.[10] 이 회사에서는 종업원인 트럭운전수부터 회장인 Fred Smith까지 다음 세 분야에 대해 평가를 받는다.

- 사람(people)
- 서비스(service)
- 이익(profit)

여기서 '사람(people)'은 각 개인이 상급자, 관리자, 팀 구성원으로서의 하급자 또는 동료에게 평가받은 점수를 가리킨다. Federal Express사에서는 종업원만족을 고객만족의 선행조건이라고 생각하

표 1. 보상 및 인정 관련 설문조사 문항

1. 전반적으로 볼 때, 우리 회사의 보상 및 인정 방법은 공정하다고 할 수 있다.

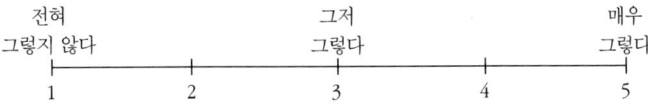

2. 우리 회사는 비금전적 보상도 많은 편이다.

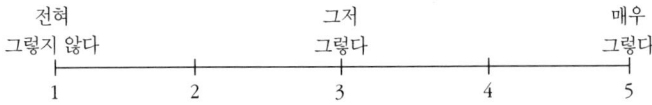

3. 우리 회사의 관리자들은 종업원의 바람직한 행동에 대해 칭찬을 통해 감사표시를 많이 하는 편이다.

4. 우리 회사는 보상 및 인정을 위한 기준 및 절차가 잘 수립되어 있다.

5. 전반적으로 볼 때, 우리 회사의 보상 및 인정 방법은 종업원들에게 고객만족을 위해 노력하게 하는 데 효과적이다.

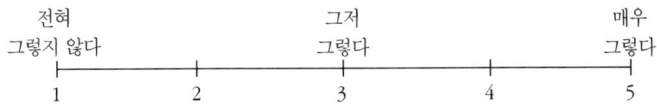

6. 마지막으로 우리 회사의 보상 및 인정 방법에 대해 하시고 싶은 말씀이 있다면?
_____
_____

자료 : James H. Saylor(1996), *TQM Simplified*, 2nd ed., McGraw-Hill, p. 337.

기 때문에, 종업원들이 특히 상급자 또는 관리자의 관리능력에 대해 평가하게 한다. 예를 들면, SFA(Survey Feedback Action) 리더십 지표라고 불리는 표 2와 같은 항목들이 사용된다.

이들 항목의 합계에 의한 점수는, 보너스지급 여부에 대한 기준의 역할을 한다. 이러한 지표(index)의 사용은 Federal Express사가 종업원만족과 바람직한 리더십 능력을 얼마나 중시하는지를 보여준다.

한편 '서비스(service)' 부문은 고객만족 측정결과를 의미한다. 예를 들면, 외부고객만족에 대한 조사는 매분기마다 무작위로 추출된

표 2. SFA 리더십 지표

	전혀 그렇지 않다		그저 그렇다		매우 그렇다
1. 나는 내가 생각하는 바를 나의 관리자에게 거리낌없이 말할 수 있다.	1	2	3	4	5
2. 나의 관리자는 나에게 기대하는 바가 무엇인지를 알게 해준다.	1	2	3	4	5
3. 우리 부서에서는 관리자가 특정인을 편애하지 않는다.	1	2	3	4	5
4. 나의 관리자는 업무를 잘하도록 도와준다.	1	2	3	4	5
5. 나의 관리자는 나의 애로사항을 기꺼이 들어준다.	1	2	3	4	5
6. 나의 관리자는 업무개선을 위한 아이디어를 나에게 묻는다.	1	2	3	4	5
7. 나의 관리자는 내가 일을 잘했을 때 그 사실을 알려준다.	1	2	3	4	5
8. 나의 관리자는 나를 인간적으로 대해 준다.	1	2	3	4	5
9. 나의 관리자는 내가 알아야 할 사항을 계속 알려준다.	1	2	3	4	5
10. 나의 관리자는 내가 업무를 할 때 방해하지 않는다.	1	2	3	4	5

자료 : Christopher H. Lovelock & Charles B. Weinberg(1993), *Marketing Challenges : Cases & Exercises*, McGraw-Hill, p. 553.

2천1백 명의 고객을 상대로 실시된다. 그러나 만일 외부고객과 직접적으로 접촉하지 않는 부서에 근무한다면, 내부고객만족 평가점수만으로 산정한다.

만일 관리자가 '사람(people)' 또는 '서비스(service)' 부문 가운데 한 부문에서라도 미리 설정된 기준에 미달한다면, 그는 그 분기에 보너스를 받지 못하게 된다. 예를 들면 설령 종업원이 관리자에 대해 좋은 평가를 했다 하더라도 고객들이 그 관리자가 고객만족을 시키지 못한 것으로 생각한다면 보너스를 받지 못하게 되는 것이다. 역으로 그 관리자가 고객들을 기쁘게 해주었다 하더라도, 종업원들이 그의 리더십 능력을 낮게 평가하였다면 마찬가지로 보너스를 받지 못한다.

이처럼 사람과 서비스 분야의 기준을 통과했을 때만 보너스를 지급받으며, 보너스의 액수는 '이익(profit)' 분야인 재무적 측정결과에 따라 산정된다. 이러한 세 분야에 대한 평가는 매분기마다 각 종업원 및 관리자에 대해 이루어진다.

이러한 시스템의 가장 큰 장점은 단순성(simplicity)에 있다. 모든 종업원과 관리자는, 각 개인의 직무에 맞게 선정된 기준에 맞춰 매분기마다 '사람-서비스-이익'에 대해 평가받으며 이에 따라 보너스를 지급받는다.

Federal Express사의 보너스가 급여 가운데 차지하는 비중은 다른 회사보다 비교적 낮은 편이다. 그러나 이러한 보상 및 인정 시스템이 성공을 거두고 있는 이유는 보너스 금액의 많고 적음에 있지 않다. 매분기마다 각 개인에게 전달되는 '사람-서비스-이익'에 대한 평가결과와 보너스는, Federal Express사의 모든 구성원들에게 다음 세 가지가 가장 중요하다는 사실을 계속 일깨워준다.
- 만족한 종업원
- 만족한 고객
- 이익을 많이 내는 기업

측 정

고객만족경영 원칙 ❹
측정, 측정하고, 또 측정하라!

고객만족경영 왜(Why) 실패하는가
– 측정의 부족 및 잘못된 측정

측정의 부족

측정(measurement)에서부터 고객만족경영은 시작된다. 경영에 대한 격언에 이런 말이 있다. "측정할 수 없다면 개선할 수도 없다(If you can't measure it, you can't improve it)." 즉, 측정하지 않으면 지금 어디 있는지, 어디로 가고 있는지 알 수 없기 때문에 발전이 가능할 수 없다. 그렇다면 조직에서 측정이 왜 필요할까?

최근에 테니스를 했을 때를 생각해 보자. 한참 동안 연습으로 공을 치고 난 다음에 틀림없이 누군가가 "한 세트 할까요?" 하고 말을 꺼냈을 것이다.

"스코어(점수)를 매기자"는 것이다. 테니스 코트든 직장이든 간에 모두 자신이 어느만큼 잘했는가를 알고 싶은 것이다. 그리고 그것을 아는 유일한 방법은 '스코어를 매기는 것'이다.

판매한 상품의 수량을 헤아리는 것은 스코어를 매기는 하나의 방법이다. 그것으로 전체 동향을 알 수가 있기 때문이다.

이 생각은 옳지만 충분한 것은 아니다. 예를 들면 텔레비전의 야구중계에서는 인조잔디 구장의 야간경기 때 왼팔 투수에 대항하는 타자의 과거 데이터가 화면에 나온다. 또 시청자는 주자가 출루하고 있을 때의 타자의 타율이나 시합의 전후반에서 어느 쪽의 타율이 더 좋은가 등을 화면에 비치는 데이터를 통해 알 수가 있다.

그러나 비즈니스의 세계에서는 이런 정보가 손에 들어오지 않는다. 그러나 필요한 것은 확실하다. 자신들의 성적을 정확히 알고 있는 쪽이 낫다는 것이다. 그러면 무엇을 개선해야 하는가를 알 수 있기 때문이다. 즉, 개선해야 할 점을 찾아내는 유일한 방법이란 가능한 것 모두를 측정하고 평가하는 것이다. 우리 회사에서는 그 방법을 실행하고 있다.

사람들 중에는 그런 방법은 안 된다고 말하는 이도 있다. 스코어는 매기지 않고 오로지 "최선을 다하라"고 말하는 경영자도 있다.

이것은 어리석은 짓이다.

왜냐하면 최선을 다했다고 해서 그것으로 충분하다고는 할 수 없기 때문이다. 그것은 스포츠의 경우와 같다. 백 미터 달리기를 예로 들어보자. 죽어라고 달린 주자의 기록이 15초라면 도저히 충분하다고 말할 수 없을 것이다. 그 주자에게 어떤 유명한 친지가 있건 아무리 두뇌가 명석하건 간에 그렇게 해서는 이길 수가 없다.

올림픽도 비즈니스도 다 마찬가지이다. 우리들의 사회는 경쟁사회이다. 최선을 다하는 것과 승리하는 것과는 별개의 문제이다. 경쟁상대보다 강해야 하고, '첫째'가 아니면 안 된다.

이것이 우리 회사에서 나를 포함한 전원의 달성도를 측정하고 있는 이유다(나의 회사내 성적표는 회사의 손익계산서다). 직원 전원의 성적을 알고 싶고, 또 그뿐만 아니라 우리 회사가 '첫째'가 되기 위해서는 무엇이 필요한가를 아는 것이 중요하다. 백 미터 달리기의 최고기록이 9초 9이고 어떤 주자의 기록이 15초였다면 그 주자의 기록은 앞으로 적어도 5.1초는 단축시키지 않으면 안 된다는 것을 알 수 있다.[1]

그런데 대부분의 우리나라 기업들은 매출액, 이익, 시장점유율, 납기율, 생산량 등과 같이 주로 재무적 지표 및 결과에 중점을 둔 간단한 수준의 측정지표들을 사용하고 있다. 고객만족경영을 위해서는 재무적 지표도 필요하지만 그 밖에도 측정을 통한 여러 가지 정보로서 고객, 제품 및 서비스, 프로세스, 종업원, 납품업체, 경쟁자 등에 대한 측정지표가 필요하다.

그렇지 않을 경우 고객만족경영을 실천할 때 무엇이 잘되고 있고, 잘못되고 있는 것은 무엇인지에 대한 파악이 어려워지게 된다. 왜냐하면 측정을 통해서만 어떻게 되고 있는지를 모든 사람에게 보여줄 수 있기 때문이다.

또한 시장점유율, 매출액, 이익과 같은 재무적 지표는, 기업이 이미 돌이킬 수 없는 과거(yesterday)에 어떻게 했는지만을 보여줄 뿐 현재 어떻게 하고 있는지를 알려 주는 지표는 아니다. 반면 고객관련 지표 등과 같은 다른 지표들은 현재(today)를 나타내준다.

모든 측정은 고객들의 필요에 초점을 맞추어서 그것을 만족시킬 수 있는 기회다. 그러나 대부분의 회사들은 그것을 그런 식으로 이용하지 않는다.

세계적인 경영컨설턴트인 리차드 C. 화이틀리는 측정의 중요성에 대해 다음과 같이 말하고 있다.[2]

내가 일단의 기업가들에게 고객들이 그들을 어떻게 보고 있는지를 끊임없이 측정해야 한다고 말하면, 그들 가운데 십중팔구는 그들 또한 이미 그렇게 하고 있다고 말할 것이다. 그러면 나는 그들에게 이렇게 묻는다. "바로 지금 여러분들은 고객들에게 얼마나 잘하고 있습니까? 그리고 그것을 어떻게 압니까?"

몇몇 사람들은 나에게 다음과 같은 훌륭한 답변을 해주기도 한다.

"우리는 매달 고객들에 대한 표본조사를 실시하고 있으며, 이번 해에는 14개 항의 고객만족 측정치 가운데 12개 항목이 크게 향상되었습니다. 우리는 우리가 과연 타당한 것을 측정하고 있는지를 확인하기 위해 지난해 포커스 그룹을 운용하였기 때문에 이러한 측정치에 대해 크게 신뢰하고 있습니다……."

만약 어떤 기업가가 이런 식으로 말한다면 나는 그들이 고객에게 초점을 맞춘 측정 프로그램을 가지고 있다고 믿을 수 있다.

그러나 나의 질문에 대해 많은 기업가들은 극히 간접적이고 신뢰할 수 없는 측정방법을 이야기한다.

"우리의 시장점유율은 점차 증가하고 있습니다."

"주문이 지난해보다 앞섰습니다."

"우리는 아무런 불만도 들은 바 없습니다."

"우리들은 훌륭한 시장조사팀을 가지고 있는데, 그들에 따르면 우리는 고객들의 요구에 부응하고 있다고 합니다."

　나는 이러한 말을 들을 때면 그렇게 말하는 사람들이야말로 고객들이 어떻게 생각하는지를 정말 모른다는 느낌을 강하게 받는다. 시장점유율과 새로 늘어난 주문량 같은 것은 고객의 의견을 나타내는 좋은 지표이기는 하지만 그것은 시간적으로 너무나 더딘 지표이다. 당신이 시장점유율을 나타내는 통계에서 한 가지 문제를 파악하는 사이에, 당신의 경쟁자는 당신이 만회할 수 없을 정도로 경쟁우위를 확고하게 차지할지도 모른다.

잘못된 측정

　측정지표의 부족 외에 잘못된 측정도 큰 문제를 발생시킬 수 있다. 단순히 측정한다는 것만으로는 충분치 않다. 올바른 측정을 하는 것이 더 중요하다. 스칸디나비아 항공사의 사장이었던 얀 칼존은 잘못된 측정에 대해 다음과 같이 이야기하고 있다.[3]

　내가 스칸디나비아 항공사의 사장직을 수락했을 때 가장 부담을 느낀 것은 화물운송 영업부문이었다.

　최대의 효율과 수익을 위해서 상업 항공사들은 비어 있는 비행기 동체 부분을 채우고자 노력한다. 그래서 스칸디나비아 항공사의 화물부는 항상 운항된 비행기 편수에 의해 성과를 측정하거나 비행기 동체 부분을 얼마나 잘 채웠는지로 실적을 측정해 왔다.

　그러나 화물고객은 정확성과 지정된 지역에 대한 신속한 배달에 더 관심이 있다. 따라서 나는 화물부가 화물고객의 요구와는 전혀 관계없는 '임원실'의 목표를 기준으로 잘못된 측정을 하고 있다는 것을 금방 알게 되었다.

　정확성과 신속성에 대해 처음에는 정확히 아주 잘하고 있다고 생각했다. 항공화물 담당자는 아주 적은 분량만 정시에 목적지에 도달하지 못했다고 보고해 왔기 때문이다. 그러나 어쨌든 점검해 보기로 했다. 우리는 백 개의 화물을 유럽 전지역에 발송했다. 결과는 황당했다. 작은 소포는 그 다음날 도착하리라고 생각했다. 그러나 평균 소요일수가 4일이나 되었다. 정확도는 더 심각했다. 우리는 서비스 중심 업무에서 가장 기초적인 실수를 범하고 있었다. 고객과의 약속과 성과측정을 별개로 생각하고 있었던 것이다.

　우리는 신속하고 정확한 배달을 약속했음에도 불구하고 물량만으로 성과를 측정했던 것이다. 그리고 서류와 화물은 전과정에서 따로 처리되었다. 사실 발송된 화물이 연착되었다는 기록도 없이 약속된 날보다 4일 뒤에 도착하였기에, 우리는 우리의 약속을 지키기 위해 성과를 다시 측정할 필요가 있다고 생각했다.

　이처럼 고객만족을 지향하는 회사에서는, 돈을 내는 고객에 대한 필수적인 분야에 모든 힘을 집중시킬 수 있게 하는 측정방법을 가져야 한다.

　스칸디나비아 항공사의 항공권 발매자는 하루에도 수백 번씩 그들의 고객에게서 그들이 제공한 서비스의 성과에 대해 즉각적인 반응을 받는다. 그러나 화물 담당자 같은 종업원은 그러한 반응을 얻을 수가 없다.

　사실 스칸디나비아 항공사에서 가장 별 볼일 없는 곳이 화물을 하역하는 곳이다. 화물칸에 기어올라가 고객의 짐을 끌어내리고 수송차량에 연결된 이동벨트에 화물을 올려놓아 하역하는 것이다. 그래서 그들은 고객에게서 직접 긍정적이거나 부정적인 반응을 받을 수가 없다.

이런 것들이 부족하기 때문에 그들의 목표가 명확한지 또 잘 달성되었는지를 측정할 수 있는 측정방법이 필요하다.

그러나 우리는 화물부가 단지 화물량과 거기에 붙어 있는 문서로 정확성을 판단한다는 사실을 알고 놀라고 당황했다. 두 가지가 분리되면 사고로 처리한다. 화물이 며칠 걸려 도착했는지에 관계없이 화물과 서류가 같이 있는 한 정상으로 처리된 것으로 본다. 오직 화물량에 의해 측정되는 시스템은 화물은 계속적으로 새로운 기록을 세우는 반면, 서비스는 예전보다 훨씬 떨어진다는 것이 명백해졌다.

그래서 우리는 화물부 직원에게 새로운 측정방법을 도입하라고 요청했다. 그들은 서비스의 정확성을 측정하는 '퀄리카고' 시스템을 만들었는데 기본적으로 어떻게 전화응대를 빨리 할 것인가, 우리가 지정한 비행기에 실제로 화물이 도착했는가, 고객이 찾아갈 수 있게 준비하는 데 비행기 도착 후 얼마나 시간이 걸리나 하는 것들이었다.

측정결과는 매월 공표되었다. '퀄리카고'의 보고서에는 그들의 목표와 많은 다른 화물터미널과 비교하는 도표도 포함되어 있다. 또한 최악의 경우와 최선의 경우가 도표로 나타나 있다. 목표를 달성한 곳은 별 하나와 우리의 영업담당 책임자인 '마츠 미셸' 상을 주었다. 달성 못한 곳은 이유를 해명해야 할 자료를 준비해야 했다.

처음에는 '퀄리카고' 보고에 대해 많은 비판을 받았다. 전통적으로 스칸디나비아인들은 공개적으로 서로를 비난하는 것을 금했다. 어떤 사람들은 우리 직원이 그러한 비판에 잘 적응하지 못할 것이라고 했다. 그러나 그들은 해냈다. 이 제도를 시작했을 때 지정된 시간 내에 80%가 도착했는데 지금은 92%까지 올라가 있다.

직원들이 예전보다 더 많은 일을 했는가? 아니다. 스칸디나비아 항공사의 화물직원은 항상 집중력과 헌신하는 자세로 일했다. 그러나 전에 인식하지 못했던 문제를 더 명확하게 정의하였기 때문에 일상적인 일은 변화되었고 자원들은 효율적으로 활용되었다.

예를 들면 뉴욕에 있는 수취인에게 화물이 배달되는 데 이상하게도 오래 걸린다는 것을 알아냈다. 뉴욕의 화물담당자는 문제를 인식하고 비상한 해결책을 찾았다. 그들은 다른 하역창구를 만들기 위해 화물터미널의 한쪽 벽을 허물었다. 그들은 화물의 병목현상을 줄이고 즉시 배달시간을 향상시켰다.

왜 전에는 이 같은 방법을 아무도 생각지 않았는가? 그것은 아무도 문제가 있는 것을 알지 못했기 때문이다.

'퀄리카고'가 화물이 수취인에게 배달되는 시간을 정확히 측정하기 전까지는 아무도 뉴욕이 다른 지역보다 느리다는 것을 알지 못했고, 그래서 실제 요구된 것보다 늦어진 것이다.

좋은 측정 시스템은 조직과 관련하여 무엇이 옳고 그른지에 대하여 신뢰할 수 있는 정보를 제공해 준다. 측정치와 대비하여 얼마나 진전되었는가(또는 후퇴하였는가, 발전하였는가)를 측정함으로써, 종업원들이 스스로 자신이 얼마나 일을 잘하고 있는가를 점검할 수 있어 이를 통해 자신의 일을 더 개선시켜 나갈 수 있게 된다.

또한 대부분의 사람들은 그들이 얼마나 잘하고 있는지에 대한 정확한 정보를 원한다. 그러나 회사가 철저하게 측정하지 않는 한 그들이 고객들을 항상 만족시킬 수는 없는 것이다. 그리고 그들의 조직이 그들에게 정보를 주지 않는 한 직원들은 개선방법을 알 수 없을 것이다.[4]

결론적으로 측정은 다음의 이유 때문에 매우 중요하며, 측정이 제대로 이루어지지 않을 경우 고객만족경영은 실패할 수밖에 없다.
- 측정 시스템 없이는 경영성과에 대한 관리가 불가능하다.
- 측정 시스템 없이는 문제파악과 이에 따른 우선순위 결정이 불가능하다.
- 측정 시스템 없이는 종업원은 무엇이 기대되고 있는가를 이해하기 어렵다.
- 측정 시스템 없이는 경영성과가 올바른 것인가 파악하기 어렵다.
- 측정 시스템 없이는 정당한 보상과 처벌이 불가능하다.
- 측정 시스템 없이는 경영성과의 개선이 어렵다.
- 측정 시스템 없이는 경영관리가 추측에 불과하다.[5]

무엇을(What) 측정해야 하는가

규모나 업종에 관계없이 모든 조직은 다음 네 가지 지표에 대한 측정이 필요하다.
- 고객관련 지표
- 종업원만족 지표
- 프로세스 지표

• 재무 지표

고객관련 지표(customer related measures)

 기업에 대한 고객만족 여부를 반영하는 측정지표로는 시장점유율(market share)의 추세를 들 수 있다. 그러나 시장점유율의 문제점은 기업의 현재를 나타내주지 못하고, 이미 상황이 완료된 과거를 보여준다는 점이다. 예를 들면, 매출액이 떨어지면서 시장점유율이 하락할 때는 이미 기업이 행동을 취하기는 늦은 시점이라는 것이다. 따라서 고객들의 반응을 좀더 빨리 알려줌으로써 개선방안을 마련할 수 있게 하는 측정지표가 필요한데, 이런 역할을 하는 것이 고객관련 지표이다.[6]

 그런데 고객만족경영을 목표로 하는 기업들 가운데 상당수가 아직까지도 고객만족을 측정하는 지표에 대해 무관심한 편이다. 그러나 고객의 불평이 없다고 해서 당신이 맡은 일을 훌륭히 수행하고 있는 것으로 생각한다면 오산이다. 대부분의 사람들은 마음에 들지 않는 것이 있음에도 불구하고 그것을 겉으로 표출하지 않는 경우가 많다. 왜 그들은 불만을 표현하지 않을까?

 그것은 우선 불만이 어떤 개선도 가져올 수 없다고 믿기 때문이다. 대부분의 직원들이 불만을 처리하는 데 익숙지 않다면, 고객들이 시간낭비를 해가며 불만을 표출해 보았자 아무런 이득도 없다.

 둘째로는 불만을 표출하는 것은 번거로운 일이기 때문이다. 당신이 어떤 조직에 있는 사람에게 불만을 터뜨리거나 칭찬을 할 일이 생겼다고 가정해 보자. 원하는 목적을 달성하기 위해서는 우선 그의 이름을 알아야 하며, 그의 상관이 누구이고 주소는 어딘지 알아내서 편지를 써야 하고, 또 그것을 우체국에서 발송해야 한다. 번거로운 일이 아닐 수 없다.

셋째 이유로는 불만을 겉으로 표출하기를 매우 껄끄러워한다는 점을 들 수 있다. 대부분의 사람들은 불평하는 것을 좋아하지 않으며, 그러한 역할이 자신에게 떨어지는 것을 싫어한다.

그 밖에 사람들이 불만을 겉으로 드러내지 않는 이유가 또 하나 있다. 오늘날 기업간의 경쟁이 너무나 치열하게 전개되고 있기 때문에 굳이 불만을 드러낼 필요없이 불만을 가진 회사의 제품은 안 사면 그만인 것이다.[7]

다음의 네 가지 질문을 살펴보자.

1. 우리 고객들의 요구와 기대는 무엇이며, 이들 가운데 고객들이 가장 원하고 있는 것은 무엇인가? (참고로 표 1은 항공사에 대한 고객의 요구 또는 기대를 나타낸다.)
2. 고객의 그 같은 기대와 요구를 우리 회사는 얼마만큼이나 충족시켜 주고 있는가?
3. 또 우리의 경쟁사는 그러한 고객들의 요구와 기대를 어느 정도 만족시켜 주고 있는가?
4. 고객들을 만족시킬 수 있는 최소한의 수준에 우리는 어떻게 도달할 수 있으며, 그것은 진정으로 고객을 기쁘게 하는 것인가?

이런 질문들에 대답하기 위한 가장 기초적인 작업은 의외로 간단하다. 당신의 회사가 고객들을 얼마나 만족시키고 있는지 고객들에게 직접 물어보라. 고객들이 무엇을 원하고 있는지 직접 말할 기회를 주고, 또 당신의 회사가 어느 부분에서 잘하고 있고 어느 부분에서 잘못하고 있는지를 직접 들어보라. 이 작업을 지속적으로 수행하고 이 같은 과정에서 발견되는 문제점들을 신속히 개선한다면, 경제적 수익은 자연스럽게 따라올 것이다.

미국에서 가장 큰 해산물 레스토랑인 레드 롭스터(Red Lobster)의 경우를 예로 들어보자. 레드 롭스터의 한 해 매출은 10억 달러에 이르고, 1년 동안 팔아치우는 해산물의 양이 7천만 파운드에 이르는

표 1. 항공사에 대한 고객의 요구 또는 기대

• 맛있는 기내식	• 충분한 양의 기내식
• 비행중 고객에게 문제 발생시 해결능력	• 친절한 탑승구 직원
• 편리한 탑승 절차	• 비행중 전화연결
• 아늑한 비행기 내부	• 비행항로에 대한 승무원의 친절한 설명
• 깨끗한 좌석	• 요금에 대한 정확한 설명
• 신속한 예약	• 편리한 좌석도착
• 탑승에 대한 정확한 정보제공	• 친절한 기장과 부기장
• 신문 및 잡지의 제공	• 비행중 적시·정확한 정보제공
• 사려 깊은 승무원	• 편리한 수화물 검사
• 신선한 음료	• 안락한 좌석
• 깨끗한 화장실	• 승객 위급시의 도움
• 빠른 탑승권 구입	• 편리한 공항 주차장
• 친절한 탑승권 판매원	• 수화물 분실시의 빠른 해결
• 질좋은 오디오 및 비디오 시스템	• 예약근무자의 답변능력

자료 : J. R. Evans & W. M. Lindsay(1996), *The Management and Control of Quality*, 3rd ed., West, p.180.

거대 체인이다. 이 회사는 매달 1만5천 명의 고객을 대상으로 15개의 경쟁업체와 음식의 맛, 메뉴 종류 등을 비교하는 설문조사를 실시한다. 그들은 설문조사의 결과에 따라 고객의 입맛 변화를 감지하고 새로운 메뉴를 만들어낸다. 그들은 하루 만에 고객이 찾는 새로운 메뉴를 선보인다. 레드 롭스터는 이 방법이야말로 경쟁우위를 가장 확실히 지킬 수 있는 방법이라고 믿고 있다.[8]

이처럼 고객의 반응을 제대로 아는 것은 필수적이기 때문에 고객관련 지표는 반드시 필요하며, 이들은 측정방법에 따라 다음과 같이 분류해 볼 수 있다.

1. 고객의견 카드

고객의견 카드(customer comment card)는 고객에 관한 정보를 얻는 데 매우 손쉽고 비용이 저렴한 방법이다. 보통 표 2와 같은 내용이 사용된다. 그러나 고객의견 카드는 다음과 같은 단점을 가지고 있다. 우선 레스토랑 식탁이나 호텔 룸에 있는 고객의견 카드에 대해 답변을 하는 사람이 거의 없어 응답률이 매우 낮다는 점이다. 또한 답변을 하는 응답자도 고객들이 느끼는 점에 있어 대표성을 가지지 않는다는 점이다.

필자도 고객의견 카드는 여러 번 본 적이 있지만 한 번도 응답을 해본 일이 없다. 그 이유는 무엇 때문일까? 그것은 응답자의 수고에 대해 보상이 전혀 없기 때문이다. 따라서 고객의견 카드 응답자에 대해서는 약간의 가격할인 또는 선물 등을 제공한다는 사실을 알리고 실제로 제공하는 것이 필요하다고 하겠다.

다음의 자동차 수리회사 예에서 알 수 있듯이, 고객의견카드는 수

표 2. 고객의견 카드의 예

```
                        마운틴 사이드 레스토랑

                                        생각하시는 바에    V해 주십시오
1) 들어오실 때 진심으로 환영한다는 느낌이 드셨습니까?   예 □    아니오 □
2) 종업원들은 따뜻하고 친절하였습니까?    예 □    아니오 □
3) 드신 음식은 어떠하였습니까?
                            전혀            보통            매우
                          그렇지 않다         이다           그렇다
   ① 보기에 먹음직스러웠다      □     □     □     □     □
   ② 맛있었다                □     □     □     □     □
   ③ 음식의 양은 충분하였다     □     □     □     □     □
4) 드신 음식의 가격수준은요?
   □ 기대한 것보다 쌌다
   □ 기대한 것보다 비쌌다
   □ 기대했던 수준이다
5) 저희 레스토랑의 개선을 위하여 하실 말씀이 있으시다면?
   _____
   _____
                                           답변해 주셔서 감사합니다.
```

집방법과 질문내용에 조금만 신경을 쓰면 기업경영에 많은 도움을 준다.[9]

'고객에 대한 올바른 인사법'과 같은 것은 조금도 도움이 되지 않는다. 알아야 할 것은 오직 한 가지 "고객이 무엇을 원하고 있는가"이며, 그것을 정확히 알 수 있는 유일한 방법은 고객에게 직접 물어보아야 한다는 것이다.

우리 회사가 하고 있는 고객의 마음을 알기 위한 방법은 이렇다.

첫째로, 고객은 수리가 끝나고 지불을 할 때 계산대에서 다음과 같은 앙케트 용지를 받게 된다.

귀하의 의견을 말씀해 주십시오

1. 요금은 견적과 비교할 때 어땠습니까?
    쌌다 _____   비쌌다 _____   같았다 _____

2. 약속시간에 자동차가 인도되었습니까?
    예 _____   아니오 _____

3. 똑같은 고장수리를 받는 것은 이번이 두 번째입니까?
    예 _____   아니오 _____

대단히 감사합니다.

※ 더 하실 말씀이 있다면 :
_____
_____

질문은 세 가지인데, 어느 것이나 고객이 귀찮아하지 않도록 짧게 만들어 놓았다. 그러나 비록 세 가지 질문이라 하더라도 여기에서 배우게 되는 것은 크다. 더구나 이 세 가지 질문은 거꾸로 회사에서 고객에게 많은 정보를 제공해줄 수 있다는 사실도 다음에서 설명하겠다.

질문 1을 묻는 이유는, 고객이 우리 회사의 일에 대해서 실제로 지불한 요금보다 가치 있다고 생각지 않는다면, 아무리 좋은 일을 해도 우리 회사는 평가받지 못하기 때문이다.

질문 2는, 우리 회사가 약속을 정확히 지켰느냐 아니냐를 확인하기 위한 것이다. 이쪽에서 약속한 시간대로 수리가 이루어졌는가?

마지막 질문 3은, 같은 수리를 재차 하지 않으면 안 되었는지 어떤지를 알아보기 위한 것이다.

이 세 가지 질문은 모두 서비스 업무의 핵심이 되는 것이며, 조금만 바꾸면 거의 모든 종류의 사업에서 물어보아야 할 설문이다. 광고 대행사를 예로 든다면 질문은 이렇게 바뀔 것이다.

1. 광고는 예산 내에서 행해졌는가?
2. 광고스케줄대로 진행되었는가?
3. 광고결과는 좋았는가?

고객에게 무엇이 중요한가를 알고 나면, 다음에는 우리 회사에서 그것을 제공하고 있는가 아닌가를 확인하지 않으면 안 된다. 그래서 우리 회사에서는 고객의견 카드를 이용하여 그것을 측정한다.

만일 고객이 예상보다 비싼 요금을 지불했다고 생각한다면, 또 미리 약속한 기일대로 수리가 이루어지지 않았다면, 같은 종류의 수리를 위해 두 번이나 세 번 찾아오지 않을 수 없었다고 한다면 우리 회사는 고객이 만족할 만한 일을 하지 않은 것이 된다.

그러나 대개의 경우 우리들은 고객을 만족시키고 있기 때문에, 이쪽에서 그렇게 말하지 않더라도 이 질문들은 거꾸로 고객에게 우리 회사가 고객을 만족시키고 있다는 것을 재인식시키게 된다. 질문에 대답함으로써 고객은 요금이 예상보다 '쌌다'는 것, 또 약속대로 수리가 '이루어졌다'는 것, 수리는 '한 번으로 완벽했다'는 것을 다시

한 번 인정하게 되는 것이다.

그리고 이 질문들은 우리 회사가 진심으로 고객에게 마음을 쓰고 있다는 것을 강조하는 셈이 된다.

2. 고객 불만 및 불평 수집 시스템

고객은 자기중심적(self-centered)이며 불만을 회사에 말하지 않는 경향이 있다. 고객은 머릿속에 정상적이고 좋은 서비스는 기록하지 않으며, 기대(expectation)에 어긋나는 서비스를 받았을 때 즉시 기록하고 반응을 보인다. 즉, 주변의 잠재고객에게 자기가 받은 나쁜 서비스에 대해 전파하기 때문에, 회사 입장에서는 고객에게 물어서 (또는 고객이 불만을 쉽게 말할 수 있는 창구를 설치하여) 고객의 머릿속에 기록된 나쁜 이미지를 지우고 좋은 이미지를 갖게 노력해야 한다.[10]

따라서 고객불만에 따른 고객의 불평이 즉시 수집되고 이에 대응할 수 있어야 한다. 매리오트(Marriott) 호텔의 경우를 살펴보자.

매리오트는 고객에 대한 신속반응 시스템(Customer Rapid Response System)을 통해 고객의 불만을 해결하고 정보를 수집한다. 객실에는 문제나 제안사항에 대해 고객이 직접 작성하는 양식이 비치되어 있고 전화통화는 녹음되며, 정보는 데이터베이스로 들어가게 구축되어 있다. 정보는 축적되고 품질개선 활동을 추진하는 데 사용된다.

이 시스템의 설계목적은 첫째, 고객의 불만을 해결하고 둘째, 각 점포에서 수집된 피드백을 축적하는 데 있으며 셋째, 근본원인의 분석을 위한 데이터를 수집하여 문제의 재발을 줄이려는 것이고 넷째, 고객만족을 증대시켜 단골고객의 반복구매를 얻는 데 있다.

고객은 제안카드를 청구서와 함께 동봉할 수 있으며, 불만사항과 함께 회신된 카드는 해당 호텔의 매니저에게 전달되고, 매니저는 회신에 대하여 감사의 뜻과 함께 불만을 해결하겠다는 약속을 담은 편지를 고객에게 보내는 프로세스가 정착되어 있다. 물론 문제의 제기에 대한 보상으로 고객에게는 무료 저녁식사와 숙박이 제공된다.

이처럼 고객만족경영을 제대로 하는 회사는 예외없이 고객의 소리를 반영하여 끊임없이 개선할 수 있는 이와 같은 고객불만 및 불평수집 시스템을 갖추고 있다.[11]

다음 사례는 이른바 '좋은 고객' 또는 '조용한 고객'이 기업을 망칠 수 있다는 것을 단적으로 보여주고 있다.[12] "떠날 때는 말 없이……"라는 유행가 가사와도 같이 불만이 있어도 그 불만을 털어놓지 않는 고객은 기업을 등지기 쉽다는 것이다.

〈멋진 고객〉

'멋진 고객'이 당신의 기업을 망치고 있을지도 모른다!

나는 정말로 좋은 고객입니다. 나는 어떤 종류의 서비스를 받더라도 불평하는 법이 없습니다.

음식점에 갈 때는 들어가 조용히 앉아서 종업원들이 주문을 받기를 기다리며 그 사이 절대로 종업원들에게 주문받으라고 요구하지도 않습니다. 종종 나보다 늦게 들어온 사람들이 나보다 먼저 주문을 받더라도 나는 불평하지 않습니다. 나는 기다리기만 할 뿐입니다.

그리고 내가 무엇인가를 사기 위해 상점에 가는 경우 나는 고객의 권력(?)을 휘두르려고 하지 않습니다. 대신 다른 사람들에 대해서 사려 깊게 행동하려고 노력합니다. 만약 무엇을 살 것인지를 결정하지 못해 여러 물건을 놓고 고심하고 있을 때 옆에 서 있는 판매원이 귀찮다는 듯이 행동하더라도 나는 최대한 예의바르게 행동합니다.

언젠가 주유소에 들른 적이 있는데, 종업원은 거의 5분이 지난 후에야 나를 발견하고는 기름을 넣어주고 자동차 유리를 닦고 수선을 떨었습니다. 그러나 내가 누구입니까? 나는 서비스가 늦은 것에 대해서 일언반구도 하지 않고 그 주유소를 떠났습니다.

나는 절대로 흠잡거나 잔소리를 한다거나, 또 비난을 하지 않습니다. 그리고 나는 사람들이 종종 하듯이 시끄럽게 불평을 늘어놓지도 않습니다. 그런 행동들이 쓸데없다는 것을 알고 있기 때문입니다.

솔직히 나는 멋진 고객입니다. 여러분 내가 누구인지 궁금하십니까? 나는 바로 '다시는 돌아오지 않는 고객'입니다. 하하하!!!

자료 : 이유재(1999), 『서비스 마케팅』(제2판), 학현사, p. 561.

고객이 불평을 토로하게 유도하는 한 가지 방법은 수신자부담 전화서비스로 고객직통 전화선(hot line)을 두는 것이다. 미국에서 흔히 사용하는 제도로서 국번이 800번으로 시작하는 전화번호를 두어 고객이 어디에 있든지 상관없이 수신자(즉, 기업) 비용 부담으로 직접 불평을 털어놓게 하는 것이다. 우리나라의 080 클로버 서비스가 이에 해당된다. 고객 직통전화선은 여러 가지 면에서 기업에 도움이 된다.

첫째, 이는 불만족한 고객을 흡족하게 바꿀 수 있다. 보통 불만족한 고객 가운데 겨우 5%만이 불평을 기업에 토로하고 나머지는 제품구입을 중단하거나, 타사 제품으로 전환하거나, 회사를 비방하는 것으로 알려져 있다. 직통전화선은 고객이 직접 기업에 불평을 토로할 수 있는 기회를 마련함으로써 이와 같은 부정적 행동을 줄일 수 있다.

둘째, 직통전화는 대기업을 인간적으로 느끼게 해주는 이점이 있다. 현대의 기업은 대형화되어 대부분의 고객에게는 공룡처럼 너무 거대하거나 무미건조하게 보이기 쉽다. 그러나 직통전화를 통해 고객은 살아 숨쉬는 인간을 접하게 된다. GE사의 한 중역은 "GE 등 대기업들은 이제 얼굴이 없는(faceless) 존재가 되었다. 우리는 직통전화를 통해 기업이 얼굴을 가지게 하며, 큰 기업을 조그만 기업처럼 보이게 노력하고 있다"고 말했다. 이와 같이 직통전화로 잃어버린 인간관계를 돌이키고 친근감이 가는 기업-고객 관계를 실현시킬 수 있다.

셋째, 직통전화는 기업의 보증에 따른 비용을 절감할 수 있다. 대부분의 문제들을 전화상으로 해결할 수 있으므로 시간과 비용의 부담이 더 큰 불평서신의 왕래를 줄일 수 있다. 전화로 응답하는 것이 우편응답 비용의 1/3정도밖에 되지 않기 때문에 많은 비용을 절감할 수 있다.

물론 고객 직통전화에 문제가 없는 것은 아니다. 많은 불평고객이 멀리서 전화한다면 비용이 제법 많아질 수 있고, 직통전화가 계속 통화중일 때 고객은 더 화를 낼 수도 있을 것이다. 그럼에도 불구하고 무료 고객 직통전화는 기업의 마케팅 노력에 필수불가결한 제도로 채택되고 있다. 최근 한국에서도 이와 같은 수신자부담 전화가 많이 설치되는 것은 매우 고무적인 현상이라 하겠다.[13]

3. 고객만족에 관한 설문조사

모든 고객관련 지표가 고객만족에 대한 유용한 정보를 제공하지만 고객만족에 관한 설문조사는 특히 다음과 같이 활용할 수 있다.[14)]

- 고객이 느끼는 바를 조사함으로써, 고객의 욕구를 경쟁사에 비해 얼마나 잘 충족시키고 있는지를 알 수 있게 한다.
- 제품 및 서비스 분야 모두에 대한 개선 분야를 알 수 있게 한다.
- 지속적인 조사를 통해 추세를 알게 됨으로써, 실제로 개선이 이루어졌는지를 알 수 있게 한다.

다음의 예를 보기로 하자. A라는 호텔의 고객만족에 관한 설문지의 일부분이다.[15)]

기대충족				중요도			
기대에 못미침	기대 정도	기대보다 뛰어남		낮음			높음
1	②	3	체크-인	1	2	③	4
1	2	③	벨보이의 친절	1	②	3	4
1	②	3	호텔요금	1	2	③	4
①	2	3	주차장	1	2	3	④

저희 호텔에 대한 전반적인 만족 정도는?

매우 불만	약간 불만	보통	약간 만족	매우 만족
1	②	3	4	5

다음에 호텔을 이용하실 때, 저희 호텔에 투숙하실 가능성은 어느 정도입니까?
1. 0%   ②. 20%   3. 40%   4. 60%   5. 80%   6. 100%

이러한 결과에 의해, 우리는 이 고객이 다시 호텔을 이용할 때 A호텔을 이용할 가능성이 매우 낮음(20% 정도)을 알 수 있다. 그 이유는 A호텔에 대한 전반적인 만족수준이 낮으며, 특히 주차장에 가장 큰 문제가 있음을(고객의 입장에서 볼 때 주차장이 매우 중요하나 고객의 기대에 못 미치고 있다) 파악할 수 있다.

고객만족에 대한 설문조사는 무엇보다도 주기적으로 이루어져야 한다. 고객만족이 악화되는지, 개선되는지에 관한 추세를 파악하기 위해서다. 주기는 업종 및 조직의 특성에 따라 다르지만 대개 3개월 또는 6개월, 1년 주기로 실시된다.

다음 그림 1은 세계적인 배달업체인 Federal Express사에서 1987년 3분기부터 1991년 1분기까지 전반적인 고객만족을 측정한 결과를 보여주고 있다.[16]

그림 1. 고객만족 추세—Federal Express사

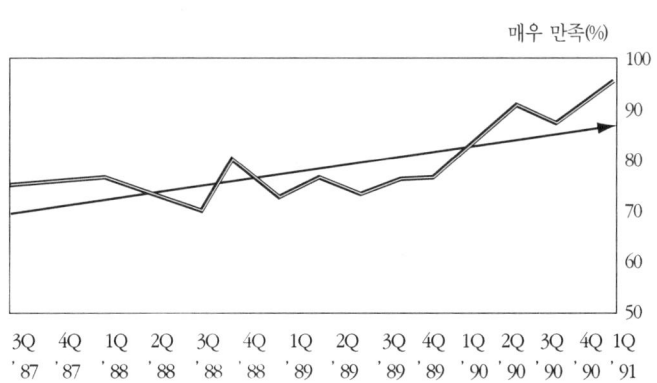

Federal Express의 고객들은 조사대상의 약 90% 정도가 이 회사에 대해 매우 만족(completely satisfied)으로 답변하고 있음을 알 수 있다. 여기서 주목되는 점은 다음의 5점 척도 중 매우 만족(5)만을 계산한다는 점이다. 즉, 약간 만족(somewhat satisfied)은 고객만족으로 고려하지 않는다.

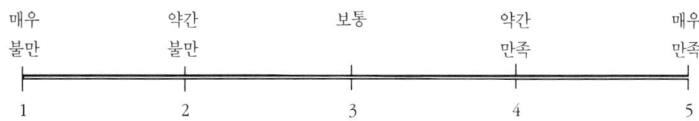

고객만족을 이처럼 엄격하게 측정하는 점에 대해서는 필자도 동감하는데, 그 이유는 '약간 만족'의 문제점 때문이다. 고객들은 종종 당신의 기분을 상하지 않게 하기 위해서, 혹은 불만을 표시해 보았자 아무런 개선효과를 가져오지 않으리라 믿고 있기 때문에 그냥 '만족한다'고 대답해 주는 경우가 있다. 또 당신의 제품이나 서비스를 마땅히 비교할 기준이 없기 때문에 '만족한다'고 대답할 수도 있다. 캘리포니아 지역의 은행을 대상으로 실시된 연구에 따르면, 서비스가 '형편없다'거나 '그저 그렇다'고 평가하고 있는 사람의 40%가, 말로는 '만족한다'고 이야기하는 것으로 조사되고 있다. 만약 다른 은행이 "우리의 서비스가 우수합니까?" 하고 물었다면 그들은 역시 '우수하다'고 대답했을 것이다.

'만족한다'는 것은 '그냥 넘어갈 만하다'라는 뜻에 불과한 경우가 많다. 그 같은 대답은 결코 고객의 신뢰를 쌓아나가기 위한 튼튼한 기초가 될 수 없다.[17]

결국 '약간 만족'으로 응답한 고객은, 보다 나은 제품 또는 서비스를 제공하는 경쟁자가 나타나면 쉽게 이동할 수 있는 고객이기 때문에 진정한 고객만족을 나타내는 것은 아니기 때문이다.

표 3. 고객만족 설문조사–B주유소

기대충족				중요도			
기대에 못미침	기대 정도	기대보다 뛰어남		낮음			높음
1	2	3	주유소 발견의 용이성	1	2	3	4
1	2	3	주유원의 영접 및 인사	1	2	3	4
1	2	3	주유원 복장의 청결	1	2	3	4
1	2	3	주유원의 주문받는 태도	1	2	3	4
1	2	3	주유소 바닥상태	1	2	3	4
1	2	3	주유기에 접근용이	1	2	3	4
1	2	3	주유량의 적당성	1	2	3	4
1	2	3	신속한 급유	1	2	3	4
1	2	3	요금계산의 신속, 정확	1	2	3	4
1	2	3	판촉물의 제공	1	2	3	4

저희 주유소에 대한 전반적인 만족 정도는?

```
매우      약간      보통      약간      매우
불만      불만                만족      만족
 1         2         3         4         5
```

다음에 주유소를 이용하실 때, 저희 주유소에 오실 가능성은 어느 정도입니까?

1. 0%   2. 20%   3. 40%   4. 60%   5. 80%   6. 100%

주위 사람들에게 저희 주유소를 추천하실 것 같습니까?

```
전혀 그럴 것              보통              매우 그럴 것
같지 않다                                     같다
    1         2         3         4         5
```

앞의 표 3은 B라는 주유소의 "고객만족에 관한 설문조사" 중 일부분이다. 이러한 고객만족에 관한 설문조사는 대기업뿐만 아니라 개인병원, 음식점, 노래방, 운전면허 시험장, 지방자치단체, 대학교 등 고객을 대상으로 하는 분야에서는 어디에서든지 설문문항을 업종에 맞게 수정하여 실시할 수 있다.

종업원만족 지표

실제에 있어 종업원만족 수준을 측정하는 기업은 그다지 많지 않은 편이다. 그 이유는 여러 가지가 있을 수 있으나, 고객만족을 위해서는 종업원만족이 선행되어야 함에 비추어볼 때 종업원만족에 대한 주기적인 측정은 반드시 필요하다.

측정수단은 크게 종업원의 의견, 감정, 태도를 측정하는 종업원만족에 대한 설문조사와 종업원행동에 관한 측정으로 나누어볼 수 있다.

1. 종업원만족에 관한 설문조사

종업원들에 대한 설문조사를 통해 경영진은 종업원들의 일에 대한 만족도, 직장에 대한 만족도, 인사에 대한 만족도, 근로조건에 대한 만족도, 회사에 대한 만족도 등을 파악할 수 있다. 표 4는 Federal Express사가 사용하고 있는 종업원에 대한 설문조사 항목들이다.

Federal Express사는 매년 1회 시행되고 있는 이 설문조사를 통해 모든 종업원들에게 회사, 관리자, 봉급 및 복지후생, 작업조건 등에 대해 의견을 나타낼 수 있는 기회를 제공하고 있다.

표 4는 종업원 만족도를 조사하는 기업들의 설문지와 큰 차이는 없다. 특이한 점은 1~10까지의 항목들인데, 이는 종업원의 고객만

표 4. 종업원만족 설문조사 – Federal Express사

	전혀 그렇지 않다		그저 그렇다		매우 그렇다
1. 나는 내가 생각하는 바를 나의 관리자에게 거리낌없이 말할 수 있다.	1	2	3	4	5
2. 나의 관리자는 나에게 기대하는 바가 무엇인지를 알게 해준다.	1	2	3	4	5
3. 우리 부서에서는 관리자가 특정인을 편애하지 않는다.	1	2	3	4	5
4. 나의 관리자는 업무를 잘하도록 도와준다.	1	2	3	4	5
5. 나의 관리자는 나의 애로사항을 기꺼이 들어준다.	1	2	3	4	5
6. 나의 관리자는 업무개선을 위한 아이디어를 나에게 묻는다.	1	2	3	4	5
7. 나의 관리자는 내가 일을 잘했을 때 그 사실을 알려준다.	1	2	3	4	5
8. 나의 관리자는 나를 인간적으로 대해 준다.	1	2	3	4	5
9. 나의 관리자는 내가 알아야 할 사항을 계속 알려준다.	1	2	3	4	5
10. 나의 관리자는 내가 업무를 할 때 방해하지 않는다.	1	2	3	4	5
11. 나의 관리자의 상급자는 우리가 필요한 자원을 제공해 준다.	1	2	3	4	5
12. 임원급 이상의 경영진은 우리 회사가 달성하고자 하는 바를 우리에게 알려준다.	1	2	3	4	5
13. 임원급 이상의 경영진은 내 직급수준이 제시하는 아이디어 및 제안에 대해 관심을 기울인다.	1	2	3	4	5
14. 나는 우리 회사의 경영진이 모든 일에 공정하다고 생각한다.	1	2	3	4	5
15. 나는 내가 업무를 잘 수행하기만 하면 미래가 있다고 생각한다.	1	2	3	4	5

	1	2	3	4	5
16. 나는 Federal Express를 위해 일한다는 사실이 자랑스럽다.	1	2	3	4	5
17. Federal Express에서는 나에게 비전을 제시해 주고 있다.	1	2	3	4	5
18. Federal Express는 고객들에게 잘 봉사하고 있다고 생각한다.	1	2	3	4	5
19. 모든 것을 고려할 때 Federal Express에서 근무하는 것은 나에게 유익하다.	1	2	3	4	5
20. 나의 보수는 나의 업무와 비교할 때 적정하다.	1	2	3	4	5
21. 회사의 종업원 복지제도는 우수한 편이다.	1	2	3	4	5
22. 우리 부서 사람들은 업무를 할 때 서로 협조를 잘하는 편이다.	1	2	3	4	5
23. 우리 부서와 다른 부서간 협조는 잘 이루어지는 편이다.	1	2	3	4	5
24. 업무 환경 면에서 볼 때 우리는 보통 안전하게 작업하는 편이다.	1	2	3	4	5
25. 회사의 규정 및 절차는 업무수행시 방해가 되지 않는 편이다.	1	2	3	4	5
26. 업무를 수행할 때 필요한 도구 및 자료는 쉽게 공급받는다.	1	2	3	4	5
27. 나는 업무를 수행할 때 충분한 재량권을 가지고 있다.	1	2	3	4	5
28. 우리 부서는 고객서비스를 개선시키기 위한 활동에 적극적이다.	1	2	3	4	5

자료: G. Bounds, L. Yorks, M. Adams, & G. Ranney(1994), *Beyond Total Quality Management*, McGraw-Hill, p.519.

족 노력을 관리자가 지원하는가와 관련이 있다. Federal Express사에서는 이것을 SFA(Survey Feedback Action) 지표라고 부르며, 부서장의 보너스 지급시 이들 결과를 일정 부분 반영시키고 있다.

모든 개인의 응답결과는 비밀에 붙여지며, 전반적인 결과만이 관리자들에게 제공된다.[18]

2. 종업원의 행동에 관한 측정

설문조사는 종업원의 의견 또는 느끼는 바를 측정한다. 반면 종업원의 행동에 관한 측정은 문자 그대로 종업원의 행동을 측정하는데, 다음의 측정지표들이 사용된다.

- 이직률
- 퇴직사유(퇴직시 인터뷰에 따라 파악)
- 결근율
- 주당 평균 근무시간
- 사고율
- 질병감염률
- 부서이동에 대한 요청 빈도

이러한 종업원의 행동 관련 측정치들은 종업원의 만족정도를 반영하는 우수한 지표들이다. 여기서 강조하고자 하는 바는 퇴직자 인터뷰(exit interview)를 반드시 할 필요가 있다는 점이다. 회사를 떠나고자 할 때 퇴직자는 기존 근무자보다 더 솔직하게 답변하기 때문에, 퇴직자 인터뷰는 매우 유용한 종업원 관련 피드백이 될 수 있다. 이들 자료는 요약, 정리되어서 반드시 보고됨으로써 경영진이 내용을 파악하고 있어야 한다.[19]

3. 복합지표로서의 종업원만족지수

종업원만족을 측정하는 가장 바람직한 방법은 종업원만족지수(ESI

: Employee Satisfaction Index)를 산정하는 것이다. 종업원만족지수는 복합지표로서 50%는 종업원만족에 관한 설문조사 결과에서 나온 점수를 반영하고, 나머지 50%는 종업원의 행동에 관한 측정치들을 회사 사정에 따라 가중치를 달리하여 반영할 수 있다. 표 5에는 종업원만족지수를 계산하기 위한 항목들과 각각의 구성비가 예로 나타나 있다.

  기업들은 대부분의 경우 종업원만족 관련 자료들을 측정하지 않으며, 설령 측정한다 하더라도 그다지 많은 관심을 기울이지 않는다. 많은 기업의 경영진들은 매출액, 이익, 시장점유율과 같은 재무적 지표에 대해서는 매일 또는 매주 관심을 기울이고 고객만족 지표에 대해서는 1년에 몇 차례 검토한다. 반면 종업원만족 관련 지표들은 단지 파업과 같은 중대한 사태가 발생할 때만 관심을 기울일 뿐이다.

  그러나 종업원만족은 앞에서도 설명하였듯이 고객만족경영을 위해서 가장 먼저 이루어져야 한다. 따라서 경영진의 우선적 관심을 끌 수 있게 해야 하며, 이를 위한 한 가지 방법으로는 앞에서 설명하였듯이 Federal Express사에서 사용하고 있는 종업원만족 지표 결과

표 5. 종업원만족지수의 구성비 - 예

설문조사 결과 점수	50%
이직률 점수	20%
결근율 점수	10%
사고율 점수	10%
질병감염률 점수	10%
합 계	100%

를 경영진의 보너스에 반영시키는 방법을 들 수 있다.[20]

프로세스 지표

측정이라고 하면 기업에서는 대부분의 경우 프로세스 지표를 떠올리게 된다. 보통 데이터 베이스화하여 기간별 비교가 이루어지게 된다.

프로세스 지표는 특히 제조업에서 측정이 잘 이루어지는 편이나 서비스업에서도 이의 측정이 필수적이다. 측정지표의 종류로는 다음을 들 수 있다.

- 종업원당 생산량
- 불평제기시 해결시간
- 정시인도율
- 대금청구 문의율
- 정시설치율
- 수리의뢰 통화율
- 외상매출금 미회수 비율

대부분의 기업에서 측정하는 프로세스 지표의 경우 경쟁기업이 하면 이를 모방하는 경우가 대부분이다. 그러나 프로세스 지표의 선정 및 측정은 고객의 요구 및 기대(customer requirements and expectations)부터 시작되어야 한다. 다음의 예를 보기로 하자.

AT&T 유니버설 카드 서비스사는 측정되어야 할 프로세스 지표를 선정하기 위해 고객에서부터 시작한다. 우선 고객에 관한 의견조사, 표적집단 면접(FGI : Focus Group Interview) 등을 통해 고객의 요구

그림 2. 고객의 요구 및 기대와 측정지표의 관계

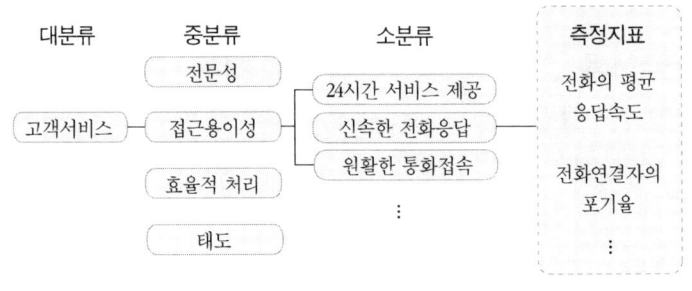

자료 : R. T. Rust, A. J. Zahorik, & T. L. Keiningham(1996), *Service Marketing*, Harper Collins, p. 299.

및 기대를 모두 수집하여 이를 대분류, 중분류, 소분류로 나눈다. 대분류에 의한 고객만족 분야에는 8가지가 있는데, 이들 중 한 가지가 고객서비스이다.

대분류는 그림 2에서 알 수 있듯이 중분류로 나눠지는데, 고객서비스는 다음 4가지 중분류로 분류된다.

- 전문성
- 접근용이성
- 효율적 처리
- 태도

중분류는 다시 총 27개의 소분류로 나눠지며, '접근용이성'의 소분류는 다시 다음과 같이 분류된다.

- 24시간 서비스 제공
- 신속한 전화응답
- 원활한 통화접속 등

최종적으로, 이들 소분류에 의한 고객요구 및 기대와 측정지표가 각각 연결됨을 그림 2에서 알 수 있다. '신속한 전화응답'에 대한 고객의 요구 및 기대는 다음 항목으로 측정된다.
- 전화의 평균 응답속도
- 전화연결자의 포기율

이런 방법을 사용하여 AT&T 유니버셜 카드 서비스사는 1백 개 이상의 프로세스 측정지표를 가지고 있다. 이들은 컴퓨터 시스템에 따라 다음날까지 보고되며 또 관련 담당자에게 전달된다.[21]

따라서 프로세스 지표의 목표달성 여부는 바로 고객의 요구 및 기대, 즉 고객만족과 연결되어짐을 알 수 있다. 이처럼 모든 측정지표는 목표를 가지고 있어야 한다. 기업은 실현가능한 목표 및 이의 측정을 통해 개선이 필요한 분야를 알아낼 수 있으며, 또한 계속적으

표6. 목표와 측정지표

프로세스 : 주문 충족					
제 품 : 모델 96-A				월일 :	
목 표	측정치	성과	기대	차이	목표
불량품	기각률(%)	4.0%	0.02%	3.98%	1.0%
재작업	총작업 중 비율(%)	5.7%	4.0%	1.7%	
	평균 재작업비용	$11	$6	$5	
비용	평균 단위비용	$109	$100	$9	
완료기간	평균 소요일	3.4	2.3	1.1	
자산 활용도	생산단위/일	250	325	75	
생산성	작업단위/시간	275	220	55	
품질비용	매출액 중 비율(%)	8.0%	2.5%	5.5%	

자료 : A. R. Tenner & I. J. DeToro(1997), *Process Redesign*, Addison Wesley, p. 191.

로 개선해 나갈 수 있다(표 6 참조).

전통적으로 프로세스 지표는 제조업체에서 주로 활용되었으며 서비스업체는 측정시스템이 매우 취약하였다. 그러나 리츠-칼튼 호텔의 품질담당 이사인 Patrick Mene은 다음과 같이 이야기하고 있다. "측정해본 적이 없는 사람들은 노력을 해본 적이 없는 사람들이다.

그림 3. 비지니스 프로세스, 고객의 요구 및 기대, 측정지표의 관계

비지니스 프로세스		고객요구 및 기대		측정지표	측정결과			
					전기	금기	목표대비	경쟁사대비
총체적 품질	30% 제품	신뢰성	(40%)	수리의뢰 통화율				
		사용편리성	(20%)	도움 요청 전화율				
		특징·성능	(40%)	성능검사 통과				
	30% 판매	제품지식	(30%)	감독자 관찰만족도				
		고객 요구 대응	(25%)	적시 제안율				
		사후관리	(10%)	사후관리 완료율				
	10% 설치	설치 신속성	(30%)	평균 주문간격				
		정상 상태 인도	(25%)	수리율				
		약속 기일 설치	(10%)	정시설치율				
	15% 보수	1회 완결 수리	(30%)	재발생률				
		수리 신속성	(25%)	평균 수리시간				
		하자설명	(10%)	인지 정도(%)				
	15% 대금청구	정확도, 사전설명	(45%)	내역 문의율				
		1회 통화시 해결	(35%)	해결률				
		알기 쉬운 내용	(10%)	대금청구 문의율				

※ 고객요구는 주요 특성만 기술하였으므로 전체의 합이 100%가 되지 않는 경우도 있음.
자료: 손광수 외(1996), 『우리 회사 어떻게 경영품질을 높일 것인가?』, 명진, p. 179.

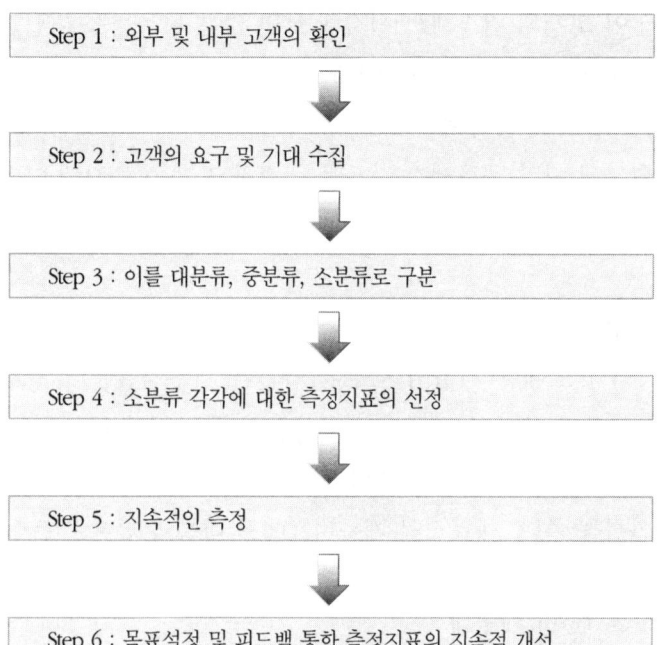

그림 4. 프로세스 지표 선정 및 측정절차

그들은 단지 변명만을 찾고 있을 뿐이다."[22]

즉, 서비스업체의 측정시스템에 대한 문제는 프로세스가 측정될 수 없는 데 있는 것이 아니라 구성원들이 측정하려 시도하지 않는 데 있다. 물론 처음부터 완벽한 측정시스템을 갖출 수는 없을 것이다. 그러나 매년 계속해서 프로세스 지표를 개선해 나감으로써 좀더 완벽한 측정시스템을 점차 갖춰 나갈 수 있을 것이다.

참고로 비지니스 프로세스, 고객의 요구 및 기대, 측정지표의 관계를 나타내 주는 예(그림 3)와 항공사에 대한 고객의 모든 요구 및 기대(표 1 참조)를 제시하였다.

본인이 종사하고 있는 사업에 대한 고객의 요구 및 기대는, 입장을 바꾸어 고객의 입장에서 생각해 보면 많은 항목들을 어렵잖게 발견해낼 수 있을 것이다. 여기에 고객에 대한 의견조사, 표적집단 면접, 면담 등의 방법이 추가되면 더 바람직하다. 그 후에는 그림 4와 같은 절차에 따라 프로세스 지표를 선정하고 계속 측정해 나가야 할 것이다.

재무지표

조직의 규모에 관계없이 모두 기업들은 재무지표를 측정하고 있다. 왜냐 하면 단기적으로 기업의 생존과 직결되기 때문이다. 기업들은 대부분의 경우 재무지표의 측정은 어느 정도 완비되어 있으며 많은 신경을 쓴다. 대표적인 재무지표에는 다음과 같은 것들이 있다.

- 매출액
    - 종업원당 매출액
    - 평당 매출액
- 이익
    - 매출총이익
    - 경상이익
    - 영업이익
    - 당기순이익
- 투자수익률(ROI : Return on Investment)
- 자산수익률(ROA : Return on Asset)
- 자본수익률(ROE : Return on Equity)
- 영업비

- 영업외 비용

  전통적으로 기업들은 재무지표 위주로 측정하여 왔다. 필자가 이 책에서 이야기하고자 하는 바는 재무지표가 중요하지 않다는 것이 아니다. 재무지표는 기업운영 결과를 측정하는 것으로서 가장 중요한 지표라고 할 수 있기 때문이다.

  다만 측정의 종류들이 서로 균형을 이루는 것이 필수적이라는 점이다. 즉, 고객관련 지표와 프로세스 지표, 종업원만족 지표와 재무지표가 모두 균형있게 측정되어야 한다. 고객관련 지표, 프로세스 지표, 종업원만족 지표를 측정하지 않으면서 이들의 영향을 받는 재무지표가 지속적으로 좋게 유지될 수는 없기 때문이다.

구체적으로 어떻게(How) 측정해야 하는가

측정시 유의할 점

  많은 기업들이 잘못된 측정지표를 수집하고 있다. 이 경우 일반적으로 저지르는 실수는, 첫째로는 고객만족 또는 기업의 성과에 필수적인 측정지표의 누락, 둘째로는 관련없거나 부적절한 측정지표에 대한 측정을 들 수 있다.[23]

  첫번째 경우는, 고객의 기대를 충족시키기 어렵게 되기 때문에 경쟁기업에 비해 고객만족 면에서 뒤떨어지기 쉽다. 두 번째 경우는, 고객만족경영과는 관계없는 분야에 중점을 두게 되므로 조직의 시간과 자원을 낭비하는 결과가 된다. 다음의 예를 살펴보기로 하자.[24]

스칸디나비아 항공(SAS)은 화물운송 부문의 측정을 '화물수송량'을 기준으로 하였다.

고객에게 제시간에 정확하게 도착하는지 여부는 상관하지 않고 서류상 화물량과 실제 화물량이 일치하면 만사가 통과되었다. 화물의 지연 도착률은 극히 미미하다고 사장실에 보고되었다.

칼존 사장이 직접 백여 개의 소화물을 만들어 세계 각처로 발송해 보니, 그 가운데 어느 하나도 예정된 시간에 배달되지 않았다. 화물이 제때 도착한다는 임원들이나 간부들의 보고는 사실과 전혀 달랐는데, '화물량'에만 신경을 쓰고 '정시도착'에는 아무도 관심을 기울이지 않은 결과였다.

화물이 예정시간보다 4일 늦게 도착되어 고객이 상당히 낭패를 당하고 화가 나도, 담당자가 서류에 지연이라고 기록하지 않으면 정상도착으로 처리되어 아무도 체크하지 않았고, 체크할 필요도 없었다.

이런 지경이니 고객은 점점 떨어져 나가 할당된 화물수송량 목표를 채우려면 더 많이 뛰어야 하고 업무추진비는 턱없이 모자랐다. 100% 회사 제1주의, 고객 제2주의의 전통적인 회사중심 경영의 모습이다.

고객은 신속하고 정확한 화물배송을 원하는데 화물량을 평가기준으로 하니, 직원들은 화물을 많이 확보하는 데만 신경을 쓰지 고객이 어떤 불평을 하는지 알려고 하지 않아 결국은 회사가 원하는 화물량확보라는 목표달성은 점점 멀어져 갈 수밖에 없었다.

평가기준을 확실성으로 바꾸고 나서야 고객의 욕구는 충족될 수 있었다. 배송기일은 준수되었는가, 화물은 소정의 비행기에 탑재되었는가, 화물탑재기 도착에서 화물인도까지의 소요시간은 얼마인가 등 고객입장에서 평가하고 그 결과를 매달 공표하여 목표달성부서는 별표(*)로 표시하고 보상을 하였으며, 성적불량 부서장에게는 해명을 요구하는 등 경영자의 의지를 확실히 밝히고 나서야 SAS는 화물의 92%가 제시간에 도착한다는 보증을 할 수 있었다.

은행의 경우는 어떠한가?

일정한 마진이 보장되어 있으므로 이익을 극대화하기 위해서는 예금을 늘리기만 하면 된다. 예금은 통장수×잔액이므로 통장수를 늘리면 예금은 늘게 된다.

이런 논리로 통장수 증대운동을 전개하는 은행의 경우, '통장수'로 지점을 평가하기 때문에 고객이 1억을 예금하러 오면 1천만 원짜리 10개로 나누어서 예금해 달라고 부탁하기 일쑤이다.

통장 1개, 전표 1장이면 될 일을 그 10배인 통장 10개, 전표 10장으로 처리하여 10배의 원가를 발생시키기 때문에 이익극대화라는

표 7. SAS의 화물부문 평가기준의 변경

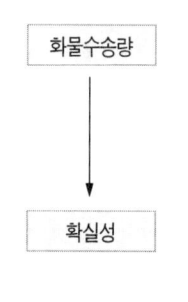

화물수송량	• 고객의 요구와는 무관한 임원실 목표 기준으로 평가 • 서류상 화물량과 실제량이 일치하면 OK • 화물의 지연도착률은 극히 미미하다고 보고되고 있으나 사실은 정시도착이 전혀 없음(확실성 0%).
확실성	• 고객의 요구에 맞게 신속하고 정확한 화물 배송을 평가기준으로 함. • 성과 Check System이 달성도에 관한 정보 제공 • 평가결과를 매월 공표(92%의 확실성 보증)

은행의 원래 취지에도 맞지 않을 뿐만 아니라 고객을 여러 면에서 불편하게 하고 있다.

　평가방법이 무엇이냐에 따라 직원은 그에 맞추어 행동할 것이며, 직원의 행동결과에 따라 고객만족도도 달라지게 된다. 현실을 보면 은행들은 고객만족경영을 말로는 열심히 떠들지만, 핵심인 평가방법은 여전히 계수로 표시되는 영업실적 위주의 종전방식을 유지하고 있어 아직은 제대로 된 고객만족경영과는 거리가 멀다.

　말로는 고객만족경영을 한다면서 영업실적 위주로 지점을 측정하니 직원들이 실적 위주, 회사 위주로 행동하게 되고 그 결과 고객불만을 더 크게 만들게 되는 것이다.

　이처럼 측정을 할 때 잘못을 저지르기 쉽고, 그 결과 개선할 곳을 알 수 없게 되므로 측정시에는 다음 사항들에 유의해야 한다.

　첫째, 현재 잘못된 측정을 하고 있지는 않은가?[25]

　이 측정결과가 향상된다면 고객만족 및 기업성과 측면에서 회사 전체 또는 특정부문에 현저한 영향을 줄 수 있는가? 이 측정지표는 종업원의 달성도와 관계가 있는가?

　둘째, 측정의 표현은 긍정적인가?

　결근을 측정할 수 있다면 출근도 측정할 수 있을 것이다. 실패 대신에 성공을 기록하라. 인도 일자의 지연이 아니라 기일대로 출하된 것을 측정하라. 인간은 실수를 없애는 것보다 목표를 달성하는 쪽을 좋아하는 법이다. 그리고 더 중요한 것은 바람직하지 못한 것만을 보고하면 종업원은 무엇을 달성하라고 요구받고 있는지 모르게 되어 버린다는 사실이다.

셋째, 측정지표는 고객의 요구를 반영하고 있는 것인가?

만약 측정되고 있는 업무성과가 고객들에게 이익을 주는 데 실패한다면 그러한 측정방법은 아무 쓸모가 없으며, 오늘날 기업들에서 실시하는 측정들 가운데 너무나 많은 것들이 정확히 그러한 면에서 실패하고 있다.

한 자동차 수입 회사가 미국에 수입한 자동차들을 시장에 내놓았을 때, 그 서비스 조직은 판매상들이 주문한 부품을 하루 만에 얼마만큼 배달해 주었는가에 초점을 맞추고 있었다. 90%의 이행률 달성은 아주 잘한 것처럼 보였다.

달리 말하면, 어떤 판매상이 어떤 부품을 주문했을 때 그는 열 번 중에 아홉 번은 그 다음날 자신이 원하는 부품을 지역 도매상에게서 배달받았던 것이다. 그러나 그 회사가 고객들에게, 직접 교체 부품을 얼마나 빨리 입수할 수 있었는가에 대해서 물었을 때 대다수가 그 부품을 입수하는 데 상당한 시간이 걸렸다고 대답했다.

그 회사의 측정방법이 아주 틀린 것은 아니었다. 그러나 그 회사는 고객들에게 가장 중요한 서비스의 특성들에 대해서는 묻지 않았다. 분명히 판매상이 어떤 부품을 주문했을 때 열 번 가운데 아홉 번은 부품이 그 다음날에 도착했을 것이다. 문제는 그 열 번째에는 어떻게 되었는가이다. 그 회사는 주문을 받은 부품이 판매상의 주차장에 틀어박혀 있는 차를 수선하는 데 필요한 것인지, 아니면 단지 판매상의 재고명세서에 들어갈 처지에 있는지에 대해서는 추적하지 않았던 것이다.

만약 판매상이 야간급행편으로 배달할 부품이라는 것을 명기하지 않았다면, 하루 만에 배달되지 못한 부품은 판매상에게 도착하는 데

며칠, 아니 몇 주일이 걸릴지도 모를 일이다. 그리고 판매상들은 특별히 비용을 들이고 싶지 않기 때문에 아주 예외적인 경우가 아니면 야간급행편으로 보내야 할 부품이라는 것을 명기하지 않으려 하였다. 결국 부품이 필요했던 고객 가운데 67%가 주문한 부품을 입수하는 데 2주 또는 그 이상 지체되는 것을 경험하였던 것이다.

이 회사의 측정 시스템은 하루 만에 처리한 주문이행 비율에 초점을 맞추었다. 그러나 10%의 실패율은 대부분의 고객들이 그 부품을 입수하는 데 시간이 지체되었다는 것을 의미하였다. 그리고 이 시스템은 상대적으로 수량이 적은 주문량이었을 경우 오랫동안 기다려야 했다는 사실, 결국 부품이 필요했던 고객의 67%가 감수해야 했던 고통을 드러내지 못했던 것이다.[26]

넷째, 종업원들도 이 측정지표를 쉽게 이해할 수 있는가?

측정결과는 이해하기 쉬워야 한다. 이해하기 쉽지 않을 경우 측정을 위한 측정이 되기 쉽다. 모든 측정결과는 이해하기 쉽고 활용할 수 있는 정보를 제공해 주어야 한다.

경영자가 사용하는 측정지표(투자효율, 재고회전율, 미수금 회수 일수 등)는 대개 현장의 직원들이 이해하기가 어렵다. 가장 효과적인 지표는 간단하게 표현된 것이다. 건수·개수에 의한 표현이 첫째이고, 금액에 의한 표현이 두 번째, 퍼센트에 의한 표현이 세 번째로 좋다고 할 수 있다. 그런데 아이러니하게도 경영자가 중시하는 것은 순서가 거꾸로여서 퍼센트, 금액, 건수·개수가 된다.

다섯째, 측정지표의 개발에 이해 당사자가 참여하고 있는가?

측정지표의 개발 및 도입에는 이해 당사자인 종업원 및 간부의 참여가 필수적이다. 그렇지 않으면 측정결과에 승복하지 않는 경우도 나타날 수 있기 때문이다. 따라서 고객만족경영 및 기업성과의 측정을 위한 개인 및 팀의 업적평가지표에는 반드시 이해 당사자의 의견이 반영되게 해야 한다.

마지막으로, 측정은(불이익 또는 벌을 주기 위한 것이 아니라) 개선을 위한 것인가가 중요하다.

측정지표의 개발단계

측정을 하기 위해 어떠한 절차에 따라 측정지표가 개발되고 어떻게 측정이 이루어져야 하는지를, 피자가게의 예를 통해 살펴보자.

그림 5. 측정지표의 개발단계

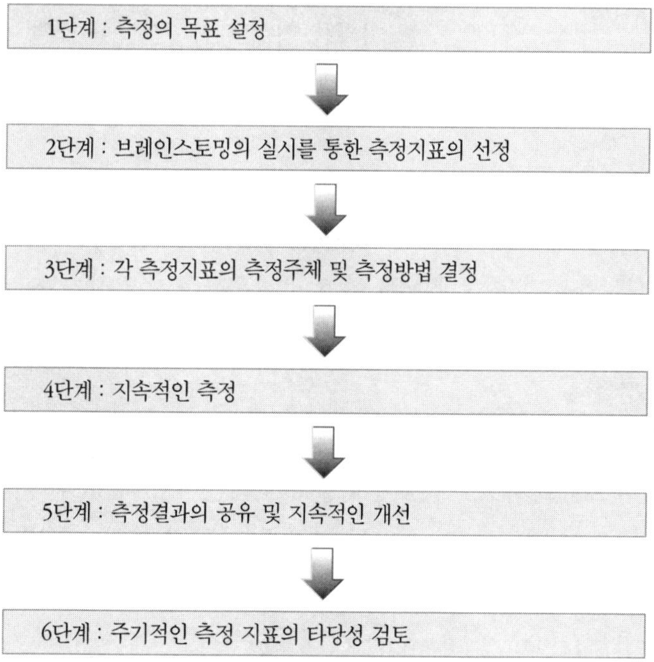

1단계 : 측정의 목표 설정
↓
2단계 : 브레인스토밍의 실시를 통한 측정지표의 선정
↓
3단계 : 각 측정지표의 측정주체 및 측정방법 결정
↓
4단계 : 지속적인 측정
↓
5단계 : 측정결과의 공유 및 지속적인 개선
↓
6단계 : 주기적인 측정 지표의 타당성 검토

1단계 : 측정의 목표 설정

우선 측정지표가 왜 필요하며 무엇을 위한 것인지에 대한 검토가 필요하다. 앞에서도 살펴보았듯이 측정지표의 종류로는 고객관련 지표, 프로세스 지표, 종업원만족 지표, 재무지표가 있다. 이 가운데 어디에 해당하는지에 대한 점검이 측정지표의 개발단계에서 가장 먼저 이루어져야 한다.

"배달을 주로하는 A 피자가게에서는, 고객만족경영을 위해 측정지표를 개발하여 측정하고자 하였다. 우선 프로세스 지표, 제품 및 서비스 품질 지표가 필요하다는 점을 절감하였다. 따라서 측정지표 개발팀을 구성하였다. 측정지표 개발팀에서는 회의를 가지고 먼저 A 피자가게에 대한 고객의 기대(customer expectations)를 검토하였다. 그 결과 방금 구운 듯한 피자를 먹기 위해 '신속한 배달'을 원하였으며, 또 '저렴한 가격'을 고객이 가장 바라고 있다고 결론지었다."

2단계 : 브레인스토밍의 실시를 통한 측정지표의 선정

브레인스토밍을 통해 필요한 측정지표들을 개발하고, 이 가운데 꼭 필요한 측정지표들을 이해 당사자인 종업원과 경영층의 협의하에 선정한다.

"A 피자가게의 측정지표 개발팀에서는 피자의 주문과정을 그림 6과 같이 도표화하고, 세 차례에 걸쳐 토의를 하였다. 또한 이해 당사자인 종업원 및 경영층과의 두 차례에 걸친 연석회의를 통해 다음 측정지표를 확정하였다."

- 배달시간(time to delivery)

그림 6. 피자의 주문, 조리 및 배달과정

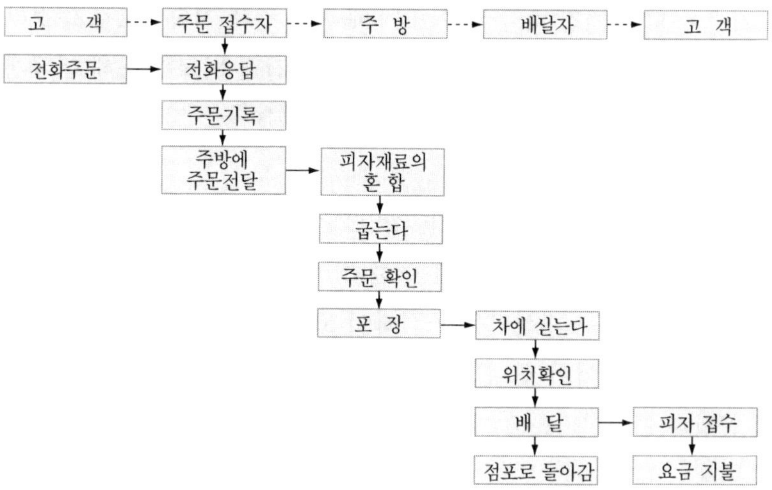

```
고  객  ┈┈▶ 주문 접수자 ┈┈▶  주 방  ┈┈▶ 배달자 ┈┈▶ 고  객
전화주문 ──▶ 전화응답
              │
              ▼
           주문기록
              │
              ▼
           주방에      ──▶ 피자재료의
           주문전달          혼  합
                              │
                              ▼
                           굽는다
                              │
                              ▼
                           주문 확인
                              │
                              ▼
                           포  장  ──▶ 차에 싣는다
                                          │
                                          ▼
                                        위치확인
                                          │
                                          ▼
                                         배 달  ──▶ 피자 접수
                                          │
                                          ▼
                                      점포로 돌아감    요금 지불
```

자료: J. R. Evans & W. M. Lindsay(1996), *The Management and Control of Quality*, 3rd ed., West, p. 300.

- (조리실에 전달한) 주문의 정확도(order accuracy)
- 경쟁 피자가게와 비교한 피자가격
- 원재료 구입후 조리까지 경과된 시간

3단계 : 각 측정지표의 측정주체 및 측정방법 결정

이 단계에서는 각 측정지표에 대해 누가(Who), 언제(When), 어디서(Where), 어떻게(How) 측정할 것인지를 결정한다. 예를 들면 25분 내 배달완료를 기준으로 할 경우, 배달시간에 대한 측정은 카운터 담당자가 배달원의 협조를 얻어서 각각의 피자배달 경우에 대한 시간을 기록함으로써 이루어질 수 있다.

4단계 : 지속적인 측정(ongoing measurement)

기준이 되는 기간(매일, 매주 또는 매월)을 정해 지속적으로 측정하여야 한다. 이럴 경우 추세를 알 수 있어 기간별 비교를 통해 어떻게 변화하는지에 대한 흐름을 파악할 수 있게 된다.

5단계 : 측정결과의 공유 및 지속적인 개선

게시 등을 통해 측정결과를 이해 당사자 모두에게 알려야 한다. 또한 필요한 경우 개선팀을 조직하여 고객만족경영을 위한 지속적인 개선을 이루어야 한다. 특히 동기부여를 위해 측정결과를 보상 및 인정과 연결시키는 것이 중요하다.

6단계 : 주기적인 측정지표의 타당성 검토

시장환경 및 고객의 욕구는 시간이 경과됨에 따라 항상 변화한다. 따라서 현재 측정되고 있는 지표가 꼭 필요한 것인가, 새로운 측정지표의 추가는 요구되지 않는가에 대한 주기적인 검토가 필요하다.

측정 후에는 무엇을 해야 하는가

측정결과의 공유

측정지표들은 측정으로 끝나지 않고 개선으로 연결될 때 진정한 가치가 있다.[27] 따라서 측정 후에는 결과를 관련부문 및 개인에게 주기적으로 알려서 정보를 함께 공유해야 한다. 인간은 본래 경쟁심을 가지고 있어서 좋은 성적을 올리고 싶어하고, 또 그 성적을 알고 싫어하기 때문이다.

뛰어난 성과를 보이는 회사들은 대부분 팀 및 개인의 실적을 쉽게 눈으로 볼 수 있게 하는 방법을 적극적으로 활용하고 있다. 자동차 수리업을 하는 어느 회사의 최고경영자는 다음과 같이 이야기하고 있다.[28]

우리 회사에서는 무엇이든 측정하고 결과를 게시하여 누구나 다 경쟁의 기회를 가지게 해주고 있다. 자동차의 수리시간 게시는 서비스 장소 옆에, 샤시수리의 정확도는 다음에 게재한 것과 같은 차트를, 각 판매점포의 고객만족도 지수는 그 점포의 모든 곳에 게시해 놓았다 (데이터를 모두 게시한다는 이야기는 아니다. 예를 들면 세일즈맨의 자동차 한 대당 배당금을 측정한 데이터는, 기록해 두어 세일즈맨에 한해서 열람할 수 있지만, 고객의 눈에는 띄지 않게 해두었다).

게시하는 차트나 그래프는 개인 베이스이다. 각 기술자의 작업장에

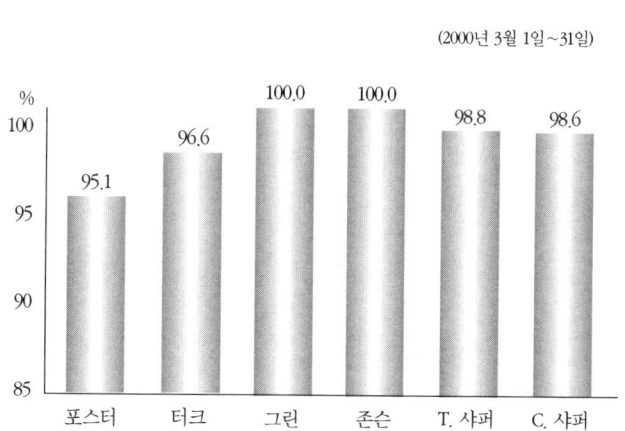

는 이름이 들어간 표찰이 붙어 있고, 그곳에는 작은 공간이 있어서 지름 6센티미터의 캐딜락 마크인 화물과 문장의 스티커를 붙이도록 되어 있다. 이 상은 월간 성적에서 100퍼센트 정확한 일을 한 사람에게만 주어지는 것이다.

여기에 더해서 각 기술자의 달성도 차트도 게시한다. 이것을 보면 한눈에 다른 기술자와의 달성도 차이를 알 수가 있다. 예를 들면 금월 자신의 품질 달성도의 96퍼센트(월간에 정확히 행한 작업수를 총작업수로 나눈 숫자이다)는 동료와 비교해서 어떤 위치에 있는가를 알 수 있다(96퍼센트라면 평균일 것이다). 게시를 많이 하면 할수록 효과가 올라간다. 그것도 정확히 행한 작업수만을 계산하고 있다. 실수 숫자를 공개적으로 게시하면 남에게 상처를 입히게 되기 때문이다.

전원이 게임의 규칙을 이해하고 누가 '첫째' 인가를 확실히 알 수 있게, 결과 게시를 개인 베이스로 한다. 외상 매출금 부문에서는 외상 대금의 회수에 소요한 시간을 차트로 만들지는 않는다. 이 부문은 한 명이기 때문에 인명을 따서 '베스(Beth)의 외상 매출금 계산표'라는 타이틀을 붙이고, 일년 동안의 매월 성적을 게시하고 있다. 이것으로 담당자인 베스는 달마다의 비교 외에 장기적인 경향도 알 수 있는 것이다.

우리 회사의 측정 시스템을 설명해 주면, 사람들 가운데는 "그것은 나에게는 통용되지 않을 것이다. 나에게는 그런 방식으로 동기부여가 되지 않는다. 나의 성적이 게시되었다고 해서 그것만으로 좀더 열심히 일하려는 마음이 들지 않을 것이다"고 말하는 사람도 있다.

이 사고방식은 어리석기 짝이 없는 것이다. 자신의 성적을 알고서 그것을 자랑으로 삼는 사람도 있으며, 부끄럽게 생각하는 사람도 있

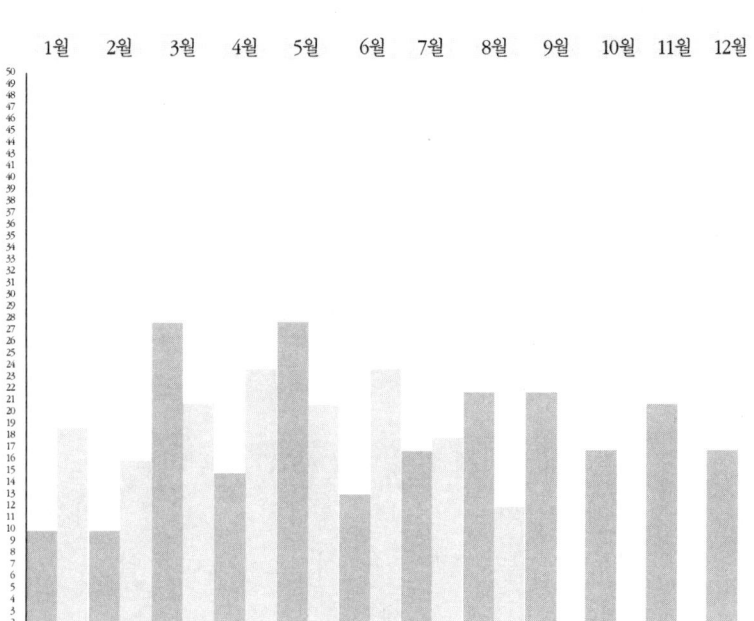

다. 그렇기는 하지만 자신이 어떤 성적을 올리고 있는지는 모두 알고 싶어하는 법이다.

일반적으로 기업에서는 한 팀이나 한 부문의 생산성 측정을 행하는 쪽이 좋다고 한다. 나는 이것에도 찬성이지만 각 개인의 달성도에 대해서도 측정해야 한다고 생각한다. 이것은 야구와 마찬가지로 자기 팀의 승패를 아는 것도 좋지만 누가 4타수 무안타인가, 누가 4타수 4안타인가도 알고 싶어하기 때문이다.

이처럼 개인별 측정이 필요하지만 개인별 측정만이 항상 좋은 것은 아니다. 고객만족경영에서는 이기주의에 빠지기 쉬운 개인별 측정의 단점을 개선하기 위해 팀별 측정을 보완할 필요가 있다. 예를 들면, 한 부문이나 팀의 생산성 측정을 행하여 게시하는 것으로서 "A 롯데리아 매장의 야간시간에 판매한 불고기버거의 매출액"이 하나의 예가 될 수 있다.

개인별 측정에 더 비중을 둘 것인가, 팀별 측정에 더 비중을 둘 것인가는 조직의 특성에 달려 있다. 일반적으로는 협동심과 팀워크에 의한 상승효과를 위해서 팀별 측정에 더 비중을 둔다. 또한 일의 성취는 개인의 힘으로 이룩되는 것이 아니고, 다른 사람들(내부고객)의 협력이 필요하기 때문에 팀별 측정에 더 비중을 두는 경향을 보이고 있다.

한편 측정결과의 전달에 있어 미국 AT&T 유니버셜 카드 서비스사는 측정 후에 다음의 여러 방법을 활용하고 있다.[29] 따라서 모든 종업원 및 간부들은 측정결과를 주기적으로 신속하게 알 수 있다.

- 회사 카페테리아 내에 프로세스 측정지표를 게시
- 모든 작업지역 내에 관련 측정지표를 게시
- 엘리베이터 바깥쪽에 측정지표 게시
- 아침 7시부터 시작되는 "You Know"라는 자사 컴퓨터 시스템을 통해 모든 측정결과를 공시
- 컴퓨터 화면을 보기 싫어하는 사람들에게는 측정결과의 복사물을 제공

측정결과에 따른 보상 및 인정

마지막으로 측정에서 강조하고 싶은 것은, 측정결과가 반드시 '보상 및 인정'과 연결되어야 한다는 점이다. 그렇지 않을 경우 측정 자체에 대한 관심은 곧 사라지게 되며, 다시 고객만족 자체에 대해서도 종업원의 열의는 사라질 것이다.

어느 중소기업 최고경영자의 다음 말을 귀담아 둘 필요가 있다.

나는 성공을 축하하고 감사를 나타내는 방법으로 바베큐 파티를 좋아한다. 고객만족에 관한 설문조사 결과 새로운 기록을 수립했을 때는 바베큐 파티를 연다.

현수막을 둘러치고 전원이 참가하여 훌륭한 업적을 올린 것에 대해서 이야기를 나눈다. 우리 회사는 이러한 파티를 언제나 영업시간 내에 연다(그러나 교대제로 되어 있기 때문에 고객의 응대에 지장은 없다).

파티를 평일에 여는 것도 또 다른 의미에서 감사하는 마음의 표현이다. 기회 있을 때마다 될 수 있는 한 빈번하게 영업시간 내에 경영자로서의 감사를 표명하라. 감사파티를 개최하는데 토요일 오후 2시가 아니라 수요일 오후 3시면 왜 안 되는가? 이것은 경영자가 진심으로 감사하고 있다는 것을 종업원에게 보여주는 좋은 방법이다.

또 나는 '110% 달성상'을 제정하여 실적이 나타날 때마다 종업원에게 상을 준다. 그것은 기념패, 기념사진, 기념배지만으로도 충분히 효과가 있다.[30]

교육과 훈련

고객만족경영 원칙 ❺
고객만족경영에 관한 교육 및 훈련을 실시하라!

고객만족경영 왜(Why) 실패하는가
－고객만족 관련 교육훈련의 부족, 잘못된 교육훈련

회사의 가장 중요한 자원은 고객과 직원이다. 특히 직원의 질이 높을수록 좋은 제품을 생산하고 품질 높은 서비스를 제공하게 되므로, 고객은 만족하고 고객수는 증가하게 된다. 최근에는 많은 기업이 인적 자원의 중요성을 잘 인식하고 있어서 교육투자에 열을 올리고 있다. 그러나 대부분의 기업이 옳은 일(교육투자 : right things)을 틀린 방법(wrong ways)으로 실시하고 있다.

그 이유는 회사 나름대로 연수 계획을 수립하여 교육훈련을 실시하고는 있지만 과학적이지 못한 경우가 많기 때문이다. 예컨대 기업들은 연수 대상자, 연수할 내용, 연수 시간 및 일정, 연수 방법을 정해 놓고 직원 연수를 실시하지만 왜 그 내용을 그러한 방법으로 해야 하는지에 대한 근본적인 연구 · 검토 없이 직원을 교육시키고 있

표 1. 교육훈련 시간 및 비용

기업명	종업원수	연간 평균 교육훈련 시간(종업원당)	교육훈련비 비율 (총급료 대비)
Federal Express	93,000명	27시간	4.5%
Solectron	3,500	95	3.0
Corning	14,000	92	3.0
Motorola	107,000	36	3.6

자료 : Ronald Henkoff(1993), "Companies That Train Best", *Fortune*, March 22, pp. 62~75.

다. 그래서 교육훈련 투자에 비해 연수효과가 적은 경우가 많다. 물론 교육훈련 시간이나 예산도 세계 일류기업과 비교하면 절대적으로 적은 편이다.[1]

고객만족 관련 교육훈련의 부족

교육훈련의 내용은 기본지식, 품질지식, 경영지식을 회사 형편에 맞게 실시해야 하는데, 대부분의 경영진들은 교육투자 효과가 당장 나타나는 기본적인 업무 연수에만 관심이 있다. 그래서 즉시 사용할 수 있는 분야만 교육훈련시키고 있다. 따라서 연수의 내용, 시간 및 예산이 기본적인 업무지식, 세일즈, 마케팅 및 PC 조작능력을 키우는 것에만 할애되고 있다.

그러나 기업과 직원이 지속적으로 성장하려면 고객만족경영과 관련하여 품질 및 경영지식에 관한 교육, 연수가 중시되어야 한다. 기본지식이 기업의 생존에 관한 자양분이라면 품질·경영지식 등은 기업의 도약과 번영을 위해 필요한 자양분이라 할 수 있다. 품질 교육과 훈련은 직원이 작업 프로세스를 관리하고 개선할 요구를 느끼고 실행하게 하는 지식과 숙련(skills)을 의미하고, 경영지식은 업무의 전개, 그룹 단위 의사소통, 의사결정, 전략 등에 관한 기법을 말한다. 지속적으로 우량기업으로 성장하려면 기본지식 외에도 품질지식, 경영 지식에 대한 교육훈련이 필요하다고 하겠다.[2]

하지만 대부분의 기업에서 기본지식 위주로 교육훈련이 이루어지고 있어 고객만족경영과 관련된 교육이 절대적으로 부족한 실정이다. 이와는 달리 맥도날드는 끊임없이 변화하는 고객의 욕구를 만족시키기 위하여 파트타임 직원들을 포함한 전 종업원들이 고객이 원하는 것이라면 무엇이든지 할 수 있다는 사고방식을 가지도록 요구하고 있다. 이러한 사고방식을 함양시키기 위해 맥도날드에서는 교육이 중요시되고 있다.

고객을 맞는 일선 종업원에서부터 운영을 담당하는 책임자까지 단계적인 교육과정들이 준비되어 있다. 일선 종업원으로 채용되면 비디오와 트레이너를 통하여 교육을 받게 되어 있다. 이러한 교육은 매장에서 이루어지고 지역적으로는 자체 내에서 실시된다.

매장의 책임자가 되기 위한 준비단계로 미국 본사의 햄버거 대학(Hamburger University)의 교육에 참여해야 한다. 1961년 설립된 햄버거 대학은 1년에 15회 가량의 교육 프로그램들을 진행하고 있고 연간 3천 명의 매장 책임자, 점주, 직원들이 이 프로그램들에 참여하고 있다. 햄버거 대학은 현재까지 4만 3천여 명의 전문가를 양성하였으며, 미국 교육위원회로부터 인정받은 기관을 뮌헨, 동경, 런던에도 설립하여 운영하고 있다.

맥도날드의 정식직원 가운데 50% 이상이 일선 종업원에서부터 시작했고, 중견간부의 50% 이상, 경영층의 35%가 일선 종업원에서 출발하였다는 사실은 교육을 체계적으로 받은 종업원들로 기업이 구성된다는 점의 중요성을 제시하고 있다.[3]

고객만족경영에 관한 잘못된 교육훈련
대부분의 조직이 고객만족 관련 교육훈련을 통해 얻고자 하는 목표는 다음 세 가지이다.
- 고객만족의 중요성 인식에 따른 대고객서비스 마인드 변화
- 고객만족을 실현하기 위해 필요한 문제해결 능력의 습득
- 행동변화를 통한 고객만족의 실행

그러나 우리나라의 기업들은 고객만족에 대한 교육훈련이라면 스마일 훈련, 고객에게 인사 잘하기 교육을 주로 떠올린다. 그러나 이러한 교육훈련 내용은 현장에서 실행할 때 종업원의 진심이 수반되지 않을 경우 오히려 고객을 화나게 할 수도 있다. 그렇다면 고객만족에 관한 교육훈련을 받았다 하더라도 효과적이지 못한 이유는 무엇일까?

1. 태도 위주의 교육

종업원의 지성을 무시하는 단순한 스마일 훈련이나 태도교육은 곤란하다. 종업원이 고객을 이해하고 고객에게 좋은 서비스를 제공할 수 있게 지원(support)하여야 한다. 예를 들면 모토로라의 경우는 고객이 원하는 것이 다음이라는 데 초점을 맞추어 종업원을 교육하고 있다.

첫째, 관심과 정성

둘째, 비난·거절·변명이 아닌 공평한 일처리
셋째, 유능하고 책임있는 일처리
넷째, 즉각성과 완벽성

시티뱅크의 경우는 불평하는 까다로운 고객, 화를 내는 고객, 반감을 가진 고객을 어떻게 대우하여 고객으로 계속 유지하고 조직발전에 활용할 것인지에 대해 많은 시간을 투자하여 교육하고 있다. 고객이 화를 내면 사과하고 고객을 진정시키기보다는 변명함으로써 고객을 더욱 화나게 하는 데 익숙한 우리 현실에 비추어볼 때, 화난 고객에 대한 응대교육은 매우 필요하다고 하겠다.

이처럼 화난 고객, 문제를 가진 고객을 어떻게 응대할 것인지를 교육시키는 것이 너무도 당연한 일임에도 여기까지 교육하고 있는 국내은행은 거의 없는 실정이다. 기본적인 업무교육, 응대요령 교육에서 항상 맴돌고 있기 때문이다.[4]

2. 문제해결 능력배양 교육의 부족

교육을 받고 난 후에도, 고객의 불만족과 관련하여 계속 발생하는 문제에 대해 관심도 없으며 어떻게 해결해야 할지도 모른다는 점이다. 그 이유는 고객만족을 위한 지속적인 개선(continuous improvement)에 필수적인 문제해결(problem-solving) 관련 교육, 데이터 분석 방법에 관한 교육이 제대로 이루어지지 않기 때문이다.* 따라서 유사한 문제가 계속 발생해도 이를 해결하지 못하게 된다.

그러나 고객에게 불만족을 초래하는 문제는 두 번 다시 일어나지

---

*문제해결 도구 및 기법은 부록에서 자세히 설명하고 있다.

않게 해야 한다. 작업의 프로세스는 정확하지 않으면 안 되고, 종업원은 그 작업을 틀림없이 행하기 위해 필요한 지식을 가져야 한다. 회사는 이를 위해 반드시 고객만족 관련 교육훈련을 제공하지 않으면 안 된다.

한 가지 예를 들어 보기로 하겠다. 우리 회사의 기술자 중에 다른 일은 완벽하지만 연료분사 장치를 수리하면 언제나 잘 되지 않는 사람이 있었다.

이 경우 고객이 항의를 해올 때마다 그가 수리한 연료분사 장치의 재수리를 계속해 나가든가, 그렇지 않으면 문제의 근본원인을 찾아볼 수밖에 없다. 문제의 근본원인은 이 기술자는 일찍이 단 한 번도 올바른 수리방법을 배운 적이 없었던 것이다. 사물의 해결법은 이 경우처럼 매우 간단한 경우가 많은 법이다. 그래서 그것을 가르쳐 주었다. 품질경영의 대가인 Edward Deming이 말한 것처럼 "자신이 알고 있는 것밖에 모르니까" 말이다.[5]

3. 최고경영자 및 간부에 대한 고객만족경영 관련 교육의 부족

고객만족 관련 교육훈련에서 중요한 것은 그것이 지속적인 훈련이 되어야 한다는 점과 상사도 같은 내용에 대해 훈련을 받아야 한다는 것이다.[6] 상사도 같은 내용의 훈련을 받을 때 직원들은 훈련의 중요성을 더 절실하게 느끼게 되고 공동의 목표를 가지게 된다.

고객만족관련 교육을 받지 않은 상사들을 보면 대개 교육 프로그램을 마치고 돌아온 종업원을 그저 방치하고 있거나, 상사는 그들이 무엇을 배웠는지 또는 새로운 아이디어나 지식을 어떻게 이용할 것인지에 대해 별 관심이 없는 경우가 많다. 기껏해야 종업원들이 스스로 새 아이디어를 실시하게 그냥 놔두는 것이다.

그 이유는 최고경영자 또는 간부들이 교육훈련을 하급자들만 받는 것으로 생각하고 참여하지 않기 때문이다. 그 결과 많은 경우 종업원들은 상사를 포함한 모두가 자신들이 배운 것에 대해 전혀 관심이 없다는 사실을 깨닫게 된다. 때로는 교육을 받기 위해 자리를 비워 문제만 야기시켰다고 생각하게 된다. 예를 들면 일손을 부족하게 만들었다는 것이다. 이렇듯 어느 누구도 교육 프로그램의 긍정적 효과에 대해서 신경을 쓰지 않는 것처럼 보인다면 교육을 통해 얻은 새로운 아이디어나 지식의 효과는 사라지게 된다.

따라서 최고경영자나 중간관리자도 고객만족 관련 교육훈련을 받음으로써 종업원들이 새로운 아이디어나 지식을 실천하게 적극적으로 권장하고, 작업환경에 어떻게 응용할 수 있는가를 깨닫게 도와주는 것이 반드시 필요하다.

다음의 예를 보기로 하자.

신한은행의 경우는 안타깝게도 부서장들에게 고객만족에 대한 강의를 제대로 하지 못하고 차·과장, 대리 위주로 고객만족 교육을 실시하였다. 신한은행이 고객만족경영을 도입하면서 가장 잘못한 것이 바로 이 부분이라고 생각한다. 가장 보수적이고 권위적이고 회사중심적이라, 변화에 가장 거부반응을 보이는 계층이 부장급이라고 한다. 즉, 피라미드형 회사 중심적 조직생활을 가장 오래한 직원이기 때문이다. 따라서 부장급을 가장 강하게, 깊이 있게 장시간 고객만족 교육을 시켜 조직변화를 선도하게 했어야 함에도 대리, 차·과장 등 실무자들만 교육을 시키고 정작 필요한 부장들에 대한 교육은 빠지고 말았다. 일부 부장에게 고객만족 이야기를 하면 "그거 우리가 창립 때부터 해왔던 것 아니냐?"면서 자기는 이미 다 알고 있으니 새삼스럽게 이야기하지 말라는 투다. 이말이야말로 부장급에게 고객만족 교육이 가장 절실함을 잘 표현하고 있다.[7]

고객만족 관련 교육훈련에 대해 무엇을 알아야 하는가

효과적인 교육훈련이 되기 위해서는 먼저 다음 질문을 제기해 보는 것이 필요하다.
- 어떤 종류의 교육훈련이 조직구성원에게 필요한가?
- 누구를 교육훈련시켜야 할 것인가?
- 어떤 교육훈련 방법을 사용할 것인가?
- 교육훈련이 효과적인지에 대해 어떻게 알 수 있는가?

교육훈련의 바람직한 흐름
교육훈련에 대한 접근은 "작년에도 실시했으니까 올해에도 실시한다" 또는 "경쟁기업이 하니까 우리도 해보자"는 식은 곤란하다. 교육훈련은 그림 1에 나타나 있듯이 교육훈련 요구의 평가부터 시작되어야 한다. 즉, 다음 두 가지 질문부터 제기하여야 한다.

- 고객만족경영을 이루기 위해서는 어떠한 지식, 기술, 그리고 태도가 우리 조직 구성원에게 필요한가?

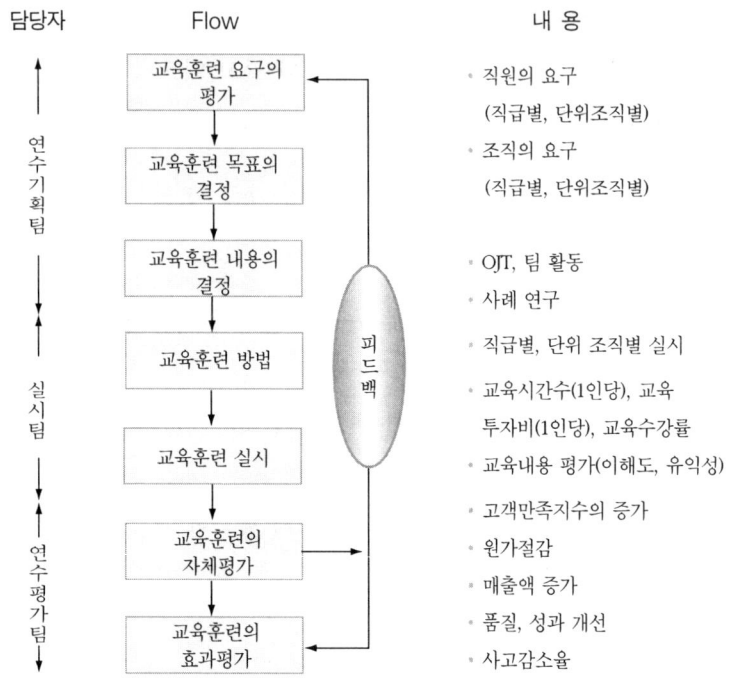

그림 1. 교육훈련의 흐름

자료 : 손광수 외(1996), 『우리 회사 어떻게 경영품질을 높일 것인가?』, 명진, p. 137.

- 현재 우리의 조직 구성원은 어떠한 지식, 기술, 그리고 태도를 가지고 있는가?

　교육훈련 요구의 평가가 끝난 후에는, 교육훈련 목표가 설정되어야 하며 교육훈련 내용 및 교육훈련 방법이 결정되어야 한다.
　특히 교육훈련 방법은 이론을 전달하는 강의식보다는 실제로 문제를 접하고 경험해 보는 사례연구(case study), 현장 체험연구(OJT),

방법 및 기법 훈련(tools & skills training)이 필요하다.

경우에 따라서는 계단식 방법(또는 폭포식 방법cascading approach)인 LUTI 방법(Learn it, Use it, Teach it & Inspect it)이 효과적이다. LUTI 방법은 배우고(Learn), 배운 내용을 실무에 적용해 보고(Use), 자신이 느끼고 실험해 본 실무 방법을 다른 직원·팀에게 가르치고(Teach), 자신에게 배운 직원·팀이 제대로 하고 있는지 점검하는(Inspect) 방법이다. 이는 상위직급자에서부터 하위직급자로, 또는 전문가에서부터 비전문가로 단계적으로 시차를 가지고 지식·기법을 연수시키고 연수효과를 평가하는 방법이다.

교육훈련의 실시는 보통 외부강사에 의해 이루어지지만, 가장 바람직한 방법은 경영진부터 교육을 받고 실천해 나가는 톱 다운(top-down) 계단식 방식(cascade training)이다. 즉 경영진이 부서장을 교육시키고, 교육받은 부서장이 차·과장을, 차·과장이 대리를 교육시키는 방법이 가장 효과적이다. 그래야만 상위직급자 또는 관리자의 의지가 부하 직원에게 전달되고, 상위관리자는 사명감을 가지고 최선을 다해 부하직원을 가르치려 하기 때문이다. 이와 같이 스스로 먼저 배우고 직원들을 가르쳐야 본인도 공부가 되고 직원도 공부가 된다(learner = teacher).

교육훈련은 실시 그 자체도 중요하지만 시행 후의 평가가 더 중요하다. 즉, 표 2에서와 같이 교육훈련 자체에 대한 평가와 교육훈련 효과에 대한 평가를 실시하는 것이 필요하다.

교육훈련 자체평가는 교육훈련 시간, 교육훈련 지출금액, 교육훈련 내용의 만족도 등을 측정해야 한다. 교육훈련 효과로는 교육훈련

표 2. 교육훈련 실시 후의 평가

측정항목	목표	실시율	경쟁사 (벤치마킹)
교육훈련 시간	53시간	50시간	52시간
교육훈련 이수비율(수강직원/총직원)	95.0%	93.0%	94.0%
교육훈련 비용(교육훈련/인건비)	3.8%	3.5%	4.0%
교육훈련 만족률	85.0%	78.0%	85.0%

시간과 매출액 증가, 사고의 감소, 비용의 절감, 이직률 감소 등 여러 가지 요소를 평가하는 것이 바람직하다.[8]

교육훈련에 대한 투자규모

조직구성원의 자질 함양을 위한 교육훈련이 중요하다는 것에는 누구나 공감하지만 문제는 핵심요소인 돈(cost)이다. 도대체 얼마나 많은 돈을 교육훈련에 투자해야 하는가, 종업원 1인당 얼마나 많은 시간을 연수시켜야 하는가가 경영진의 고민거리다.

물론 교육연수 비용이나 시간에 대한 정확한 해답은 있을 수 없다. 다만 세계 초우량기업, 특히 말콤 볼드리지(MB : Malcolm Baldrige) 상을 수상한 기업들이, 종업원교육에 얼마나 많은 예산을 얼마나 많은 시간 동안 할애하느냐를 참고하는 것이 좋은 가이드 라인이 될 것이다(표 3 참조).[9]

표 3. 말콤 볼드리지(MB) 상 수상 기업의 교육훈련 예산 및 시간

기업명	수상 내용	교육연수 예산 및 시간
모토로라	88년 MB 상 수상	• 연 36시간 이상 연수 • 부서 임금 지급 총액의 3.6% 교육훈련 투자
제록스	88년 MB 상 수상	• 1983~1988(5년간) 1억 2천5백만 달러 교육투자, 4백만 시간(총 직원) 훈련 • 매출액의 2.5~3%
밀리켄		• 연평균 76시간 연수(품질교육 20~40시간) • 1인당 교육훈련비 1천8백 달러('89년), 사내 연수코스 4백 개 이상
페더럴 익스프레스	90년 MB 상 수상	• 연평균 27시간 연수 • 1992년 급여액의 4.5% 교육투자
솔렉트론	91년 MB 상 수상	• 연평균 60~122시간 이상 연수 • 임금 총액의 3.0% 교육투자
말로우		• 연평균 60시간 이상 연수
리츠칼튼 호텔 AT&T TS	92년 MB 상 수상	• 100시간 이상의 품질 연수 수강 • 1991년 품질교육 연 40시간 목표 (37시간 훈련)
에임즈	93년 MB 상 수상	• 연 24시간의 기본교육 훈련 • 품질교육 추가
GTE Wainwright	94년 MB 상 수상	• 연평균 32시간 이상 교육훈련 • 임금 총액의 7.0%
코닝	95년 MB 상 수상	• 연평균 90시간 교육훈련 • 임금 총액의 8% 이상 교육 투자
GM 새턴사업부	—	• 1992년 173시간, 1993년 168시간 (99.8% 직원 수강)

* 교육훈련시간 수치는 종업원 1인당 교육훈련 시간을 의미함.

고객만족 관련 교육 구체적으로 어떻게(How) 해야 하는가

교육훈련의 대상

모든 조직구성원은 정도의 차이는 있지만, 또 한꺼번에 모든 조직구성원이 받을 필요는 없지만 고객만족경영의 추진에 따라 고객만족 관련 교육을 반드시 받아야만 한다.

그러나 최고경영자 및 간부들은 대개가 교육훈련은 본인들에게는 해당되지 않는다고 생각한다. 그러나 최고경영자 및 간부들은 고객만족경영을 이끌어 가는 위치에 있기 때문에 고객만족경영의 성패를 좌우한다. 그러므로 어떤 다른 조직구성원보다도 고객만족경영 관련 교육을 많이 받아야 하며 철저하게 참가하여야 한다. 특히 최고경영자 및 간부들은, 조직구성원에게 일반적으로 교육훈련시키는 고객만족 개념, 문제해결 기법, 고객서비스 교육에 추가하여 리더십 기법(leadership skills)까지도 교육받아야 한다.[10]

다음의 스칸디나비아 항공과 SONY의 예를 보기로 하자.

스칸디나비아 항공의 경우 칼존 사장이 직접 임원 120명과 노조간부 30명을 모아놓고 3주씩이나 고객만족 강의를 하여 경영진과 간부들에게 고객만족에 관한 개념을 충분히 이해시킴으로써, 일관된 정책 추진이 가능하였고 언제나 한 목소리를 낼 수 있었다. 적자상태였음에도 불구하고 거액을 투자하여 전세계 2만여 명의 종업원을 모두 스톡홀름으로 불러 3박 4일씩 외부 전문기관을 통한 서비스교육을 받게 하였으며, 칼존 사장이 직접 고객 서비스의 중요성에 대해 끊임없이 종업원을 교육하였기 때문에 고객만족경영을 성공시킬 수 있었다.

SONY의 경우도 회장이 직접 전세계 공장장급 이상 350여 명을 모아 놓고 3박 4일 동안 고객만족 강의를 하고 토론과정을 거침으로써 경영진의 사상통일을 거친 후 부장급 이하 직원의 교육을 시작하였다. 또 고객만족 전문요원(강사) 코스를 개설하여 합격자에게 고객만족 강사자격증을 부여하여 그들이 한 목소리로 전직원을 상대로 고객만족교육을 실시하게 하였다.[11]

또한 교육훈련의 대상에서 논의되어야 할 점은, 계층별로 교육훈련을 실시할 것인가 또는 계층구분 없이 할 것인가에 관한 것이다.

그 동안 대부분의 교육과정은 사원과 관리자를 구분하여 계층별로 나누어 실시하거나 영업과 생산을 구분하여 전문교육을 해왔다. 물론 교육훈련 내용에 따라서는 계층별이나 직능별 전문교육도 필요하지만, 고객만족과 같이 전사원이 참여해야 하는 교육은 부문이나 계층의 벽을 허물고 전원이 같은 프로그램에 참여하는 것이 효과적이다.

사원교육을 할 때 예전과 같은 계층별 교육은 오히려 벽을 만드는 계기가 되므로 피하는 것이 바람직하다. 경영진은 경영진끼리, 관리자는 관리자끼리, 현장직원은 현장직원끼리 나누어서 교육을 하면 벽을 허무는 것이 아니라 도리어 벽을 쌓는 역효과를 낳을 수도 있다.

그래서 누구나 알 수 있는 쉬운 용어로 사용하는 용어부터 통일해 놓고, 최고경영자와 현장직원 모두가 한자리에 모여 교육을 받으면서 서로 정보도 교환할 수 있는 교육 프로그램이 만들어져야 한다.[12]

교육훈련의 내용 및 시간

고객만족에 관한 교육훈련의 내용은, 실시하고자 하는 조직의 상황에 따라 다를 수밖에 없다. 그러나 대부분의 경우 다음 세 가지 유형의 교육과정이 필요하다.[13]

- 고객만족의 개념에 관한 교육훈련
- 고객만족 실행을 위한 기법에 관한 교육훈련
- 리더십에 관한 교육훈련

성공적인 고객만족경영의 실행을 위해서는 하나의 유형에 치우치지 않는 이들 교육의 적절한 균형이 필요하다. 우리나라의 기업들은 대개가 기초적인 고객만족 개념에 관한 교육훈련에 치우치고 있어 교육훈련면에서 실효성을 얻지 못하고 있다.

1. 고객만족 개념에 관한 교육훈련

고객만족에 관한 교육훈련의 대상인 조직구성원들은 고객만족 개념에 관한 교육을 반드시 받아야만 한다. 이 단계에서는 다음 세 가지 분야에 대한 충분한 지식이 전달되어야 한다.

- 모든 조직구성원들은 조직의 비전(vision), 사명(mission), 가치(value), 목표(objective)에 대한 이해가 필요하다. 이를 통해 조직이 나아가고자 하는 바와 본인이 할 수 있는 역할이 무엇인지를 알아야만 한다.
- 고객만족경영의 개념과 배경에 대한 모든 조직구성원들의 이해가 필요하다.
- 현재 본 조직의 상태는 어떠하며, 왜 고객만족경영을 실행하고자 하는가에 대한 이해가 필요하다.

이러한 고객만족 개념에 관한 교육이 끝나면, 모든 조직구성원들은 그들에게 무엇을 기대하며 그들은 고객만족경영에 대해 무엇을 기대할 수 있는지를 알아야만 한다. 고객만족 개념에 관한 교육이 성공적인지의 여부는, 교육 후에 나타나는 고객만족경영에 대한 조직구성원들의 열의(enthusiasm)를 통해 평가할 수 있다.

이 단계에서의 교육은 외부강사보다는 최고경영자 또는 경영층이 주로 맡는 것이 더 효과적이다. 그 이유는 고객만족경영에 대한 경영층의 관심 및 실행의지를 보여줄 수 있기 때문이다. 다음은 고객만족의 개념에 관한 교육훈련 단계에서 사용할 수 있는 교육훈련의 내용과 시간이다.

오리엔테이션 코스 : 총 8시간	
1. 왜 고객만족 경영이 필요한가	2시간
2. 비전(vision), 사명(mission), 가치(values), 목표(objectives)	2시간
3. 고객만족경영에 대한 우리 조직의 접근방법	2시간
4. 어떻게 고객지향적 조직이 될 것인가	2시간

2. 실행을 위한 기법(tools)에 관한 교육훈련

이 단계에서는 고객만족의 개념에 관한 교육훈련을 통해 형성된 열의를 행동(action)으로 전환시키기 위한 교육훈련을 하게 된다. 고객만족의 실행을 위한 기법들에 대한 지식의 습득을 통해, 이들을 매일매일의 작업현장에서 어떻게 활용할 것인지에 대해 배우게 된다. 교육훈련이 끝나면 문제의 분석 및 해결, 성과의 향상을 꾀할 수 있는 지식 및 능력으로 무장되어야만 한다. 이때 배우게 되는 대표적 기법으로는 다음과 같은 것들이 있다.

- 흐름도(Flow chart)
- 파레토 도표(Pareto diagram)
- 원인결과 도표(Fishbone diagram)
- 관리도(Control chart)
- 히스토그램(Histogram)
- 체크 시트(Check sheet)

또한 최근 들어서는 위에 예시한 기법들 외에 다음과 같은 기법들에 대해서도 교육훈련이 이루어지는 추세이다.

- 통계적 품질관리(Statistical quality control)
- ISO 9000, 12000, 14000
- 품질기능 전개(Quality function deployment)
- 말콤 볼드리지상 기준(Malcolm Baldrige Award Criteria)
- 벤치마킹(Benchmarking)
- 리엔지니어링(Reengineering)

다음은 고객만족 실행을 위한 기법들에 관한 교육훈련 단계에서 사용할 수 있는 내용 및 시간의 예이다.

고객만족 실행기법 코스(필수) : 총 22시간	
1. 문제해결 기법	8시간
2. 인과분석	4시간
3. 성과의 측정	4시간
4. 프로세스 개선	6시간

고객만족 실행기법 코스(선택) : 총 38시간	
1. 통계적 품질관리	6시간
2. 품질기능 전개	8시간
3. 고객만족의 측정	8시간
4. 벤치마킹	8시간
5. 리엔지니어링	8시간

3. 리더십에 관한 교육훈련

고객만족경영의 성공을 위해서는 경영층뿐만 아니라 중간관리자의 고객만족경영 실행을 위한 적극적인 참여가 필요하다. 이를 위해서는 기존의 관리방식과는 다른 리더십에 관한 지식 및 기법의 습득이 필수적이다.

리더십에 관한 교육훈련은, 다음과 같은 교육내용이 실시됨으로써 경영층 및 중간관리자로 하여금 조직구성원들의 고객만족경영 실행에 관한 열의를 북돋우며, 권한을 위양하고, 고객만족이라는 목표의 달성 과정에서 나타나는 장애요인들을 제거할 수 있는 지식 및 기법을 습득하게 하고자 한다.

리더십 코스 : 총 16시간	
1. 리더십과 고객만족	4시간
2. 권한위양에 따른 리더의 역할	4시간
3. 전략적 품질 계획의 수립	4시간
4. 높은 조직성과를 내는 조직의 구축방법	4시간

리더십에 관한 교육훈련이 더 효과적이기 위해서는 다음 예와 같이 교육훈련 때 배운 지식 및 기법을 얼마나 성공적으로 실행하는지에 대한 피드백을 제공하는 것이 필요하다.[14]

Northrop사는 리더십에 관한 교육훈련 6주 전에, 종업원들을 대상으로 상사의 관리방식에 대한 익명의 설문지를 작성하게 한다. 개선이 필요한 특정분야가 포함된 모든 조사결과가 리더십 교육훈련 전에 관리자 당사자와 협의된다. 교육훈련이 끝난 후 8주가 경과되었을 때, 종업원들은 다시 똑같은 설문지를 배부받아 작성하게 된다. 물론 이 결과는 당사자에게 다시 통보될 뿐만 아니라 교육훈련 전문가와 강점을 보이는 분야 및 개선이 필요한 분야에 대해 협의를 통해 조언을 받게 된다. 비록 이러한 접근방법을 통해서도 관리방식이 변화하지 않는 관리자도 나타나지만, 대부분의 경우에는 리더십에 관한 교육훈련이 큰 성과를 보이고 있다.

교육훈련 후의 평가
교육훈련은 실시 그 자체도 중요하지만 교육훈련이 끝난 후의 평가가 더 중요하다고 할 수 있다. 교육훈련이 성공적인지 또는 부족했는지에 대한 결과분석을 통해 교육훈련에 대한 개선을 가져올 수 있기 때문이다.
교육훈련이 끝난 후에는 다음 질문들을 해봄으로써 결과를 평가하는 것이 반드시 필요하다.
- 교육훈련 프로그램은 구체적인 교육훈련 목표를 가지고 있었는가?
- 교육훈련 프로그램은 논리적 연관관계가 있었는가?

- 교육훈련 내용은 피교육자에게 필요한 것이었는가?
- 강사는 신뢰할 만한 사람이었는가?
- 교육훈련 프로그램은 현장에서 활용하기 쉽게 구성되었는가?
- 교육훈련 후에 교육훈련 전과 비교하여 바람직한 변화를 가져왔는가?

이때 다음과 같은 설문지를 활용하는 것은 교육훈련을 평가하는 하나의 방법이 될 수 있다.

표 4. 교육훈련 후의 평가

이번 교육훈련을 받고 나신 후 그 결과에 대해 다음의 5점 척도에 따라 평가해 주십시오(만일 해당되지 않는다고 생각하실 때는 빈칸으로 남겨 두시기 바랍니다).

	전혀 그렇지 않다		보통 이다		매우 그렇다
1. 교육훈련 내용은 관심과 흥미를 유발시켰다.	1	2	3	4	5
2. 이번 교육훈련은 폭넓고 깊이있게 다루어졌다.	1	2	3	4	5
3. 강사는 교육훈련 내용을 이해하고 있는가에 대해 관심을 가지고 진행하였다.	1	2	3	4	5
4. 강사는 이해하기 쉽게 교육훈련을 실시하였다.	1	2	3	4	5
5. 강사는 토론이나 질문 등과 같이 관심을 가지고 교육훈련에 참여할 수 있는 방식으로 진행하였다.	1	2	3	4	5
6. 강사는 질문에 대해 성의 있고 명확하게 답해주었다.	1	2	3	4	5
7. 교육훈련의 과제물은 교육훈련 내용을 이해하는 데 도움이 되었다.	1	2	3	4	5
8. 강사는 예제나 자료 등을 폭넓게 제시하여 이해를 돕고자 하였다.	1	2	3	4	5
9. 사용된 교재는 적절하였다.	1	2	3	4	5
10. 교육훈련에 임하는 강사의 자세는 성의 있고 열성적이었다.	1	2	3	4	5

프로세스 개선

고객만족경영 원칙 ❻
고객의 요구 및 기대를 충족시킬 수 있게 프로세스를 지속적으로 개선하라!

고객만족경영 왜(Why) 실패하는가
－프로세스 개선의 중요성에 대한 이해부족

조직의 활동은 "기업의 가치를 증가시키는 일련의 업무 흐름들"로 구성되어 있으며, 이러한 고객가치를 창출하는 일련의 활동을 프로세스(process)라고 한다.

고객만족을 강조하는 기업들 가운데 대부분은 프로세스에 대한 개념 없이 "인사 잘하라", "전화 좀 잘 받으라", "친절하게 하라"만을 강조하며, 이것이 고객만족경영인 줄로 착각하고 있다.

그러나 프로세스를 그대로 둔 채 직원들에게 이런 것들을 요구하는 것은 효과가 없을 수밖에 없으며 고객만족경영이라고 할 수 없다. 다음의 예를 보자.[1]

어느 은행의 지점장이 지점의 친절도가 떨어진다는 평가를 받자 직원들을 매일 아침 집합시켜 인사연습을 시키고 고객의 중요성에 대해서 일장 연설을 하였다. 그러나 직원들은 매일 똑같은 잔소리를 듣는지라 지겨워할 뿐 조금도 개선이 되지 않았다. 업무량이 많아 매일 야근하기 때문에 피곤한 상태에서 아침 일찍 집합시켜 듣기 싫은 소리만 하니 개선되기가 어려웠던 것이다.

예를 들면, 복잡한 절차와 많은 서류를 받게 되어 있는 융자업무는 업무에 익숙해지는 데 상당한 시간이 걸린다. 그러니 업무를 잘 몰라서 고객불만을 야기하기 십상이다. 연수를 강화한다고 해도 짧은 시간에 쉽게 융자업무에 익숙해질 수는 없다. 이런 현상을 그대로 두고 제대로 하라고 잔소리하는 것은 아무 소용이 없다. 우선 서류를 한두 가지로 줄이고 융자 프로세스를 대폭 단축하여 직원들이 쉽게 알 수 있게 해주어야 한다.

이처럼 겉으로 드러난 현상을 보고 대증요법으로 친절교육을 시킬 것이 아니라, 친절하지 못한 원인을 파악해서 그것을 해결해 주어야 한다.

특히 복잡한 프로세스는 그대로 둔 채 업무연수를 강화하면 소기의 성과를 거두기가 어렵다. 복잡한 프로세스를 그대로 두고 이를 자동화하면, 비용만 많이 들고 생산성은 별로 올라가지 않는 것과 같은 이치이다.

그러나 우리나라 기업의 대부분은 고객이 원하는 바를 효율적으로 제공함에 있어 무엇이 중요한 프로세스인지를 결정하거나 확인하지 않고 활동을 한다. 다만 생산과 판매라는 업무가 매우 중요하다고 막연하게 생각한다.

또 생산 프로세스는 단순히 "생산에 관여되는 모든 활동이다"라고 생각한다. 그러면 생산 프로세스의 사이클 타임은 얼마이고 어느 부문에서 애로가 있느냐고 물어보거나, 프로세스의 역량은 어떤지 물어보면 현장 관리자나 담당자마저 명쾌한 대답을 하지 못한다. 왜 그럴까?

이유는 간단하다. 대부분의 우리나라 기업에는 프로세스라는 개념이 없기 때문이다.

그렇다면 고객만족경영의 실행을 위해 필수적인 프로세스 관리의 중요변수는 어떻게 결정해야 하는가.

자사 기준이 아니라 고객의 기준에서 중요한 변수를 찾아서 관리해야 한다. 현재 우리가 측정, 관리하는 지표가 고객 관점에서 볼 때 중요한 지표인지 아닌지는 고객에게 물어보면 알 수 있다.

스칸디나비아 항공사(SAS)의 사례를 보면 중요한 변수가 어떠한 것인지를 잘 알 수 있다. SAS는 과거부터 항공화물 부문의 성과를 회사의 입장에서 중요한 지표인 '화물의 양'과 '화물칸의 이용률'로 측정해 왔다. 그러나 고객은 정확성(precision ; 고객이 원하는 장소까지 화물을 신속하고(다음날) 정확하게 전달하는 것)을 중요하다고 생각하고 있었다. SAS의 화물 사업부는 정확성을 측정하지도 않고 정시에 목표 장소에 도달하지 않는 화물은 적은 양에 불과하다고 경영진에게 보고해 왔다. 얀 칼존 사장이 시험삼아 유럽 전역의 여러 장소로 백 개의 화물을 운송하였더니 화물 평균 도착기간이 고객이 원하는 다음날이 아니라 4일 후임이 밝혀졌다.

그제서야 SAS는 고객이 원하는 것(정확성)과는 다른 잘못된 지표(화물의 양, 화물칸의 이용률)를 측정하고 프로세스를 관리해 왔음을 알게 되었다. 이처럼 프로세스 관리를 제대로 하지 못할 경우 고객만족경영은 불가능하게 된다. 결과적으로 SAS는 인원증가와 기존 직원의 추가 투입 없이 자사의 화물취급 프로세스를 개선하여, 정시도착률을 80%에서 92%로 개선할 수 있었다.[2]

프로세스 개선을 위해 무엇을(What) 알아야 하는가

프로세스의 개념 및 분류

프로세스는 "고객을 만족시킬 수 있는 제품 또는 서비스를 산출하는 일련의 활동들의 집합"으로 정의할 수 있으며 다음 그림과 같이 표현할 수 있다.[3]

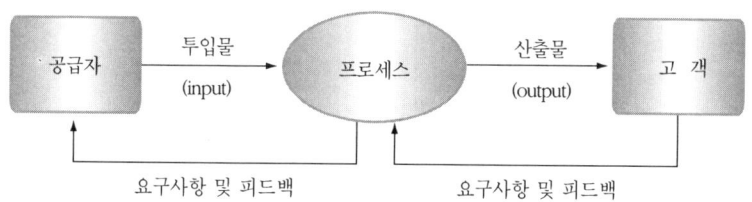

기업의 비지니스 흐름은 계획(plan) → 설계(design) → 생산(produce) → 제공(delivery) 프로세스로 이루어지며, 이 모든 과정에 고객의 요구가 반영되고 지원 프로세스가 기능을 하게 된다.

기업의 활동은 매우 복잡하고 수많은 유형이 있는 것 같지만 이를 잘 분석해 보면 어느 기업이나 기본유형은 3~5개의 프로세스에 불과하다.[4] 여기서 3~5개라고 한 것은 분류방법에 따른 것이다. Geary Rummler는 기업의 모든 프로세스를 기본 프로세스(primary process), 지원 프로세스(support process) 및 관리 프로세스(management process)의 세 가지 유형으로 구분하고 있다.

기존의 조직은 대부분 생산, 마케팅, 경리, 총무와 같이 기능 중심으로 구성되어 있다. 그 결과 비즈니스 수행에 필요한 명령, 정보 및 아이디어가 횡적으로 전달되지 않고 종적으로 전달되므로, 모든 직원이 굴뚝(Silo)형 사고방식과 업무경험을 가지게 된다. 그래서 어떠한 개선안이나 대책, 계획, 의사결정도 부서(Silo) 안에서만 이야기되고 논의될 뿐 타부서에 전파되지 않는다.

이러한 굴뚝형 업무 수행은 전체 프로세스의 사이클 타임(cycle time)을 길게 하며, 전후 프로세스 간에 업무협조가 이루어지지 않아 불필요한 재작업을 하게 되는 경우가 많다. 또한 부서 이기주의 내지는 부문주의(sectionalism)로 인한 부문 최적화가 전체 비효율을 초래하는 경우가 많다.

그림 1. 부서간 업무흐름

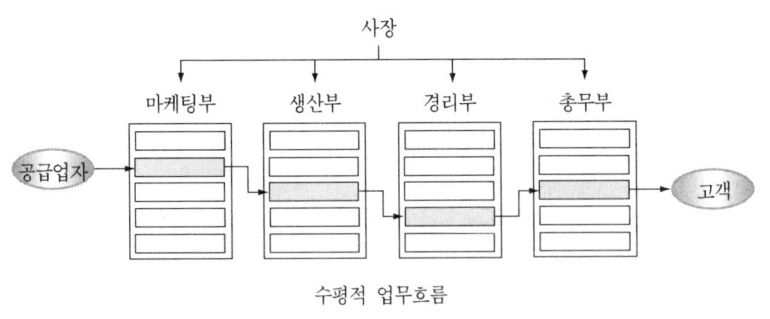

자료: A. R. Tenner & I. J. DeToro(1997), *Process Redesign*, Addison Wesley, p.16.

또한 현재의 업무흐름은 각 기능 부서별로 의사결정을 하게 되고, 다음 기능부서와 연관이 있으면 다시 피라미드형으로 의사결정 흐름이 이루어진다. 이를테면 그림 1에서 보듯, 특정 안건이 마케팅, 생산, 경리, 총무의 4개 부서와 관련이 있을 때를 보자.

마케팅 부서 내에서 사원 → 대리 → 과장 → 부장의 흐름으로 결재가 이루어지고, 그 품의안은 다시 생산 관련 부서 내에서 문서접수가 이루어져서 사원 → … → 부장으로 결재가 올라가 최소 15~20여 개의 의사결정 단계를 거친다. 경리부서나 총무부서에서 이견이 있어서 처음부터, 즉 마케팅 부서부터 다시 재작업을 하는 경우도 있다.

그러나 고객의 입장에서 보거나 전체 조직 차원에서 볼 때, 가치의 흐름은 화살표(→) 방향으로 이루어지므로 수직으로 의사결정을 할 필요가 없는 경우가 많다. 그렇게 되면 특히 사이클 타임이 길어지게 된다. 현대와 같이 시간이 경쟁의 주요무기가 되는 무한경쟁시대에서, 굴뚝형 경영은 수평경영 내지 횡적 기능(Cross-functional) 경영에 비해 절대적 경쟁열위에 처하게 된다.

따라서 고객만족경영의 실행을 위해서는, 프로세스상의 이러한 낭비요인을 없애고 고객의 요구가 반영된 업무흐름이 전체 조직 내에서 효율적이고 효과적으로 이루어지게 하는 데 초점을 두어야 한다.

프로세스 개선시 사용되는 도구 및 기법

프로세스 개선을 위해서는 추측 또는 짐작보다는 "사실에 의한 관리"가 가장 중요하며, 사실에 의한 관리를 위해서는 데이터의 수집이 선행되어야 한다. 수집된 데이터는 다음의 기본적 도구 및 기법에 의해 처리되어 프로세스 개선을 위한 자료로 사용되어져야 한다 (도구 및 기법은 이 책의 부록에 자세히 설명하고 있다).

표 1. 문제해결을 위한 기본 도구 및 기법

도구 및 기법	문제해결 단계
흐름도(Flow chart)	프로세스 상황에 대한 이해
체크 시트(Check sheet)	사실의 발견
히스토그램(Histogram)	프로세스 능력의 파악
파레토 도표(Pareto diagram)	문제의 인식
원인결과 도표(Fishbone diagram)	근본원인의 파악
산포도(Scatter diagram)	해결방안의 도출
런 차트(Run chart) 관리도(Control chart)	실행

그림 2. 프로세스 개선 도구

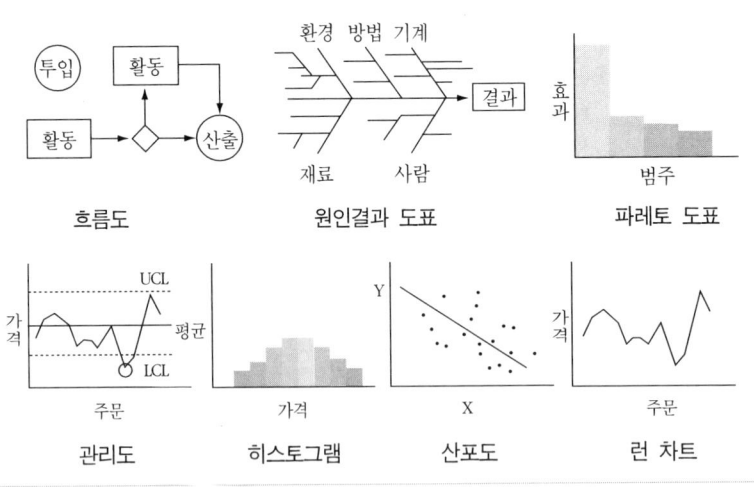

자료 : 박우동(1996), 『품질경영』, 법문사, p. 88.

프로세스 개선 구체적으로 어떻게(How) 해야 하는가

프로세스 개선의 절차

모든 조직은 그들의 성공을 좌우하는 주요 프로세스들을 확인할 수 있다. 일반적으로 기업의 실패는 주로 그들의 핵심 프로세스를 확인하여 관리하지 못한 데서 이유를 찾아볼 수 있다.[5]

그림 3은 미국 제록스사(Xerox Co.)의 주요 핵심 프로세스를 보여주고 있는데, 여기에는 4개의 핵심기능과 7개의 지원기능이 포함되어 있다. 원래 제록스사는 10개 주요영역에서 66개의 주요 프로세스를 규정해 놓고 있었다. 그런데 주요 핵심 프로세스를 탐색하여 11개 핵심 프로세스로 압축하였다.[6]

이와 같이 주요 핵심 프로세스가 밝혀지면, 그들에 대한 체계적이

그림 3. 주요 프로세스 확인-제록스사의 예

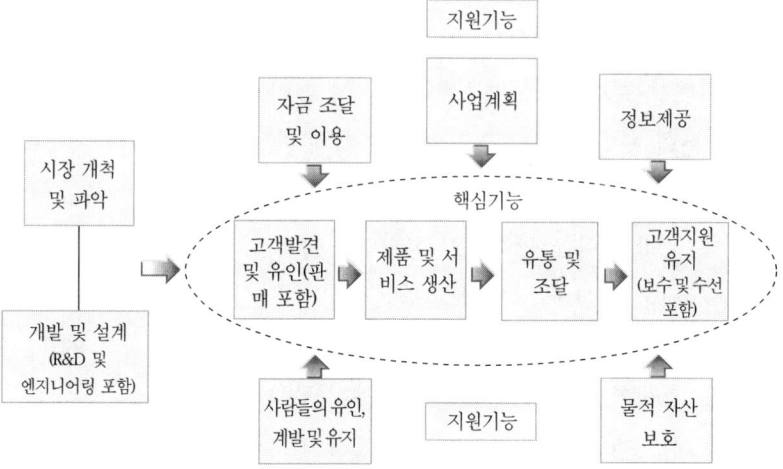

고 지속적인 개선이 이루어져야 한다. 그럼 어떻게 핵심 프로세스를 파악해야 할까? 여러분의 기업은 핵심 프로세스가 무엇이며, 어떻게 이루어져 있는지 알고 있는가?

다음과 같은 다섯 가지 질문을 던져보면 고객에게 가장 큰 영향을 미치는 주요 핵심 프로세스를 확인·파악하는 데 도움이 된다.[7]
1. 어떤 제품·서비스가 고객에게 가장 중요한가?
2. 이들 제품·서비스를 생산하는 프로세스는 어떤 것인가?
3. 어떤 프로세스가 고객의 눈에 가장 잘 띄는가?
4. 어떤 프로세스가 고객이 설정한 성과기준에 가장 큰 영향을 미치는가?
5. 실적자료나 상식으로 판단할 때 어떤 프로세스가 가장 큰 잠재력(개선될 수 있는)을 가지고 있는가?

고객만족경영은 발등의 불을 끄거나 단기적 성과에 초점을 맞추기보다는 주요 핵심 프로세스의 체계적 개선이나 사전예방을 통하여 품질향상을 꾀하는 데 역점을 두어야 한다.

대부분의 기업이 기본 프로세스를 체계적으로 개선시키지 못하여 어려움을 겪는 경우가 많은데, 그 이유는 다음과 같다.

첫째, 눈에 보이는 단기적인 성과만을 추구하기 때문이다.

둘째, 제품을 산출하는 시스템을 정확히 인식하지 못하여 문제에 대해 확고한 접근방법을 적용하지 못하기 때문이다.

셋째, 고객의 진정한 욕구를 이해하지 못하기 때문이다.

넷째, 시스템의 성과를 적절히 측정하지 못하기 때문이다.

이와 같은 문제를 극복하고 프로세스의 체계적이고 지속적인 개선을 이룩하기 위해서는 고객의 요구조건과 프로세스 능력 사이의 격차의 원인을 근본적으로 이해하는 데서 출발하여야 한다.

　특히 프로세스의 개선은 계획-실행-검토-개선의 계속적인 순환을 통해 얻어져야 한다. 이러한 접근은 문제규정-해결이라는 단순한 전통적 방식과는 다르며, 그것은 그림 4와 같은 6단계 과정을 밟는다.[8)]

　그러면 이와 같은 프로세스의 지속적 개선을 위한 6단계를 신한은행의 사례를 통해 구체적으로 설명하기로 하자.

그림 4. 프로세스 개선을 위한 6단계

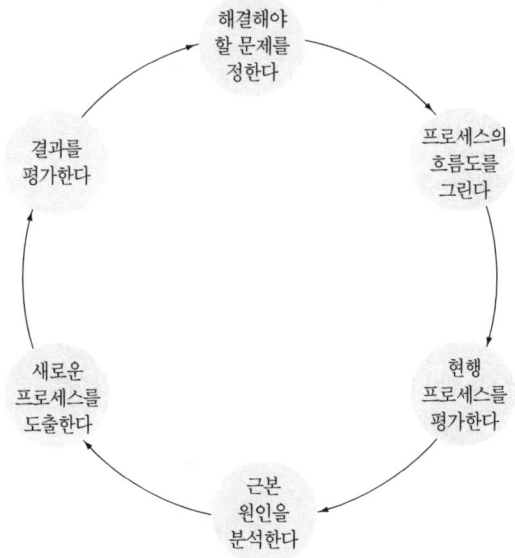

프로세스 개선 사례

단계 1 : 해결해야 할 문제를 정한다.

프로세스에는 사업의 핵심 프로세스(core process)와 이를 지원하는 지원 프로세스(support process)가 있다. 프로세스는 회사에 따라서, 또 사업내용에 따라서 다양하며 그 중요도 또한 천차만별이지만, 어느 것을 개선해도 직원과 고객이 편해지고 만족도가 높아지며 생산성도 높아지게 된다.[9]

일반적으로 기업의 실패는 주로 그들의 핵심 프로세스를 확인하여 관리하지 못하는 데 기인한다. 선의의 종업원들은 그들의 직무를 성실히 수행하여 그들 개별부서의 목표를 달성하고 있다. 그렇지만 그들은 고객과 조직 전체에 피해를 입히면서 그들의 목표를 성취하고 있는지도 모른다.

특히 문제가 되는 것은, 조직부서들 사이의 경계선에 가로 놓여 있어 잘 관리되지 않고 있는 프로세스가 내놓은 산출물이, 관리영역 내에서 잘 통제되고 있는 프로세스에서 나오는 산출물보다 고객에게 한층 더 중요하다는 점이다.

이 단계에서는 부서내 또는 부서간 프로세스의 개선을 통해 해결해야 할 문제를 선정해야 한다. 문제는 현재상태(what is)와 바람직한 상태(what should be)의 차이(gap)에 의해서 인식될 수 있다.

〈사례〉

프로세스 개선이라고 하니 리엔지니어링이나 리스트럭처링 등 어려운 개념을 떠올려서 거창한 것을 고쳐야 한다고 생각하면 곤란하다.

작은 프로세스 개선이 얼마나 많은 직원들을 편하게 해주고 생산성과 고객만족을 높일 수 있는지 간단한 사례 하나를 살펴보자.[10]

신한은행은 고객들에게 사은품을 제공해 왔는데, 사은품의 제공시기, 수량 및 고객특성을 무시한 사은품 제공에 대해 지점에서 많은 불만이 제기되어 왔다. 따라서 신한은행은 이 문제를 해결하기로 했다.

단계 2 : 프로세스의 흐름도를 그린다.

프로세스 개선의 두 번째 단계에서는 문제가 되고 있는 프로세스를 밝혀내서 문서화하는 과정이다. 작업 프로세스가 명확히 규정되어 있지 않은 경우에는 기초작업부터 해야 한다. 즉, 작업 프로세스의 상태가 이해하기 쉽게 기술되어야 하는데, 보통 그림으로 표현되는 흐름도를 작성하는 것이 좋다.

흐름도를 만들게 되면 다음과 같은 네 가지 개선활동을 수행할 수 있다.

- 프로세스에 참여하는 사람들을 성명, 직위 또는 부서별로 확인할 수 있다.
- 프로세스에 참여하는 모든 사람들에게 전체 프로세스의 전개과정과 더불어 각자가 맡은 역할을 이해시킬 수 있다.
- 비효율적이고 낭비적이며 불필요한 단계를 파악할 수 있다.
- 프로세스의 수행능력을 판단할 수 있는 기본구조를 제시할 수 있다.

〈사례〉

신한은행의 프로세스 개선팀에서는 다음과 같은 사은품 제공 프로세스를 작성하였다.

그림 5. 신한은행의 사은품 제공 프로세스

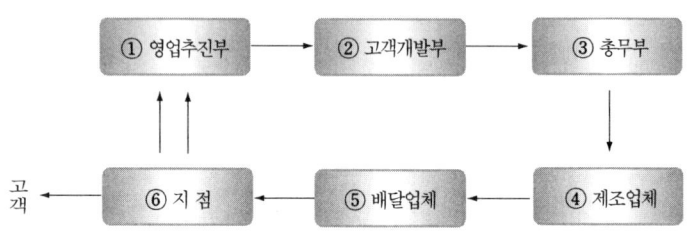

단계 3 : 현행 프로세스를 평가한다.

프로세스 개선작업(활동)의 세 번째 단계는 프로세스의 성취도를 평가하는 과정이다. 즉, 프로세스 상태가 어느 정도 양호한지 또는 어느 정도 불량인지를 분석하여 나타내야 한다. 물론 이러한 프로세스 성과 평가는, 고객의 요구 및 기대 차원에서 규정되고 분석되어야 한다.

〈사례〉

신한은행의 사은품이 고객에게 전달되는 프로세스를 평가해보면 다음과 같다(93년 7월 이전).

1) 영업추진부는 예금목표를 수립하고 독려하는 것이 기본업무이다. 매년 3월, 5월, 9월, 11월에 '예금증강캠페인'을 실시하는데, 이름도 아주 그럴듯하다. 3월에는 봄맞이 캠페인, 5월 말에서 6월 초에는 상반기 마무리 업적증강 캠페인, 9월 말에는 가을맞이 캠페인, 11월에는 연말 마무리 업적증강 캠페인을 실시한다.

영업추진부는 매년 4회의 캠페인 실시계획을 세울 때 목표달성을 독려하기 위해, 고객사은품 배부계획도 함께 수립하여 계원 → 대리 → 과·차장 → 부장 → 상무 → 전무 → 은행장까지 적어도 7단계를 거쳐서 결재를 받는다(도장이 연 4회×7단계=28개가 필요).

2) 영업추진부는 문서로 사은품의 품목선정과 디자인을 고객개발부에 의뢰한다(의뢰문서에 부장까지 4개의 도장 필요). 고객개발부에 디자인실과 광고담당이 있기 때문이다. 디자인실에서는 시중의 사은품 샘플을 거의 구비하고 있다가 그때그때 디자인을 약간 변경하여 결재를 올리지만 쉽게 결정이 나지 않는다. 고객마음에 들 만한 것은 단가가 비싸고, 좀 싸게 하면 볼품이 없어 '싸고 좋은 것'을 요구하는 윗분의 요구에 맞는 품목과 디자인을 결정하기에 상당한 시간이 소요된다. 우여곡절 끝에 윗분의 결재를 받아서 총무부에 제조를 의뢰한다(의뢰문서에 4개의 도장 필요).

3) 총무부에서는 금액이 크기 때문에 특정업자와 수의계약하기가 곤란하다. 따라서 A, B, C 등 적어도 3개 업체의 입찰형식을 빌려 또다시 은행장까지 결재를 받는다. 사은품 단가는 2천 원 미만이더라도 수량이 많기 때문에 총금액이 임원전결을 넘는 경우가 많기 때문이다(여기까지 이미 은행장 결재를 3번 받았음을 독자는 상기바람. 총 도장수는 연 4회×7단계×3부서=84개 필요. 2)에서 2개 부서의 의뢰서에 각 4개의 도장이 필요하므로 2부서×4개×연 4회=32개 도장 추가).

4) 총무부 직원은 제조업체가 '빨리빨리' 물건을 만들게 업체에 가서 지켜서서 독려한다. 왜냐하면 1)~3)의 과정을 거치느라 캠페인 실시를 조금 남겨 놓고 발주되므로 시간은 없는데 늦게 조달하면 모든 지점으로부터 비난을 받기 때문이다.

5) 영업추진부로부터 배달리스트를 넘겨받은 배달업체가 백 개가 넘는 전국지점에 사은품을 배달하는데, 상당한 시간과 오류가 발생하여 영업추진부 담당자와 배달업체, 각 지점의 담당자 간에 수많은 전화가 오간다.

6) 드디어 지점에 배달되면 캠페인이 시작된 지 상당한 시일(2주 정도 또는 그 이상)이 지난 뒤라서, 지점직원들의 불만을 야기하고 캠페인 시작 후 바로 예금한 고객들에게 사은품을 전달하느라 2중, 3중의 노력이 든다. 이를테면 3월 2일부터 캠페인을 실시한다면 2월 말까지는 사은품이 지점에 배달되어 있어야 하는데, 3월 16, 17일경에 배달되면 그 전에 예금한 분들에게는 사은품을 드리지 못하게 되며, 그분들까지 사은품을 드리려면 보통 일이 아니다. 결국 원래 의도대로 공평하고 효율적으로 사은품을 사용하기가 곤란하다.

7) 따라서 캠페인을 하려면 사은품을 제때 공급해 달라는 건의가 캠페인 때마다 나오지만 한 번도 그렇게 된 적이 없다. 왜냐하면 아무리 노력해도 기존 프로세스를 그대로 둔다면 부분적인 개선은 될 수 있지만 전체적으로 보면 거의 효과가 없기 때문이다.

단계 4 : 근본원인을 분석한다.

프로세스 개선의 네 번째 단계는 문제의 근본원인을 탐색하고 그것을 파악하는 과정이다. 단계 1에서는 문제를 프로세스의 구조로 규정하였고, 단계 2에서는 프로세스의 모든 단계를 확인하였으며, 단계 3에서는 프로세스의 성취도를 평가하였다. 그러면 단계 4에서는 성취도의 격차가 발생할 때 격차의 근본원인을 탐색하고 파악하여야 한다. 이러한 근본원인을 파악할 때는 보통 원인결과 도표

(Fishbone diagram)가 사용된다.

그림 6은 항공회사의 이륙지연에 대한 원인결과 도표를 예로서 보여주고 있다. 결과(출발지연)는 오른쪽에, 그에 대한 가능한 원인과 그들의 관계는 왼쪽에 표시된다.

이 같은 도표를 개발하기 위해서는 우선 문제점에 대해 정확한 정의가 내려져야 하고, 그에 대해 의견의 일치를 보아야 한다. 그런 다음 근본원인에 대한 브레인스토밍 중에, 이륙지연에 대해 참가자들이 각기 다른 가능한 원인을 제안한다. 마지막으로 비슷한 원인들을 한데 묶고, 그들의 상호관계는 적당한 그림으로 표시되어져야 한다.[11]

그림 6. 원인결과 도표

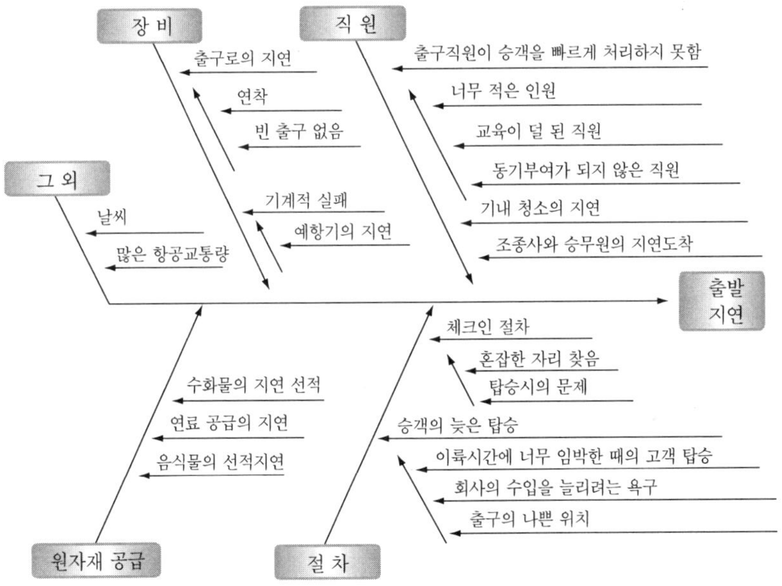

```
        장비              직원
    ← 출구로의 지연    ← 출구직원이 승객을 빠르게 처리하지 못함
    ← 연착            ← 너무 적은 인원
    ← 빈 출구 없음     ← 교육이 덜 된 직원
그 외                   ← 동기부여가 되지 않은 직원
 ← 날씨                 ← 기내 청소의 지연
    ← 기계적 실패
 ← 많은 항공교통량  ← 예항기의 지연  ← 조종사와 승무원의 지연도착
                                                              출발
                                                              지연
                        ← 체크인 절차
                        ← 혼잡한 자리 찾음
    ← 수화물의 지연 선적   ← 탑승시의 문제
    ← 연료 공급의 지연   ← 승객의 늦은 탑승
    ← 음식물의 선적지연  ← 이륙시간에 너무 임박한 때의 고객 탑승
                        ← 회사의 수입을 늘리려는 욕구
                        ← 출구의 나쁜 위치
      원자재 공급           절차
```

〈사례〉

신한은행의 사은품제공에 대한 기존 프로세스의 문제점 분석결과를 정리해 보면 다음과 같다(근본원인이 단순하여 원인결과 도표를 작성하지는 않았다).

첫째, 사은품이 필요한 때에 공급되지 않는다. 관련부서와 관련자가 많아서 어느 한두 사람의 노력으로는 효과가 없다.

둘째, 백 개가 넘는 지점에 동일한 사은품을 공급하기 때문에 지역이나 고객특성에 맞지 않는다는 불만이 크다.

셋째, 수량이 너무 적다는 불만도 많다. 창구에서 일정기간 배부하므로 누구는 주고 누구는 주지 않을 수가 없어, 모든 고객에게 공평하게 나누어주다 보면 수량이 태부족이라 추가로 제조하는 경우가 대부분이다.

단계 5 : 새로운 프로세스를 도출한다.

지금까지 프로세스가 어떤 것이고(프로세스 능력 측정), 프로세스가 왜 그러한 수준으로 가동되고 있는지에 대하여 원인을 밝히는 과정(프로세스 이상원인 탐색)을 중심으로 다루었다. 따라서 프로세스의 중요한 내용을 이해하게 되었고, 문제점들의 근본원인을 파악할 수 있게 되었다.

단계 5에서는 문제점에 대한 근본원인의 파악을 토대로 개선을 위한 '아이디어'를 개발하여 새로운 프로세스를 도출하고 시험하여야 한다. 새로운 아이디어와 잠재적인 해결책의 개발이 적극 장려되는 단계이다.

개선 프로세스에 따른 테스트 결과 바라는 성과가 나오지 않을 때는 테스트가 타당했는가, 개선 아이디어가 유효한 것인가, 문제의 근본원인을 잘못 진단한 것은 아닌가, 측정이 부정확했는가, 프로세스는 완전히 파악되었는가, 고객의 요구조건을 잘못 이해했는가 등 원인을 찾아야 한다.

만일 잘못되었다면 프로세스 개선과정의 적절한 단계로 되돌아가서 다시 반복하여야 한다.

〈사례〉

사은품제공 프로세스의 문제점 분석결과를 토대로 개선팀은 다음과 같은 새로운 프로세스를 마련하였다(그림 7 참조).

①~② : 총무부는 다수의 공급업체와 단가계약을 체결하여 「고객사은품 안내」 책자를 각 지점에 배부한다.

이 안내책자에는 1천 원 미만, 1천 원~5천 원 미만, 5천 원~1만 원 미만, 1만 원~3만 원 미만, 그 이상 등 가격대별로 가장 알맞은 사은품과 컬러사진, 최소 주문단위, 납품기일, 업체명, 전화번호, 담당자 이름 등이 수록되어 있다. 좋은 품목이 개발되면 총무부는 개정판이나 추록분을 지점에 배부한다.

③~⑥ : 각 지점은 이 안내책자를 보고 자기가 원하는 물건을 원하는 때에 주문하고, 품목에 따라 7~15일 내에 납품을 받고 그 사실을 PC로 입력하면, 총무부는 공급업체 계좌로 대금을 입금한다.

단계 6 : 결과를 평가한다.

마지막 단계 6에서는 단계 5에서 검증된 개선안을 실행한다. 물론 여기서도 개선된 프로세스의 효과를 지속적으로 측정·평가한다. 뿐

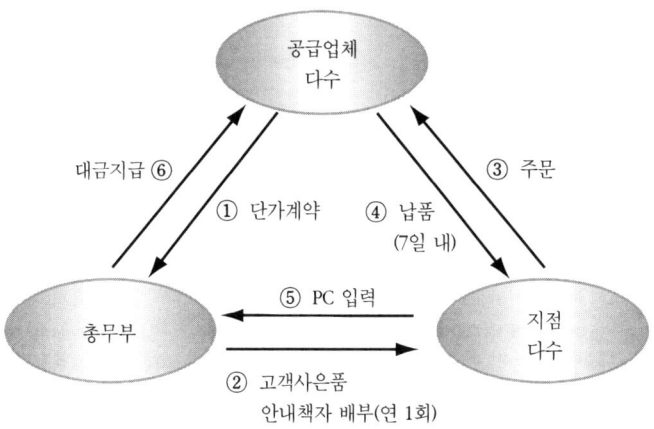

그림 7. 개선 후의 프로세스

만 아니라 지금까지의 과정 전체를 평가하여, 프로세스개선의 효과 증진에 참여한 사람들의 공헌에 대해 보상 및 인정을 해주어야 한다.

〈사례〉

개선 후의 사은품제공 프로세스에서는 총무부 담당자 한 사람이 가끔 신경만 쓰면 일이 되므로 일손이 대폭 감축되었으며, 가장 중요한 것은 각 지점에서 필요한 때에 필요한 물건을 쓸 수 있게 되었다는 점이다. 물론 안내책자에 마음에 드는 물건이 없으면 각자 자기가 원하는 물건을 사서 쓸 수 있으므로 지점장의 자율권이 보장되었다.

제3부

고객만족경영 어떻게(How) 해야 성공할 수 있을까!

Step 1
최고경영자가 솔선수범하면서 고객만족경영을 주도하라

Step 2
고객만족추진 위원회를 구성하라

Step 3
비전, 사명, 가치, 목표를 설정하라

Step 4
고객만족 및 종업원만족 수준을 파악하라

Step 5
성공 가능성이 높은 팀 프로젝트를 선정하라

Step 6
프로젝트 팀과 부선개선 팀을 계속 선정하여 지속적 개선을 추구하라

Step 1

최고경영자가 솔선수범하면서 고객만족경영을 주도하라

왜(Why) 최고경영자의 솔선수범 및 주도가 필요한가

제2부 고객만족경영 원칙에서 설명한 바와 같이 최고경영자부터 변하지 않으면 고객만족경영은 오래가지 못하기 때문이다.

일본의 고객만족경영 전문가인 오쿠보 간지가 어느 기업의 사장을 만나서 다음과 같이 물었다.

"귀사에서는 고객만족에 대해 상당히 주력하고 있다고 들었는데, 사장님은 어떤 역할을 하고 계십니까?"

그 사장의 대답은 "아, 그것은 고객만족실에서 열심히 추진하고 있습니다"였다.

그 말을 듣고 오쿠보 간지는 "귀사에서는 아마 고객만족경영을 추진할 수 없을 것으로 생각됩니다"라고 솔직하게 말해 주었다.[1]

또한 조직은 본질적으로 부문으로 분리되어 관리되기 때문에 그림 1에서 알 수 있듯이, 고객만족이라는 바람직한 목표를 달성하기 위해서는 최고경영자의 솔선수범을 통한 주도가 필수적이다. 그렇

그림 1. 내적 협동과 내적 경쟁

조직 A

바람직한 결과

부문 1   부문 2   부문 3   부문 4   부문 5

부문간 내적 협동

조직 B

바람직한 결과

부문 1   부문 2   부문 3   부문 4   부문 5

부문간 내적 경쟁

자료 : D. L. Goetsch & S. B. Davis(1995), *Implementing Total Quality*, Prentice Hall, p. 38.

지 않을 경우 기업 전체의 목표보다는 개별부서에 좋은 목표만을 달성하고자 하기 때문이다. 예를 들면, 축구에서 각 선수들이 개인플레이를 할 경우 그 팀이 시합에서 승리하기 어려운 것과 마찬가지다.

최고경영자는 어떻게(How) 해야 하는가

Action 1   고객만족경영의 필요성을 모든 종업원에게 인식시켜라

최고경영자는 공식・비공식 월례강연회를 통한 전파, 사내잡지(사보, 각종 인쇄물 등) 및 팜플렛을 이용한 전파, 부서방문, 직접적인 특강 등 다양한 방법을 통하여 고객만족경영의 필요성을 전사적(全社的)으로 종업원에게 전파하여야 한다.

예를 들면 웨스팅하우스의 품질의 날, IBM의 품질게시판, 다우케미칼의 품질성과 사보, 모토로라의 팀 발표대회, 솔렉트론사의 목요일 고객만족 미팅 등과 같이 고객만족에 대한 의견 교환이 가능한 프로그램을 만들어서 공식적으로 운영하는 것이 바람직하다.[2]

고객만족경영의 성공사례로서 많은 기업이 있지만, '결정적 순간'을 강조한 스칸디나비아 항공, 마루이, 도요타 등의 기업은 모두 최고경영자가 선두에 서서 조직을 이끌어가는 정열이 가장 큰 성공 비결이었다. 위에서 진두지휘를 할 뿐 아니라 현장에 뛰어들어 전사원과 함께, 어떻게 하면 고객만족을 얻을 수 있는가 계속 이야기하고 실천하였던 것이다. 이러한 최고경영자의 정열이 전사원에게 전달되고 사내의 풍토가 개혁되어 고객만족향상에 연결되는 것이다.

즉, 고객만족경영에 성공하는 첫번째의 열쇠는 고객만족경영을 추진하려는 강력한 최고경영자의 열정에 있다. "최근 고객만족경영이 화제가 되고 있으니 우리도 해볼까. 그래, 당신이 선두에 서서 해보지 않겠소?"와 같이 부하에게 맡기는 것이 아니라, 최고경영자 자신이 고객만족경영이란 무엇인가부터 진지하게 연구하여 고객우선, 고객만족경영을 실천함으로써 성공할 수 있다.[3]

Action 2 고객만족 관련 개념 및 실천기법을 충분히 학습하라

고객만족에 관한 교육훈련은 하위직에 있는 사람에게만 필요한 것이 아니다. 오히려 최고경영자에게 더 필요하다. 최고경영자가 고객만족 관련 개념 및 실천기법에 무지할 경우, 고객만족경영은 구호에 그칠 수밖에 없다.

대부분의 최고경영자의 경우 자신에 대한 교육은 필요없다고 생각하기 쉽다. 또한 필요성은 인정한다 하더라도 참가할 시간이 없다고 말을 한다. 그러나 고객만족경영보다 중요한 회사업무는 존재하지 않으므로 이에 대한 지식의 습득은 필수적이다.

다음은 경영진을 위한 고객만족경영 관련 교육 프로그램이다.
- 경영자의 역할
- 고객만족경영에 대한 몰입을 나타내기 위한 기법
- 고객만족 지표와 다른 경영지표를 연결시키는 기법
- 고객만족경영을 위한 시간의 활용기법
- 리더십 평가방법
- 중간관리자에게 동기를 부여하기 위한 기법
- 기본적인 품질관리 기법
- 작업 프로세스 분석 방법

- 벤치마킹
- 고객만족의 측정

Action 3   **고객만족 관련자료를 최고경영자가 정기적으로 직접 검토하라**

많은 기업의 경우 경영진이 받아보는 보고는 대개 재무현황 또는 영업실적에 관한 것이다. 주로 시장점유율, 매출액, 영업이익, 지출경비 등에 관한 내용이 보고될 뿐 고객만족과 관련된 성취도, 품질에 관한 내용은 보고도 되지 않고 또 경영진이 찾지도 않고 있다.

그에 반해 모토로라와 매리오트 호텔의 다음 사례는 시사하는 바가 크다.

모토로라의 회장이었던 밥 갤빈은 정책결정위원회의 회의방식을 변경하였다. 즉, 고객만족을 위한 품질문제를 최우선과제로 토론하고 품질문제의 논의가 끝나면, 자신이 회의장을 나온 후 재무관계 의제로 넘어가게 하였다. 최고경영자가 고객만족을 최우선으로 하라는 것을 행동을 통해 상징적으로 간단명료하게 보여준 것이다.[4]

한편 매리오트 호텔의 최고경영자는 고객의 의견을 이해하는 데 많은 시간을 할애하고 있다. 1988년 빌 매리오트 2세 회장은 매달 쇄도하는 고객들의 편지 8천 통 가운데 10%를 직접 읽었고, 75만 통의 고객설문서 가운데 2%를 직접 읽었다.[5]

또한 회사와 단위조직의 고객만족을 위한 품질 및 성과 검토는, 최소한 월 1회 이상 시행되어야 한다.

1991년 말콤 볼드리지 상을 수상한 솔렉트론사는, 고객만족을 향

표 1. 솔렉트론 사의 고객만족을 위한 품질성과 검토

목표	성과지표	리뷰포럼	실행 프로세스	실행리더
고객만족	매주 고객만족도	목요일 아침 미팅	예방 프로세스(CAP) 품질개선 프로세스(QIP) 고객불만 처리(CCRP)	부서 매니저 (CSI)
품질	매주 결함률 (PPM)	화요일 아침 미팅	예방 프로세스(CAP) 품질개선 프로세스(QIP) 문제원인 분석(RCFA)	부서 엔지니어링 매니저
핵심 프로세스 역량	매일 생산성 (Cp, Cpk)	• 화요일 아침 미팅 • 매주 TQC미팅 • 부서 일일 미팅	문제원인 분석(RCFA) 예방 프로세스(CAP) 품질개선 프로세스(QIP)	부서 엔지니어링 매니저
정시배달	매주 불량률 (PPM)	화요일 아침 미팅	문제원인 분석(RCFA) 예방 프로세스(CAP) 품질개선 프로세스(QIP)	부서 매니저
종업원훈련	연수시간 (연간, 시간)	월 1회 부서별 검토	계획 - 실행 - 체크	부서 매니저
경영진연수	내용, 시간	수요일 아침 미팅	벤치마킹 고객만족도 방침전개	
손익결산	매일, 손익	수요일 아침 미팅		

상시키기 위해 품질성과 검토(quality performance review)를 매주 실시하고 있다.

솔렉트론사는 고객만족, 품질, 핵심 프로세스 역량(key process capability), 정시 배달(on-time delivery) 등 약 7개 부문에 걸쳐 매주 성과를 검토하고 있으며, 매월 실시되는 경영성과 분석 미팅에서 품질, 고객만족 관련 성과분석 및 대책수립이 회의의 핵심주제로 다루어지고 있다.

특히 매주 또는 매월 경영진에게 보고되는 보고도, 재무 또는 마케팅 보고를 넘어서서 경영현황 보고로 대체되어야 한다. 표 2와 같은 내용으로 경영현황 보고서를 작성하여, 회사전체 및 단위조직별 고객만족 관련 성과의 진척도를 점검하여야 한다.[6]

Action 4　**외부고객, 내부고객으로서의 종업원과 회사의 고객만족 노력에 대해 정기적으로 논의하라**

최고경영자는 정기적으로 외부고객과 만나고 고객의 소리(The Voice of the Customer)를 듣는 활동을 해야 한다. 다음의 예를 보자.[7]

어떤 치과의사는 1년에 두세 번씩 다른 치과의사에게 가서 치료를 받는다. 왜냐고 물었더니 치과에 간다는 것이 어떠한 것인가를 새삼 깨닫기 위해서라고 한다. 많은 경우 오랫동안 한 가지 일만 하다 보면 매너리즘에 빠져 상대방의 고충에 둔감해지는 경향이 있다.

그러나 이 치과의사는 스스로 자신의 고객인 환자의 입장에 서서 고객처럼 생각하기를 생활화하고 있다. 이 치과의사에게는 환자가 끊이지 않고 찾아온다. 일거수 일투족에서 환자를 이해하는 마음이 스며나오는 탓이리라.

고객의 입장에서 보는 것의 중요성을 어느 학자가 다음과 같이 말한 바 있다.

"고객의 눈으로 보면 모든 것이 새롭고 경이롭다."

표 2. 경영현황 보고(양식)

경영현황 보고서
(○○년 ○월 현재)

	금년	전년	목표	주경쟁사
• 고객만족도	80%	75%	82%	81%
• 정시인도율	88%	80%	95%	90%
• 1차 성공률	87%	82%	90%	85%
• 고객대기시간	17	25	10	15
• 교육시간	—	—	—	—
• 불만처리건수( )	—	—	—	—
• 1인당 생산성	—	—	—	—
• 추진과제 달성	—	—	—	—
• 경영혁신 참가	40	35	60	50
( )은 관리자	(10)	(8)	(20)	(10)

〈영업〉

	현재	현재		누계		비고
		전년비	계획비	계획	실적	
매출액						
매출이익						
간접경비						
세전이익						
자본지출						
총자산						
ROA						
ROE						
현금						

그러나 학생들이 대학을 다니고 있는 동안 총장님의 얼굴을 얼마나 자주 볼까? 또 기업체에서 회장이나 사장과 직접 마주 대하는 경우는 얼마나 자주 있을까?

프로농구나 국민스포츠로 자리잡은 프로야구를 보면 감독(경영자)들은 항상 관중(고객)이나 선수(종업원)들과 아주 가까운 자리에 있다. 그들은 한결같이 '움직이면서 관리하는' 방법을 실행하고 있다. 그들은 벤치에 앉아서 작전을 지시하거나 선수를 교체하는 법이 없다.

'움직이면서 관리하라'는 현장방문경영(MBWA : Management By Walking Around)은, 책상에 앉아 목표만을 챙기는 목표관리에 의존하는 방식과는 달리 고객만족경영을 위한 필수요건이다.[8]

또한 최고경영자는 내부고객으로서의 종업원과, 회사의 고객만족 노력에 대해 진솔하고 격의 없는 토론을 하고 의견을 경청할 필요가 있다.

이를 위해 특히 경영진이 고객만족경영을 위해 회사의 다양한 품질 관련 활동에 참여하는 시간이, 총업무 시간 가운데 몇 퍼센트인가를 측정해 보는 것이 매우 중요하다. 경영진이 고객만족을 중시한다고 하면서 고객만족 관련 활동에 참여하는 시간이 총 업무시간의 5% 미만이라면 고객만족을 중시한다고 보기 어렵다. 품질관리의 대가인 주란(Juran)은, 경영진을 포함한 모든 관리자가 자기 시간의 10% 이상을 고객만족을 위한 품질 관련 활동에 할애해야 한다고 주장한 바 있다.

기본적으로 경영진의 바람직한 활동을 명시하고 경영진이 이러한 활동을 하고 있는지 점검해 보는 것이, 경영진의 고객만족경영을 위한 리더십 수준을 측정하고 리더십을 제고하는 기회를 모색하는 가장 손쉬운 방법이다.

경영진이 고객중시, 품질가치를 종업원에게 전파하고 고객만족 활동에 참여하고 있는지는, 표 3과 같은 체크리스트를 활용하여 점검하는 것이 바람직하다. 표 안의 수치는 하나의 예시이다. 이제 표 3에 맞추어 자사 경영진의 고객만족을 위한 활동정도를 평가해 보기 바란다.[9]

표 3. 경영진의 리더십 사례 (또는 평가표)

2000. 1. ~ 2000. 6.(반기별), 횟수

경영진 리더십 요소	회장	사장	재무 부사장	인력 부사장	마케팅 부사장	생산 부사장	영업 부사장	경영진 팀	계
• 고객중시, 품질 가치 전파 활동									
– 월례 강연	4	–	–	–	–	–	–		
– 신입 직원 교육	2	–	2	–	–	–	–		
– 일반 회의	6	6	6	6	6	1	–		
– 부서 방문	10	2	2	2	2	2	4		
– 사내 잡지, 팜플렛	2	–	–	2	1	1	3		
• 고객 관련 활동									
– 고객 직접 방문	20	20	16	45	30	45	–		
– 고객의 소리 듣기	6	6	6	6	6	7	–		
– 불만처리	2	–	–	2	–	3	–		
– 고객만족도 조사 추진 활동	y	y	y	y	y	y	–		
• 품질, 성과 활동 참여									
– 문제해결 활동 주도	3	1	1	2	3	2	1		
– 벤치마킹 주도	3	–	2	3	3	3	–		
– 프로세스 개선 활동 참여	2	2	2	1	1	1	–		
– 품질 개선 활동팀 리드	2	1	2	2	2	3	1		
• 교육훈련 활동									
– 교육수강(세미나 참가)	10	10	24	30	18	10	10		
– 강의	4	–	–	4	2	2	–		
• 인정 활동									
– 품질 관련 보상 횟수	2	–	2	2	3	3	4		
– 인정 활동 홍보 횟수	2	–	–	2	2	2	–		
계									

* y : Yes(하고 있다)

Step 2

고객만족추진위원회를 구성하라

고객만족추진위원회 왜(Why) 필요한가

　고객만족경영이 성공하기 위해서는 기존의 경영습관으로부터 많은 변화(change)가 있어야 한다. 그러나 모든 조직구성원은 변화에 대해 두려움을 가지며 저항하게 된다. 이러한 저항은 특히 기득권을 가지고 있는 기업의 간부급에서 더 두드러지게 나타난다. 권한을 가진 게 별로 없는 종업원들은 잃을 것이 별로 없으므로 변화에 적극적으로 저항할 이유가 없기 때문이다.

　이러한 저항을 극복할 수 있는 길은 최고경영자의 리더십과 고위간부의 고객만족경영에 대한 적극적인 참여뿐이다. 따라서 고객만족경영을 추진하기 위해서는 최고경영자와 고위간부가 구성원이 되는 고객만족추진위원회의 구성이 필수적이다.

　변화를 시도하기 위해 조직원을 모두 설득할 수는 없으며, 조직의 방침과 전략을 결정하는 소수의 간부들만 설득한다면 저항은 극복할 수 있다. 나머지 구성원들은 경영혁신의 결과 자기가 일하기 편해진다는 사실만 보여주면 변화를 기꺼이 수용할 것이다. 이를 위해서 그들에게 작은 성공(small success)을 자주, 그리고 많이 보여주어야 한다.[1]

고객만족추진위원회는 최고경영자를 보좌하는 참모(staff)들의 단순한 집합이라기보다는, 고객만족경영을 추진하기 위한 협조가 잘 되는 팀(team)이 되어야 한다. 고객만족을 달성하기 위해서는 위원회의 구성원인 고위간부들이, 자기 소관 부서의 이해관계만을 고집하기보다는 좀더 넓은 시야를 가지고 자기 소관부서보다는 회사전체를 위하는 팀워크를 가지는 것이 절대적으로 요구된다.

이를 위해서는 다시 한 번 강조하지만, 힘(power)을 가지고 있는 최고경영자의 합리적 조정과 리더십이 절대적인 역할을 하게 된다. 다음의 예들을 보기로 하자.[2]

어느 임원은 고객만족경영을 위한 혁신안에 찬성하고, 어느 임원은 반대하며, 또 일부는 관심조차 갖지 않는 경우

이렇게 되면 종업원들은 혼란스러워진다. 예를 들면 모 은행에 2명의 전무가 있었는데, A전무가 찬성하는 안은 B전무가 반대하고, B전무가 찬성하는 안은 A전무가 반대하기 때문에 어느 안도 결정을 보지 못하는 경우가 있었다. 서로 상대방이 점수를 많이 얻어 은행장이 되는 것을 밀어줄 수 없었기 때문이다.

은행마다 매달 부서장회의를 개최하는데 고객만족이나 경영혁신에 대해서는 가물에 콩나듯 가끔 한두 마디 하고 넘어가며, 대부분의 시간을 영업에 대한 독려, 내부통제 및 사고예방, 부실대출이나 연체대출에 대한 경고 등에 할애하므로, 부서장들 머릿속에 고객만족이나 경영혁신이 자리잡고 싹틀 시간이 전혀 없다. 각 임원이 자기 담당업무만 강조하기 때문이다.

총론 찬성, 각론 반대

조직이 관료화하면 뭔가 변화해 보겠다고 의욕적으로 뛰던 사람들의 의지가 꺾이고 만다. 프로세스를 개선하려고 여러 부서 직원을 한데 모아 태스크 포스(task force)를 구성하려고 관계 부서장회의를 하면, 각 임원 및 부장들이 총론적으로는 찬성하다가도 각론에 들어가면 모두 반대한다.

고위간부들은 "각 부서는 제각각 고유기능이 있으니 각자 잘하면 되고 부서장끼리 협조하면 되는 것이지 굳이 사람들을 한데 합쳐서 할 필요가 있느냐?"는 논리를 편다. 하지만 사실은 자기 부하를 다른 부서에 보내면, 자기의 통제 범위가 좁아져서 자신의 권한이나 예산이 축소되지나 않을까 염려되어 반대하는 것이다.

서비스 기업인 리츠칼튼 호텔은, 회장이자 최고경영자인 홀스트 슐츠와 13명의 임원진으로 구성되는 기업운영위원회에서 고객만족 및 품질계획을 세우기 시작한다. 이 위원회에서는 상품과 서비스의 품질, 고객만족, 시장성장과 개척, 조직의 지표들, 이익, 경쟁적 위치 등을 매주 점검한다.[3] 한 제조회사도 다음과 같은 책임을 갖는 범부서적 위원회를 운영하고 있다.

- 품질
- 비용

- 기술
- 생산
- 마케팅
- 인사관리

이 같은 범부서적인 경영위원회는 책임 있는 간부들로 구성되어 있기 때문에, 일반 직원들이 구성한 위원회보다 훨씬 효과적으로 각종 장애요소를 제거할 수 있다. 그들은 해당분야뿐 아니라 관련분야에서의 장애요소도 제거할 수 있는 능력을 가지게 된다.

예를 들면 마케팅 분야의 총책임자가 고객만족추진위원회에서 생산분야와 재무분야의 책임자들과 함께 작업함으로써, 생산 및 재무, 마케팅 분야의 관련정보들이 더 원활하게 유통될 수 있다.[4]

한편 고위간부들이 팀워크를 발휘토록 하기 위해 일본의 DC카드사는 어떻게 하고 있는지 보기로 하자.

DC카드사에서는 고위간부들을 대상으로 고객만족경영 비전과 전략 입안을 위한 합숙연수를 단행했다. 명목은 연수였지만 현실적 문제를 근거로 한 과제 설정이 주내용으로, 실질적으로는 전략검토회의였다.

논의주제는 다음과 같았다.

- 사업환경을 어떻게 인식할 것인가
- 우리를 둘러싼 기회, 위협은 무엇인가
- 우리 회사의 고객만족경영상의 강점과 약점은 무엇인가
- 고객만족경영 비전을 어떻게 생각할 것인가
- 어떤 CS(고객만족)를 확립하려고 하는가
- 사원들의 의욕 원천을 어디에서 찾을 것인가

- 어떤 기업 체질을 만들 것인가
- 어떤 시장지위를 목표로 할 것인가
- 고객만족경영 추진상의 과제는 무엇인가
- 어떻게 실행해 갈 것인가
- 어느 정도의 기간으로, 무엇부터 손댈 것인가

합숙참가에 맞춰 경영환경 자료 및 지금까지의 고객만족경영 활동 경과보고서, 고객만족도 측정결과 데이터 등의 자료를 건네주고 사전 연구를 요구했다.

1박 2일의 합숙기간중에 논의는 최고조에 달했다. 지금까지의 고객만족 관련 프로젝트에서 부족했던 점, 구조적인 과제의 지연, 내부의 종·횡 커뮤니케이션 갭, 사업환경상의 위기의식, 풍토·체질 면에서의 느린 대응 등등 다양한 문제가 지적되었다.

합숙 연수를 통해 "부문을 뛰어넘어 간부로서 전체감을 가진 논의를 하자"는 목적대로 공통인식이 깊어졌다. 합숙에 사장과 부사장도 참가하여 발표를 듣고, 질문하고, 지적을 하는 등 대화도 나누었다.

지금까지 고객만족경영에 대해 한걸음 물러서서 거리감을 두고 보았던 고위간부들도, 마침내 자신들의 역할과 필요한 행동방식을 확인할 수 있었다.[5]

고객만족추진위원회의 구성 어떻게(How) 해야 하는가

고객만족추진위원회의 구성

고객만족경영의 추진을 위해서는 하나의 조직이 필요하다.[6] 간단한 조직으로 나타내면 그림 1과 같은 조직이 된다. 조직은 위원회 조직이 되고, 고객만족추진위원장은 물론 최고경영자가 된다.

고객만족추진위원은 중역이나 각 부문의 부서장이 되고 횡적인 조직이 된다. 이 같은 강력한 조직에서 고객만족향상을 향한 여러 가지 내용이 심의되고 결정되어야 한다. 결정된 사항은 프로젝트 팀 및 각 부문에서 실천된다.

고객만족경영의 추진과 관련해서 해결되어야 할 문제가 있을 경우에는, 관련문제의 대표자가 모여 특별 프로젝트 팀을 편성하고 문

그림 1. 고객만족경영의 조직도

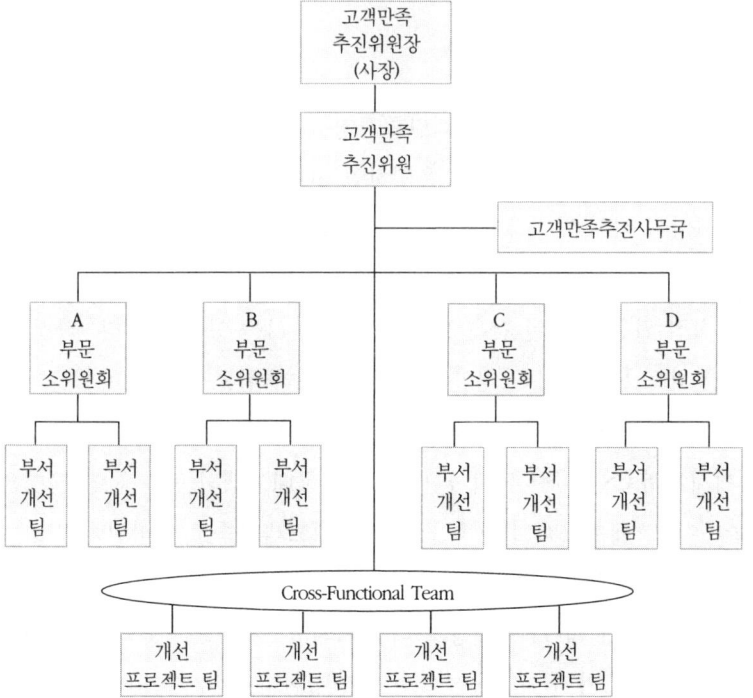

고객만족경영 어떻게(How) 해야 성공할 수 있을까! · 197

제의 해결에 착수한다. 고객만족추진위원회와 특별 프로젝트 팀이 원활하게 운영되기 위해서는 지원을 위한 사무국 기능이 필요하다.

사무국에는 '고객만족추진실', '고객만족본부', '고객만족개발센터' 등의 명칭을 붙일 수 있다. 여기서는 고객만족 향상을 위해 고객만족추진위원회와 특별 프로젝트 팀의 운영사무만이 아니라, 고객만족 마인드의 조성 등 폭넓은 활동을 전개해야 한다.

고객만족경영의 추진에 있어서는 최고경영자의 정열과 함께 사무국의 활동이 핵심이 되므로, 사무국의 멤버는 고객만족경영을 잘 이해하고 정열과 행동력이 있는 사람을 임명하는 것이 중요하다.

이러한 노력에 따라 강력한 고객만족경영을 위한 조직이 완성되는 것이다.

도요타 자동차에서는 고객만족경영 추진을 위해 새로운 조직으로 'CS향상위원회'를 조직하여 운영하였는데, 특이할 만한 것은 쇼 이치로 사장이 직접 위원장이 되었다는 점이다. 도요타 자동차에서는 프로젝트로 운영되는 위원회의 위원장은 통상 전무·상무급이었으나 사장이 직접 위원장이 된 것은 도요타 역사상 처음 있는 일이다. 이것 하나만 봐도 도요타가 고객만족경영에 얼마나 힘을 기울이고 있는가를 알 수 있다. 'CS향상위원회'가 출범하면서 목표로 설정하였던 것은 "세계에서 CS넘버원을 획득한다"이다. 국내고객의 만족을 얻는 것은 물론이고, 세계고객의 만족을 얻어 세계고객만족도 넘버원이 되려는 결의 아래 출발한 것이다.

'CS향상위원회'는 위원장 아래 17명의 임원이 위원이 되고, CS향상을 위한 여러 가지 사항을 심의해서 결정한다. 세부적인 CS활동의 조직으로서는 CS를 품질 측면에서 추구하는 '차량품질분과위'가 있다. 이 조직은 고객의 만족도를 높이기 위해 자동차의 품질을 더 향상시키는 것을 목적으로 하는 분과회이다.

CS를 서비스 측면에서 추구하는 조직으로서는 '국내판매 서비스분과위'와 '해외판매 서비스분과위'가 있다. 고객의 만족도를 높이기 위해 차의 정비와 수리 등의 애프터 서비스, 판매원의 자세와 고객에 대한 대응방법을 좀더 향상시키는 것을 목적으로 하는 분과위원회들이다.

그림 2. 도요타 자동차의 CS향상위원회 조직도

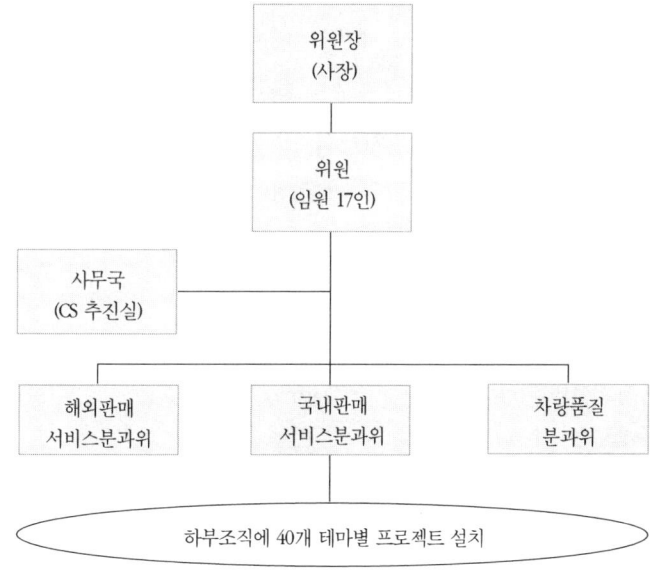

자료: 히라시아 야스히사 지음 · KMAC CS경영혁신센터 옮김(1992), 『고객만족경영의 추진방법』, 21세기북스, p. 160.

또한 이 세 분과위원회 아래 하부조직으로 40개의 테마 프로젝트 팀이 만들어져 활동하고 있다. 또한 사무국은 'CS추진실'이 담당하고 있다. 이와 같이 도요타 자동차는 사장의 진두지휘 아래 고객만족을 향상시키기 위한 조직을 만들어 CS경영에 나서고 있다.[7]

고객만족추진위원회의 역할

최고경영자와 고위간부로 구성된 고객만족추진위원회는 조직 내에서 상징적인(symbolic) 메시지를 조직구성원들에게 보낸다. 기존의 여러 경영혁신 운동과는 달리 최고경영자와 고위간부들이 팀워크를 보이면서 기존의 행동양태와는 다른 모습을 보일 때, 조직구성원들은 이번에는 무언가 될 것 같은 인식을 가지게 된다. 따라서 고객만족경영 추진에 따른 변화에 대한 저항은 급속히 줄어들 수 있다.

1. 고객만족추진위원회의 설치목적

고객만족경영의 추진을 위한 방향제시, 자원제공을 통해 고객만족경영을 영구적으로 정착시키는 데 있다.

2. 고객만족추진위원회의 역할
- 조직의 비전(vision), 사명(mission), 가치(value), 목표(objective) 선정
- 고객만족경영 추진을 위한 전사적 과제 및 부문 과제 선정
- 과제달성을 위한 추진 팀의 구성
- 추진 팀에 의한 개선정도를 관리 감독
- 고객만족 마인드의 조성을 위한 활동

- 고객만족 추진에 따른 업적에 대한 보상 및 인정

3. 고객만족추진실의 리더 임명시 유의할 점

고객만족추진실의 리더는 고객만족경영의 엔진 역할을 할 사람이다. 정열과 능력이 있어야 타성에 빠진 조직 자체를 움직이게 할 수 있는데, 능력이 부족한 사람이거나 개인적 야심이 있는 사람, 신뢰성이 부족한 사람, 기타 결격사유가 있는 사람을 임명하게 되면 고객만족경영의 추진은 어렵게 된다.

예를 들면 리더가 팀원의 의견을 잘 들어주지 않고 독단으로 의사결정을 내린다면, 팀원들은 사기가 떨어져 일할 맛이 나지 않을 것이다.

팀원의 의결을 받아들이지 않는다면 명백한 이유를 설명하여 팀원이 납득할 수 있게 해야 하며, 정당한 이유 설명도 없이 팀원의 의사를 무시해서는 결코 팀의 성과가 좋을 수 없다.

고객만족경영과 같은 경영혁신을 위해서는 자기희생을 무릅쓸 수 있는 열정을 가진 사람이 리더로서 적격이다.[8]

4. 특별 프로젝트 팀에 대한 배려 필요

각종 특별 프로젝트에 참여하면 인사고과에서 중급 이상을 받게 하고 수당도 별도로 지급해야 된다. 또한 해체 후 부서복귀시 불이익이 없게 배려함으로써 개선팀에 서로 지원하게 유도하는 것이 필요하다.

그러나 보통 고객만족경영이 잘 안 되는 회사는, 고객만족실(개선팀)을 만들어만 놓을 뿐 팀원에게 별도로 지원을 해주지 않고 일반 부서와 같은 방식으로 운영하게 방치함으로써, 구성원의 의욕을 방전시키고 좌절시키는 경우가 허다하다.

　이를테면 특별 프로젝트 팀원이 연수나 출장을 갈 때 예산부서의 합의나 통제를 받게 한다든지, 개선책에 대한 결재를 올리면 관계부서 합의를 받아오라든지 하면 특별 프로젝트 팀의 의욕이 분산되고 만다. 또 팀 활동비를 지원하지 않아서 팀을 위축시키거나 팀원 간의 우열을 매기는 방식으로 일반부서와 똑같은 인사고과를 하게 함으로써 팀워크를 해치는 일도 있다.

　특별 프로젝트 팀은 이런저런 이유로 기존부서와 부딪치게 마련이므로 여러 가지 지원을 해주어야 제대로 설 수 있는데, 아무 지원 없이 "열심히 해봐!" 하고 말만 해서는 곤란하다. 가장 나쁜 경우는 특별 프로젝트 팀으로 발령이 나서 한참 진행중인데, 팀장이나 팀원을 일반부서로 전보발령을 내서 팀 전체에 찬물을 끼얹는 경우다. 특별 프로젝트 팀은 말 그대로 특별임무를 수행하기 위해 모였기 때문에 임무가 종료되면 해체하여 팀원 전체를 동시에 발령내는 것이 기본원칙이다.

　찬물을 끼얹는 이러한 인사이동은 특별 프로젝트 팀의 존재 자체를 모르거나, 존재는 알더라도 뭘 하는지를 모르는 경우에 발생하는데, 최고경영자의 무관심이 주원인이다.

　이와 같이 지원이 없거나 찬물을 끼얹으면 특별 프로젝트 팀이 일을 제대로 하기가 곤란하고 성과를 낼 수 없으며, 팀 참가자들은 좌절감만 맛보게 될 것이다. 그 결과 특별 프로젝트 팀 참가 희망자는 없어지고, 특별임무 달성을 위한 열의도 흐지부지되고 말 것이므로 종업원의 참여를 기대하기 어렵다.

　고객만족을 바란다면 특별 프로젝트 팀이 잘 운영되도록 지원하여 점차 분위기를 확산시켜 개선활동의 참여자를 늘려야 할 것인데, 특별 프로젝트 팀을 만들기만 하고 방치한다면 씨를 뿌리기만 하고 가꾸지 않으면서 수확을 바라는 것과 같다.[9]

고객만족추진위원회에 대한 교육훈련

왜(Why) 교육훈련이 필요한가

고객만족추진위원회가 구성되면, 자기 소관부서의 이해관계를 고집하지 않는 팀워크가 필요하고 고객만족에 관한 지식의 습득이 필요하게 된다. 따라서 조직의 어느 계층보다도 최고경영자를 비롯한 고위간부에 대한 고객만족 관련 교육훈련이 우선되어야 한다.[10]

1. 고객만족경영의 추진을 위한 지식습득

고객만족추진위원회는 고객만족경영을 추진하는 가장 상위의 조직이다. 따라서 고객만족경영의 실천을 위해 하위조직을 자문, 지도

그림 3. 교육훈련이 필요한 이유

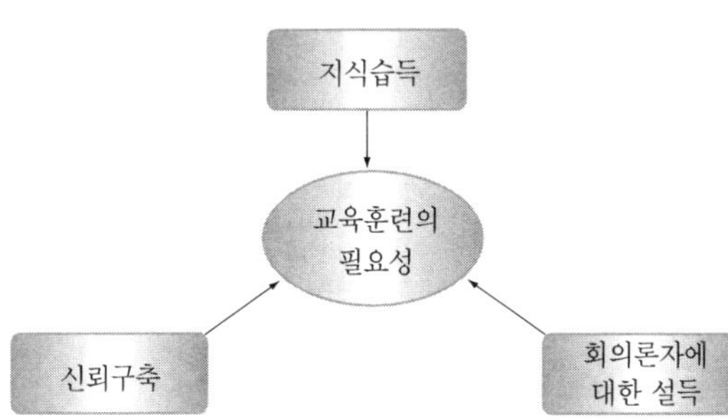

하기 위해서는 고객만족 관련 지식 및 기법을 습득해야 한다.

2. 고객만족추진위원회 구성원간의 신뢰구축

고객만족경영의 추진은 조직내부에 광범한 변화를 수반하게 된다. 따라서 소관부서가 다른 추진위원회 위원 상호간의 신뢰는 필수적이다. 교육훈련을 통해 소관부서의 이해보다는 조직전체의 이익을 위할 수 있는 마인드와 당위성을 이해하게 된다.

3. 회의론자에 대한 설득

추진위원 가운데에는 고객만족경영보다는 현상유지를 더 원하는 사람이 반드시 존재한다. 교육훈련을 통해 고객만족경영에 대한 오해를 없앨 수 있으며 적극적인 참여를 유도할 수 있다.

고객만족추진위원회에 대한 교육훈련은 구성원이 교육훈련에 집중할 수 있도록 회사 외부(off-site)에서 이루어지며, 보통 1박 2일 또는 2박 3일간 시행된다. 교육훈련은, 아주 큰 기업이라면 내부요원에 의해서도 할 수 있으나, 가능하면 경험이 있는 외부 컨설턴트에 의해 이루어지는 것이 더 효과적이다.

교육훈련이 끝난 뒤에는 최고경영자를 비롯한 고객만족추진위원회 위원 모두가 다음의 소니, 럭키금성 그룹 및 삼성 그룹의 예와 같이 고객만족경영의 전파를 위한 전도사와 같은 추진주체가 되어야 한다.

소니의 경우, 회장이 직접 전세계 공장장급 이상 350여 명을 모아놓고 3박 4일간 CS강의를 하고 토론과정을 거침으로써 경영진의 사상통일을 거친 후 부장급 이하 직원의 교육을 시작하였으며, CS전문요원(강사) 코스를 개설하여 합격자에게 CS강사 자격증을 부여하여 그들이 한 목소리로 전직원을 상대로 CS교육을 실시하였다.

럭키금성 그룹의 구자경 회장이나 삼성 그룹의 이건희 회장의 경우도, 회장이 직접 나서서 임원과 간부교육부터 시킴으로써 CS경영이나 경영혁신을 시작하였다.[11]

교육훈련 내용

고객만족추진위원회의 모든 구성원들은 다음의 분야들, 즉 고객만족의 개념, 문제해결기법, 리더십에 대한 교육훈련을 반드시 받아야 한다. 그 밖에도 필요한 교육은 조직의 성격에 따라 여러 가지가 추가될 수 있다.[12]

1. 고객만족의 개념
   - 왜 고객만족경영이 필요한가
   - 비전 사명, 가치, 목표

그림 4. 교육훈련 내용

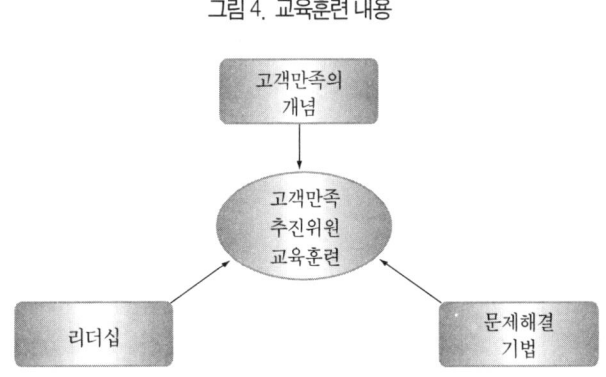

- 고객만족경영에 대한 우리 조직의 접근방법
- 어떻게 고객지향적 조직이 될 것인가

2. 리더십
   - 리더십과 고객만족
   - 권한위양에 따른 리더의 역할
   - 전략적 품질계획의 수립
   - 높은 조직성과를 내는 조직의 구축방법

3. 문제해결 기법(problem-solving tools)
   - 파레토 도표
   - 원인결과 도표
   - 체크 시트
   - 산포도
   - 관리도
   - 흐름도

Step 3

비전, 사명, 가치, 목표를 설정하라

비전, 사명, 가치, 목표는 왜(Why) 필요한가

고객만족추진위원회의 중요한 임무 가운데 하나는 조직의 비전, 사명, 가치, 목표를 설정하는 일이다. 그렇다면 조직에게 비전, 사명, 가치, 목표는 왜 필요할까?

우선 다음 세 명의 경영자를 예로 들어 한 번 비교해 보자.

한 중개업 회사의 부서장 A가 근무하는 부서는, 이른바 후방부문으로 고객과 일 대 일로 만날 기회는 거의 없다. 그의 책상 뒤쪽 벽에는 다음 글귀가 쓰여져 있었다.

"우리는 전세계 어느 기업보다도 고객지향적인 서비스를 제공한다."

지방은행의 지점장인 B는, 평소에 말수도 적고 맡은 일만 묵묵히 하는 스타일에 걸맞게 책상 서랍 바닥에 다음과 같은 문구를 간직하고 있었다.

"우리 지점이 고객에게 제공하는 서비스는 이 도시의 어느 은행, 어느 지점의 그것보다 훌륭하다."

또 그와 경쟁관계에 있는 은행에 몸담고 있었던 C는, 조그마한 카드 위에 적은 다음과 같은 목표를 지니고 있었다.

"우리는 2000년까지 중소규모 은행 중 국내 최고가 될 것이다."

위의 세 경영자들은 구체적인 실행모습은 다를지라도 한 가지 공통점을 가지고 있다. 그것은 바로 종업원들이 가능한 한 최고의 상태가 되기를 원한다고 믿고 이를 독려하고 있다는 점이다. 사실 이와 같이 목표를 설정하고 이를 반복적으로 검토하는 경우가 그렇지 않은 경우에 비해 더 나은 성과를 이룬다는 것은 운동선수의 예를 통해 쉽게 알 수 있다.

예를 들면 세계신기록을 작성하거나 구기종목에서 우승한 선수는, 막연히 열심히 한다기보다는 무언가 구체적인 목표를 세우고 이를 위해 훈련을 부단히 실시했다는 사실을 인터뷰 등을 통해 알 수 있다.

그러면 이러한 현상이 개인이 아닌 기업이라는 조직적 차원에서도 적용 가능한가? 그 분야에서 성공한 사람들의 한결같은 대답은 "그렇다"이다. 그것은 위대한 비전이라는 목표의 제시를 통해서 가능하게 되는 것이다.

'비전'을 제시하는 것은 리더가 조직의 변화를 주도하는 과정에서 가장 중요하다. 조직과 조직원이 나가야 할 길을 모르는 상태에서 변화를 시도한다는 것은 단지 혼란만 더욱 가중시키는 일이기 때

문이다.[1]

반면 '사명'은, 비전을 실현시키기 위해 조직구성원들이 해야 할 임무를 규정해 놓은 것이다. 사명을 문서화한 사명문(使命文 : mission statement)은, 어떤 사업을 하는 목적(purpose) 또는 임무(mission)를 규정해 놓은 것으로서 그 사업의 존립이유를 표시하고 있다. 자동차 대리점의 사명은 자동차를 팔아서 돈을 버는 데 있는 것이 아니고, 슈퍼마켓의 사명은 식료품을 팔아서 이익을 얻는 데 있는 것이 아니다. 그보다는 고객의 기본적 욕구(need)—개인적인 교통수단의 확보, 인간의 생리적·심리적 욕구—를 충족시킬 수 있게 도와주는 데 있다. 그 사업의 이익과 성장은 이에 따른 부산물로 취급되어야 한다.[2]

사명은 사업이 의도하고자 하는 일과 그것을 어떻게 달성할 것인가를 제시한다. 무엇보다도 사명은 일반적으로 사업수행의 바탕이 되는 경영철학(bussiness philosophy)과 기업의 가치(A firm's value)를 표현함으로써, 조직구성원 모두에게 보람 있는 일에 종사하고 있다는 자긍심을 불러일으키게 한다. 그 결과 사업발전의 원동력 역할을 하게 되는 것이다. 우리나라 기업의 경우 사명에 해당하는 것이 사훈(社訓)이라 할 수 있는데, 대부분의 경우 유명무실하여 제 역할을 하지 못하고 있다.

이러한 사명은 고객을 위한 것이 되게 해야 한다. 종업원들은 자신이 단순히 금전과 같은 특정 수치만을 목표삼아 일하기보다는 무언가 의미 있고 중요한 일을 하고 있다는 사실에 자극받으며, 그러기를 희망하고 있다. 고객을 위해 무엇인가 중요한 일을 하고 있다는 사실이 종업원들에게 긍지와 자부심을 심어주게 될 것이다. 결국 기업의 사명은 그 자체로서 고객만족을 위한 주요 경쟁무기가 될 수 있다.

다음의 사명들을 한 번 살펴보자. 정말로 긍지나 자부심이 느껴지지 않는가?[3]

- 전세계 인류의 기아 해결-유니온 비료
- 인간을 위한 쾌적한 환경창조-가지마 건설
- 세계 속의 고객의 건강과 행복에 성실히 공헌하는 생활기업-아지노모도
- 우리의 사명은 평범한 여인이 아름다워지도록 도와주는 데 있다-여성복 체인점
- 우리의 사명은 모든 사람이 자신의 감정을 타인에게 표시할 수 있게 도와주는 데 있다-카드 및 선물 판매점

화강암으로 벽돌을 만드는 두 석수장이에 관한 다음 이야기를 보기로 하자.

채석장을 방문한 방문객이 그들에게 무엇을 하고 있느냐고 물었다. 매우 짜증스러운 모습을 한 첫번째 석수장이는 "이 지랄 같은 돌로 벽돌을 만드는 거요" 하고 중얼거렸다.

일하는 것을 즐겁게 여기는 것같이 보이는 두 번째 석수장이는 "나는 아름답고 튼튼한 성당을 만들고 있는 것입니다" 하고 자랑스럽게 이야기했다. 완공될 성당을 상상하면서 그것을 건립하는 데 사명감을

느끼고 있는 석수장이가, 자기 앞의 화강암만 보고 일하는 석수장이보다 훨씬 생산적이고 만족할 수 있다는 것이다.[4]

뉴포트 뉴스 조선소의 부회장인 리처드 브로드는 요즈음 이 회사 직원들에게, 제2차 세계대전을 미국의 승리로 이끄는 데 공헌한 이 조선소의 자랑스러운 업적에 대해 회상하면서 다음과 같이 말했다.

내가 막 이 조선소에 입사했을 무렵, 매주 수천 명의 동료들과 함께 급료를 받기 위해 뒤뜰에 줄을 서야 했다. 우리는 매주 줄을 서면서 거기에 새겨진 뉴포트 뉴스 조선소의 설립자 콜리스 P. 헌팅턴의 말을 적어도 일주일에 한 번은 볼 수 있었다.

우리가 여기서 해야 할 일은 훌륭한 배를 만들어내는 것이다.
이익을 낼 수 있으면 좋고
손해를 보아야 한다면 어쩔 수 없다.
그러나 배만은 항상 훌륭해야 한다.[5]

우리는 이 말을 문자 그대로 받아들이지는 않는다. 콜리스 헌팅턴이나 이 조선소의 첫번째 경영자였던 호머 퍼거슨도 손해를 기꺼이 감수하려 하지 않았다는 것을 우리는 잘 알고 있다. 우리가 이해해야 할 것은 항상 훌륭한 품질의 배를 만들겠다는 점을 확실히 약속하고 있다는 사실이다. 교훈은 간단하다. 사명은 모든 것을 다르게 만든다.

비전, 사명, 가치, 목표란 무엇인가

비전, 사명, 가치, 목표란 그림 1과 같은 계층 구조를 가진다. 비전, 사명, 가치, 목표는 다음의 네 가지 질문에 대한 답을 제공하는 것이라 할 수 있다.[6]

- 우리의 미래 모습은 무엇이 되기를 바라는가(비전)
- 비전을 달성하기 위해, 무엇을 해야 하는가(사명)

그림 1. 비전, 사명, 가치, 목표

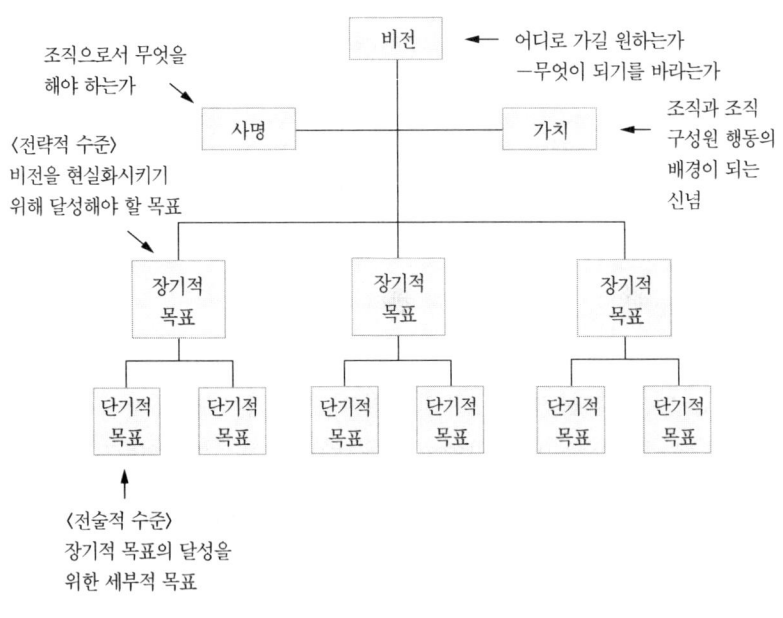

자료: D. L. Goetsch & S. B. Davis(1997), *Introduction to Total Quality*, Prentice Hall, p. 620.

- 우리의 신념은 무엇이며 구성원들이 무엇을 준수해야 하는가(가치)
- 우리의 사명 완수를 통해 비전을 현실화시키기 위해 달성해야 할 것은 무엇인가(목표)

비전(vision)

비전은 조직의 미래 모습을 나타내는 것으로서 조직 내에서 등대와 같은 역할을 한다. 따라서 조직의 사명, 가치, 목표는 물론 구조, 방침, 절차, 자원배분조차도 비전의 실현을 뒷받침하는 것이 되어야 한다.

비전의 예를 들면 다음과 같다.

> ODi사는, 지속적인 개선을 이루고자 하는 조직에 대한 컨설팅 및 교육서비스를 제공함에 있어 최고의 기업으로 인식될 것이다.
>
> −ODi 컨설팅−

> 우리는 모든 고객의 전기관련 욕구를 충족시킬 수 있는, 안전하고 신뢰성 있으며 경제적인 제품·서비스의 공급자가 될 것이다.
>
> −플로리다 전력−

사명(mission)

사명이란 어떤 사업을 하는 목적 또는 임무를 규정한 것으로 사업의 존립이유를 나타낸 것이다. 사명의 예를 들면 다음과 같다.

> 우리의 사명은 효과적인 종합적 품질경영(total quality management)

전략의 디자인, 개발, 전달, 실천에 있다. 그리고 이를 위한 성공의 핵심은 전세계 고객과 우리 서로에 대한 헌신적 봉사에 있다.

-ODi 컨설팅-

우리의 사명은 고객의 욕구를 충족시키기 위해 제품과 서비스를 지속적으로 개선함으로써, 사업을 번창시키고 우리의 주주와 종업원들에게 적절한 보상을 제공하는 것이다.

-포드 자동차-

우리는 우리의 고객들에게 안전하고, 손상이 없는 수송서비스를 제공한다.

-캐나다 국영철도-

우리는 힘을 다하여 가장 좋은 상품을 만들어 국가와 동포에게 도움을 주자. 그렇게 하기 위하여 첫째 경제수준을 높이며, 둘째 한결같이 진실하게 일하고, 셋째 각자와 나라에 도움이 되도록 하자. 그러므로 각 책임자들은 항상 참신한 계획과 능동적인 활동으로 정직하고 성실하게 일하자.

-유한양행(주)-[7]

가치

가치는 조직 및 조직구성원의 행동을 이끄는 기본원칙으로서 공유하는 신념을 의미한다. 그런데 대부분의 조직은 결코 명시적으로 표명되지 않고 다만 서로 묵시적으로 이해되고 있는 신념을 가지고 운영되고 있다. 즉, 대부분의 경우 분명한 가치관을 표명하지 않은 채 조직을 운영하고 있다. 가치는 조직운영에 중요한 것이므로 명확히 밝혀져야 한다. 모든 사람이 조직의 가치관을 분명히 알아볼 수 있게 그것에 대한 명확한 정의가 내려져야 한다.

가치를 정립할 때 주의해야 할 점은, 그것이 모든 사람의 진정한 공유가치로 표명되어야 한다는 사실이다. 전시효과적으로 그럴듯하게 보이기 위해 이상적인 것들로 나열되어서는 안 된다. 실제로 표명된 가치가 현실과 일치하지 않는다면, 그것은 장애물이 되고 경영층의 위선을 드러내게 될 것이다.[8] 가치의 예를 들면 다음과 같다.

- 고객에 대한 헌신
  - 정직과 성실
  - 최상품질의 제품 및 서비스
  - 범세계적인 서비스 및 지원
  - 고객만족에 기반을 둔 장기적인 사업관계
- 서로에 대한 헌신
  - 개인에 대한 존경
  - 배움에 대한 상호협조
  - 이기심의 타파 및 유머 감각
  - 모든 종업원이 업무를 즐길 수 있는 환경
- 사업성공에 대한 헌신
  - 지속적인 성장
  - 이익의 확보
  - 재무적 안정

-ODi 컨설팅-

- 사람 : 우리 사원들은 우리 경쟁력의 원천이다. 그들은 회사의 지적 자산이며 우리의 명성과 활력을 결정한다. 몰입과 팀워크는 핵심적인 인간 가치이다.
- 제품 : 우리의 제품은 우리 노력의 최종 결과이며 전세계의 고객에게 최상의 것이어야만 한다. 우리의 제품은 곧 우리의 모습이다.
- 이익 : 이익은 우리가 고객의 욕구에 맞는 최고의 제품을 고객에게 효율적으로 제공하는지를 측정하는 최종 척도이다. 이익은 생존과 성장을 위해 반드시 확보되어야 한다.

-포드 자동차 -[9]

목표

목표는 비전을 현실화시키기 위해 달성하고자 원하는 결과에 대해 서술한 것으로 장기적 목표(long-term objectives)와 단기적 목표(short-term objectives)로 나눌 수 있다.

장기적 목표는 보통 5년 내외, 단기적 목표는 1, 2년 내에 되고자 원하는 결과를 표시한다. 단기적 목표는 장기적 목표와 일관성을 가져야 한다. 즉, 단기적 목표의 달성을 통해 장기적 목표가 달성될 수 있어야 한다.[10]

목표의 예를 들면 다음과 같다.

〈장기적 목표〉
- 판매 및 서비스의 품질향상으로 고객만족도를 증진시킨다.
    - 고객불만을 전력산업 분야에서 가장 낮은 수준으로 감소시킨다.

- 기존고객과 미래고객의 요구를 충족시킬 수 있는 충분한 생산능력을 보유한다.
- 서비스 이용률을 같은 산업분야에서 최고 수준이 되게 한다.
• 원자력 발전소의 가동효과와 조절기능을 강화시킨다.
- 원자력발전소의 가동률을 같은 산업분야에서 최고수준이 되게 한다.
- 자동설비의 조업중단을 같은 산업분야에서 최저수준으로 감소시킴으로써 원자력의 안전도를 향상시킨다.
• 자원의 이용률을 향상시켜 비용·원가를 안정시킨다.
- 품질을 향상시킨다.
- 안정되고 적절한 가격수준을 유지하는 한편 주주에게도 공정한 수익률을 보장해준다.
- 종업원과 사회의 안전을 보호한다.

〈단기적 목표〉

• 플로리다 전력은 2000년 12월 31일까지 모든 고객만족 조사에서 적어도 90% 이상의 고객만족 점수를 달성한다.
• 플로리다 전력은 2000년 12월 31일까지 모든 종업원 만족도 조사에서 적어도 85% 이상의 종업원만족 점수를 달성한다.
• 플로리다 전력은 2000년 12월 31일까지 15%의 성장률을 달성한다.
• 플로리다 전력은 2000년 12월 31일까지 18%의 당기 순이익률을 달성한다.

－플로리다 전력－[11]

비전, 사명, 가치, 목표는 구체적으로 어떻게(How) 만드는가

고객만족추진위원회는 조직의 비전, 사명, 가치, 목표를 만들 책임이 있다. 이는 그림 2와 같은 절차에 따라 만들어질 수 있다.[12]

그림 2. 비전, 사명, 가치, 목표의 개발절차

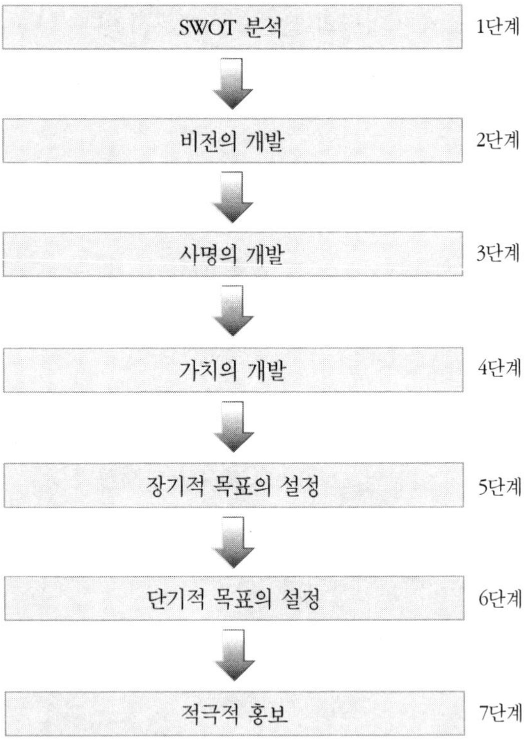

1단계	SWOT 분석
2단계	비전의 개발
3단계	사명의 개발
4단계	가치의 개발
5단계	장기적 목표의 설정
6단계	단기적 목표의 설정
7단계	적극적 홍보

SWOT 분석

조직의 비전, 사명, 가치, 목표를 설정하기 위해서는, 그럴듯하게 보이는 다른 조직의 비전, 사명, 가치, 목표를 무조건적으로 모방하는 것은 금물이다. 그럴 경우 조직의 구성원들은 만들어진 비전, 사명, 가치, 목표에 대해 실현불가능하다고 생각할 뿐만 아니라 위선이라고 생각하기 때문이다.

따라서 비전, 사명, 가치, 목표는 그 조직의 강점, 약점, 분위기, 환경변화 등을 미리 고려하여 실천할 수 있고 실현될 수 있게 설정되어야 한다. 즉, 조직의 강점(Strengths), 약점(Weaknesses)과 환경변화에 따른 기회(Opportunities), 위협(Threats) 요인을 파악하는 SWOT 분석이 반드시 선행되어야 한다.

1. 강점

조직에 대해 경쟁우위(competitive advantage)를 제공할 수 있는 조직의 능력 또는 특징들을 의미한다. 다음의 예들이 강점에 해당한다.

- 시장내에서의 명성
- 재무적 강점
- 고품질의 제품 및 서비스
- 독점적인 제품 및 서비스
- 원가우위
- 제품개발 능력
- 기술적 우위

2. 약점

경쟁열위(competitive disadvantages)를 가져오는 조직의 부족한 능력 및 특징들을 일컫는다. 다음의 예들이 약점에 해당한다.
- 낙후된 시설
- 능력이 떨어지는 작업집단
- 수출제품의 낮은 마진
- 생산품목의 부족
- 시장에서 좋지 않은 제품 및 서비스 이미지
- 좁은 유통망
- 낮은 생산성
- 저품질의 제품 및 서비스

3. 기회

조직을 둘러싼 환경측면에서 볼 때 성장(growth) 또는 지속적 경쟁우위(sustainable competitive advantage)를 가져올 수 있는 잠재적 여건변화를 의미한다.
- 경제적 호황
- 새로운 고객집단의 출현
- 시장의 확장
- 성장을 제한했던 장벽의 폐지(예 : 상품권발행 금지조항의 삭제)
- 경쟁사의 도산

4. 위협

조직을 둘러싼 환경측면에서 볼 때 성장감소 및 경쟁열위를 가져올 수 있는 잠재적 여건변화를 의미한다.
- 경제적 불황
- 강력한 저원가 경쟁자의 시장진입 및 가격공세
- 강력한 고품질 경쟁자의 시장진입
- 새로운 경제규제의 발효
- 소비자의 기호 또는 습관의 변화

비전의 개발절차[13]
1. 고객만족추진위원회 위원 각자가 조직의 바람직한 미래를 상상해 본다(여기서 미래는 최소한 5년 후를 의미한다).
2. 차트에 위원 각자가 이야기하는 비전을 기록한다.
3. 적혀진 각각의 비전을 다음 기준에 따라 평가한다.
    - 미래에 달성가능한가?
    - 조직이 진정으로 가고자 하는 곳을 전달하고 있는가?
    - 무엇을 해야 될지에 대한 이해를 가능하게 하는가?
    - 조직의 구성원들에게 조직이 나아가고자 하는 바를 명료하게 표현하고 있는가?
4. 모든 사람들이 이해할 수 있도록 명료하고(clear), 간결하고(concise), 단순할(simple) 때까지 비전을 다듬는다(필요할 경우 중간관리자, 주주, 종업원, 노조관계자의 의견을 수렴하는 절차를 가진다).

사명의 개발절차
1. 우선 조직, 경쟁, 프로세스, 고객에 대한 이해가 충분한지에 대

해 검토한다.
2. 조직의 목적(purpose)과 의도하는 결과(intended results)에 대해 브레인스토밍을 한다.
3. 차트에 고객만족추진위원회 위원 각자가 생각하는 조직의 사명을 기록한다.
4. 적혀진 각각의 사명에 대해 다음 기준에 따라 평가한다.
   - 사명의 배경이 되는 고객의 욕구 및 기대는 무엇인가?
   - 사명은 조직의 목적을 명료하게 표현하고 있는가?
   - 기대되는 결과는 무엇인가?
   - 비전을 실현하기 위한 임무를 표현하고 있는가?
5. 모든 사람들이 이해할 수 있도록 명료하고, 간결하고, 단순할 때까지 사명을 다듬는다(필요할 경우 중간관리자, 주주, 종업원, 노조관계자의 의견을 수렴하는 절차를 가진다).

가치의 개발절차

1. 조직의 기본적 가치에 대해 브레인스토밍을 한다.
2. 차트에 고객만족추진위원회 위원 각자가 생각하는 조직의 가치를 기록한다.
3. 적혀진 각각의 가치에 대해 다음 기준에 따라 평가한다.
   - 조직이 믿고 따르고자 하는 기본원칙인가?
   - 정직, 신뢰, 윤리, 성실에 관한 사항을 명료하게 표현하고 있는가?
   - 적절한 조직 및 조직구성원의 행동을 가리키고 있는가?
   - 고객만족을 위한 지속적인 개선에 대해 배경이 될 수 있는 신

넘들인가?
4. 모든 사람들이 이해할 수 있도록 명료하고, 간결하고, 단순할 때까지 가치를 다듬는다(필요할 경우 중간관리자, 주주, 종업원, 노조관계자의 의견을 수렴하는 절차를 가진다).

목표의 설정절차
1. 우선 다음에 대한 자료를 수집한다.
   - 비전
   - 사명
   - 고객의 욕구 및 기대
   - 조직의 성과
   - 경쟁자의 성과
2. 차트에 위원 각자가 생각하는 장기적 목표를 기록한다.
3. 적혀진 각각의 장기적 목표에 대해 다음 기준에 따라 평가한다.
   - 도전적이며 실현가능한가?
   - 목표들 간에 상충관계(trade-offs)는 없는가? (예를 들면, 성장과 안정성, 높은 이익률의 달성과 경쟁적 위치확보는 한꺼번에 달성하기는 어려운 목표이다.)
   - 측정을 통해 달성 여부를 알 수 있는가?
4. 각각의 장기적 목표에 대해 세부적인 단기적 목표를 설정한다.
5. 적혀진 각각의 단기적 목표에 대해 다음 기준에 따라 평가한다.
   - 해당되는 장기적 목표의 달성이 실현가능한가?
   - 단기적 목표들 간에 상충관계는 없는가?
   - 측정을 통해 달성여부를 알 수 있는가?

- 숫자로 표시되었는가?
- 달성하고자 하는 기한을 표시하고 있는가?
6. 장기적 · 단기적 목표를 이해하기 쉽게 다듬는다.

Step 4

고객만족 및 종업원만족 수준을 파악하라

왜(Why) 고객만족 및 종업원만족 수준의 파악이 필요한가

불만족한 고객보다 만족한 고객을 많이 확보하는 것이 필요하다는 점은 누구나 인정할 것이다. 그러나 대부분의 기업들은 "귀사의 고객만족 수준은 어느 정도입니까, 그리고 종업원만족 수준은요?"라는 질문에 말문이 막히게 된다. 여기서 강조하고자 하는 점은 고객만족경영을 시작하기 위해서는 기업이 고객만족 및 종업원만족 측면에서 어디에 위치하고 있는지를 실제로 아는 것이 중요하다는 것이다.

특히 고객만족경영이 성공하고 있는지, 실패하고 있는지를 알기 위해서는 무엇보다도 고객만족 및 종업원만족 측면에서 출발점(starting point)을 파악하는 것이 중요하다. 그래야만 나중에 고객만족 경영이 제대로 방향을 잡고 추진되는지를 알 수 있기 때문이다.[1]

출발점을 알기 위해서는 고객 및 종업원에게 직접 물어볼 수밖에 없으며, 이때 사용되는 것이 대부분 고객만족 및 종업원만족에 관한 설문조사이다. 비교를 위해서는 퍼센트와 같은 수량적 결과가 나와야만 하기 때문이다.

설문조사를 통해 측정된 고객만족 및 종업원만족 수준은 향후 비교를 위해 기준점(baseline)으로서의 역할을 하게 된다. 분기, 6개월 또는 1년마다 주기적으로 측정하여 비교한 결과를 통해, 고객만족 및 종업원만족 측정결과가 증가하면 고객만족경영의 실행이 자리잡아 가고 있다고 판단할 수 있다. 그러나 정체 또는 감소할 경우에는 고객만족경영의 실행에 있어 문제점이 무엇인지에 대한 재검토가 필요하다.

고객만족 및 종업원만족 수준의 측정

고객만족 및 종업원만족에 관한 측정은 고객만족 및 종업원만족에 관한 설문조사를 통해서 하게 되며, 고객만족지수(CSI : Customer Satisfaction Index) 및 종업원만족지수(ESI : Employee Satisfaction Index)로 나타나게 된다.

설문조사 방법으로 고객만족 및 종업원만족을 측정하기 위해서는 실시 전에 다음에 대한 점검이 필요하다.[2]

- 무엇을 위해 실시하는가?(목적)
- 언제 실시하는가?(실시시기)
- 어떤 고객을 대상으로 하는가?(대상고객)

- 어떻게 조사할 것인가?(조사방법)
- 무엇을 물을 것인가?(질문항목)
- 묻는 항목은 어떤 위치에 둘 것인가?(조사항목 체계)
- 어떻게 물을 것인가?(질문형식)
- 어떻게 응답을 받을 것인가?(응답방법)

한편 고객만족도를 측정하는 데에는 몇 가지 유의사항이 있다.

첫째, 가장 금물은 지나치게 많은 조사항목을 열거해서는 안 된다는 것이다. 기업이 자사의 제품과 서비스의 모든 요소에 대해 자세하게 물으려고 하면, 설문지 분량이 많아지고 고객은 긴 설문지에 대해 제대로 응답하려고 하지 않기 때문이다.[3]

필자의 경우에도 설문조사의 실시를 의뢰받았을 때 가장 난감한 점은, 조사목적에 충실하기보다는 한꺼번에 여러 내용을 알아보려는 의뢰업체(client)의 요구였다. 그러나 이를 수용하게 되면 대부분의 경우 조사가 실패로 끝난 경험이 있다. 설문지의 응답시간은 10~15분을 넘지 않는 것이 응답자에게 부담을 주지 않으므로 가장 바람직하다.

둘째, 고객만족 및 종업원만족에 관한 설문조사 항목은 첫번째 조사를 할 때부터 신중하게 작성되어야 하며, 가능한 한 변경되지 않아야 한다. 그 이유는 고객만족 및 종업원만족 수준이 좋아지는지 나빠지는지를 비교하기 위해서다. 설문항목이 변경될 경우 상호비교 및 추세를 알 수 없게 된다.

셋째, 고객만족 및 종업원만족의 측정은 주기적으로 실시되어야 한다. 주기는 업종 및 회사에 따라 다르나 최소한 1년에 한 번씩은

하는 것이 바람직하다.

  넷째, 고객만족 및 종업원만족을 측정하고자 할 때 대부분의 기업은 비용을 걱정한다. 그러나 측정대상으로서의 표본수가 많다고 해서 좋은 것은 아니다. 오히려 표본이 많음으로써 생기는 오류인 비표본 오차(nonsampling error)가 개입될 여지가 많으며, 많은 비용이 투입되기 때문에 낭비적이라고 할 수 있다. 조사목적에 따라 표본수가 달라지므로 일률적으로 말할 수는 없으나 2백 명 전후의 표본으로도 조사목적을 달성할 수 있는 경우가 많다.

  다섯째, 경영자는 판매원과 관리자들이 의도적으로 고객만족 조사를 조작할 수도 있다는 사실을 알아야 한다. 즉, 고객만족 조사가 실시되기 바로 전에만 고객들에게 친절히 대한다든지, 평소 불만이 많았던 고객을 고객조사의 표본에서 제외시킨다든지 함으로써 고객조사 결과를 왜곡시킬 수가 있다.[4] 이러한 경우를 방지하기 위해서는 조사표본의 무작위 추출, 조사시기의 대외비 유지 등의 방법이 강구되어야 한다.

내부고객의 만족수준도 파악하라

  지금까지는 고객만족에 있어 외부고객에 중점을 둔 고객만족 수준의 파악을 강조하였다. 이러한 내용은 고객에 대한 설명이기 때문에 회사 내의 내부고객에게도 동일하게 적용될 수 있다. 더구나 고객은 외부고객뿐만 아니라 회사 내의 내부고객도 중요하기 때문에, 내부고객에 대한 만족수준의 파악이 필요하다.

누가 내부고객인가

직원을 자기 고객으로 생각하여 만족을 주고자 하면 우선 누가 자기 고객인지부터 알아야 한다. 아무리 해도 고객이 누구인지 잘 모를 때 간단히 고객을 알아내는 방법이 있다. 지금 하고 있는 일을 모두 1주간 그만두고 누가 불평하는지를 관찰해 보라. 만약 아무도 불평하지 않으면, 고객이 없는 것이므로 전직용 이력서를 준비하는 것이 좋다. 또 자기가 속한 부서의 활동을 멈추면 업무수행상 지장이 생기는 부문이 어디인가를 찾아보라.

이와 같은 방법으로 확인해 보면, 가장 많이 자기를 필요로 하는 사람이 자기 고객이며 '가장 중요한 고객'이라는 것을 알 수 있다. 조직 내에 자기를 필요로 하는 사람이 없다면, 그는 조직에 폐를 끼치고 있으며 월급만 축내고 있다고 생각하면 된다.[5]

소니(SONY)사는 고객에 대해 "고객이란 단지 상품을 구입하는 최종소비자뿐만 아니라 부품납품업자, 대리점직원, 소매상, 나아가서는 자기 자신을 제외한 모든 상사, 동료, 부하까지 포함한다"라고 정의하고 있다(그림 1 참조). 소니의 QC(Quality Control) 활동에서는 "다음 공정은 고객이다"라고 함으로써 다음 공정에 종사하는 사람이 작업을 하기 쉽게 배려하였는데, 도요타의 JIT(Just In Time) 제도도 다음 프로세스를 고객으로 생각하는 개념이다.

소니에서는 여기에서 한걸음 더 나아가 '앞 공정도 고객'이라고 정의하였다. 예를 들면 자신이 상품의 조립공정에 종사하는 부문인 경우에는 부품납품업자를 고객으로 보자는 것인데, 부품납품업자가 판매거래처를 고객으로 생각한다는 것은 매우 당연한 이치인 데 반

그림 1. 소니의 고객 개념도

고객 : '나'를 제외한 모두가 내 고객

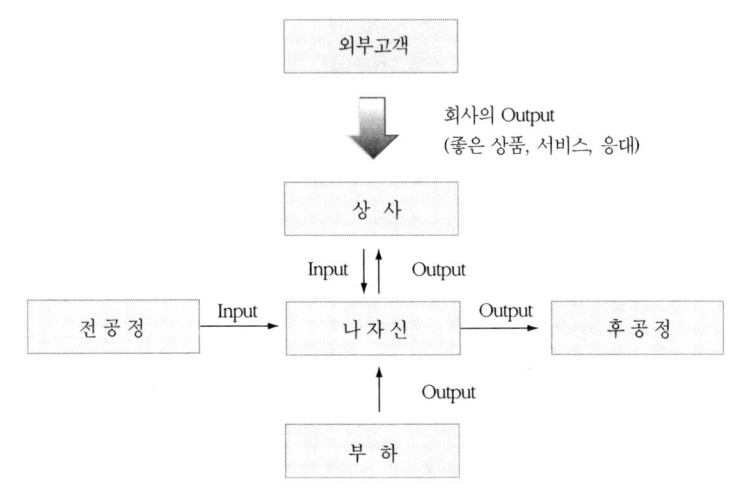

※ 고객 • 외부고객 : 회사의 Output(상품, 서비스, 응대)을 사주는 고객
        • 상사 : 필요한 Input(지시, 정보)을 주고 Output을 받아주는 고객
        • 부하 : 필요한 Output을 주는 고객
        • 동료 : Input을 주거나 Output을 받아주는 고객

해 그 반대도 고객으로 간주하자는 것이다.

소니는 그 이유에 관해 "부품납품업자가 양질의 부품을 제공해 줌으로써 비로소 더 고품질의 상품을 완성시킬 수 있기 때문이다. 따라서 그들을 고객으로 여기고 친절히 응대하여 좋은 관계를 구축해 두는 것이 중요하다"고 설명하고 있다.

뿐만 아니라 이러한 발상을 사내 조직에까지 확장시켜 상사, 동료, 부하의 관계에 있어서도 모든 관계가 원만하지 않으면, 조직 자체가 훌륭히 기능을 수행해내지 못하며 그 결과 고객을 만족시키는 제품을 만들어낼 수 없다고 하여, 자기 자신 이외의 모든 사람을 고객처럼 여기고 행동할 것을 중요시하였다. 즉, 소니에서는 나를 제외한 모두가 내 고객이므로 외부고객과 상사, 부하, 동료가 모두 고객인 셈이다.[6)]

내부고객 만족의 측정은 어떻게(How) 해야 하는가

샌디에이고 가스전기(San Diego Gas and Electric)사는 내부고객 만족 측정에 표 1과 같은 11개 항목의 설문지를 사용하고 있다.[7)]

11개 항목은, 네 가지 차원인 내부고객에 대한 서비스 태도, 기술과 능력, 프로세스의 반응성, 최종제품의 질을 측정한다. 이 설문조사는 124개의 모든 단위부서에 대해 하고 있으며, 설문조사 결과의 활용 과정은 다음의 순서에 따르고 있다.

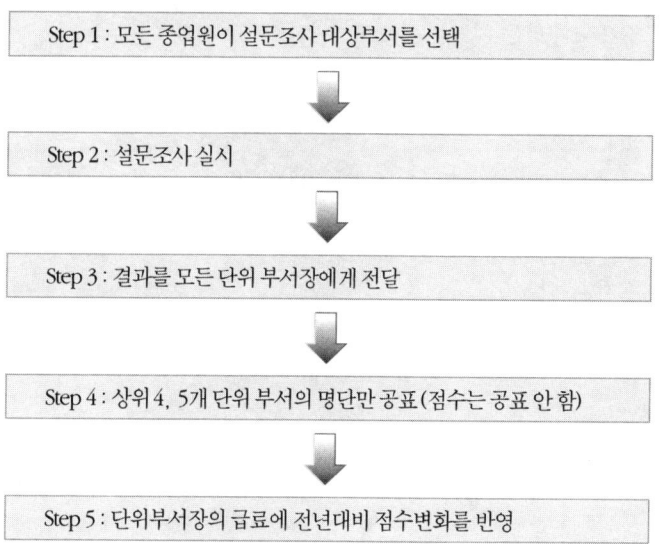

표 1. 샌디에이고 가스 전기의 내부고객 만족 측정용 설문지

	단위부서명	단위부서명
	( )	( )

1. 최근 12개월 동안 이 단위부서와 약 몇 번 정도 업무 때문에 접촉하였습니까?
   ① 1~5회   ② 6~20회   ③ 21회 이상   _____   _____

2. 다음의 각 문항을 아래의 5점 척도에 의해 평가해 주십시오.

   전혀   매우   해당사항이
   그렇지 않았다   그랬다   없다
   ├──┼──┼──┼──┤
   1   2   3   4   5

   1) 업무 때문에 접촉할 때, 첫사람이 도와주거나 도울 수 있는 사람을 소개시켜 주었다. _____ _____
   2) 그들은 내가 필요한 것을 제공할 만한 지식과 기술을 가지고 있었다. _____ _____
   3) 전반적으로 볼 때, 그들은 같이 일하기 편하였다. _____ _____
   4) 그들은 나의 요구를 약속시간 또는 그 전에 충족시켜주었다. _____ _____
   5) 그들은 나의 전화나 메시지에 대해 즉각적으로 응답하였다. _____ _____
   6) 그들은 내가 진정으로 원하는 것을 찾기 위해 노력하였다. _____ _____
   7) 나는 내 요청의 답변이 돌아오는 시간에 대해 만족하였다. _____ _____
   8) 그들은 내 요구사항의 진행상황에 대해 충분한 정보를 제공하였다. _____ _____
   9) 그들은 도와주려고 진지하게 노력하였다. _____ _____
   10) 그들은 높은 수준의 서비스(또는 제품)를 제공하였다. _____ _____
   11) 전반적으로 볼 때, 나는 그들이 제공한 최종 서비스(또는 제품)에 만족하였다. _____ _____

자료: V. A. Zeithaml & M. J. Bitner(1998), *Services Marketing*, McGraw-Hill, p. 323.

Step 4에서 상위 4, 5개 단위부서의 명단만 일반 종업원에게 공표하고, 단위부서의 점수는 공표하지 않고 있다. 그 이유는 내부고객 만족의 측정이 단위부서간의 비교를 통해 구성원에 대해 불이익을 주는 데 있지 않기 때문이다. 내부고객 만족 측정결과를 개선시킴으로써, 내부고객의 만족을 높이는 데 목적이 있기 때문이다.

종업원만족 수준의 측정, 구체적으로 어떻게(How) 해야 하는가

종업원만족의 측정은 내부고객 만족의 측정과는 다르다. 그 이유는 내부고객 만족은 기업내부에서 구성원 상호간의 업무 측면에서의 만족관계를 측정하는 것에 비해, 종업원만족은 그보다는 범위가 넓어서 일, 직장, 인사, 근로조건, 회사에 관한 전반적인 만족도를 측정하기 때문이다.

종업원만족의 측정은 보통 표 2와 같은 설문지 형식을 사용하여 실시한다. 측정시 유의할 점은 반드시 무기명이어야 하며, 객관적인 측정이 될 수 있도록 가능한 한 모든 노력을 기울여야 한다는 점이다. 객관적 측정을 위해서는 객관적인 설문항목의 개발, 실제조사시 솔직히 답변할 수 있는 분위기의 조성 등에 신경을 써야 한다. 그렇지 않을 경우 조사결과가 오히려 종업원에 대해 잘못된 의사결정을 내릴 수 있게 하기 때문이다.

그리고 처음 시작할 때 설문항목을 신중하게 선택해야 하고, 확정된 설문항목은 쉽게 변경되어서는 안 된다. 그렇지 않을 경우 추세

표 2. 종업원만족도 조사

	전혀 그렇지 않다		그저 그렇다		매우 그렇다
1. 나는 이곳에서 일하는 것을 즐기는 편이다.	1	2	3	4	5
2. 나는 내 업무가 중요하다는 사실을 느끼고 있다.	1	2	3	4	5
3. 내가 업무에서 현저한 실적을 달성하면 이에 대해 보상을 받을 것이다.	1	2	3	4	5
4. 우리 회사는 업무에 필요한 도구 및 자료를 제공해준다.	1	2	3	4	5
5. 우리 회사는 업무에 필요한 정보를 제공해준다.	1	2	3	4	5
6. 나의 관리자는 업무에 도움을 많이 준다.	1	2	3	4	5
7. 나는 이곳에서 일하는 것을 자랑스럽게 생각한다.	1	2	3	4	5
8. 나의 관리자는 나의 애로사항에 대해 귀담아 들어준다.	1	2	3	4	5
9. 관리자는 우리 부서 사람들에게 회사의 사정에 관한 정보를 계속 알려준다.	1	2	3	4	5
10. 우리 부서의 작업조건은 우수하다.	1	2	3	4	5
11. 나의 관리자는 우호적이며 개방적이다.	1	2	3	4	5
12. 나의 관리자는 업무 면에서 능력이 있다.	1	2	3	4	5
13. 나의 관리자는 업무에 대해 모를 때 그것을 인정하는 편이다.	1	2	3	4	5
14. 나는 업무에 필요할 때 주위 사람의 도움을 자주 요청하는 편이다.	1	2	3	4	5
15. 나의 보수는 업무와 비교할 때 적정하다.	1	2	3	4	5
16. 종업원의 제안은 진지하게 받아들여진다.	1	2	3	4	5
17. 나의 관리자는 자기 계발을 하도록 일깨워준다.	1	2	3	4	5
18. 우리 부서 사람들은 고객을 만족시키기 위해 열심히 노력한다.	1	2	3	4	5
19. 우리 부서에서는 팀워크가 중시된다.	1	2	3	4	5
20. 내 업무에는 서면으로 된 규정 및 절차가 있다.	1	2	3	4	5

자료 : D. L. Goetsch & S. B. Davis(1995), *Implementing Total Quality*, Prentice Hall, p. 164.

비교를 할 수 없게 되기 때문이다.

종업원만족 측정의 주기는 업종 및 회사의 상황에 따라 다르나 보통 1년에 한 번씩 주기적으로 실시하여 흐름을 비교해 보는 것이 필요하다. 특히 측정은 측정 자체에 의미가 있는 것이 아니라 결과의 활용에 달려 있다.[8]

예를 들면, 표 2의 문항 5, 6, 20에 대해 좋지 않은 평가결과가 나왔을 경우, 작업절차 또는 작업에 대한 지시가 제대로 이루어지고 있지 않음을 알 수 있다. 따라서 작업절차 또는 작업에 대한 지시과정을 개선하기 위한 특별 프로젝트 팀을 발족시킬 수 있으며, 이 팀의 활동에 의해 개선방안을 마련할 수 있을 것이다.

다음은 A기업의 김영진 사장이 종업원만족의 측정과 활용을 위해 조치한 내용을 담고 있다.

A기업의 김영진 사장은 종업원만족 수준의 측정이 필요함을 인식하고, 기획실에 종업원만족 수준에 대한 설문조사를 실시할 것을 지시하였다. 기획실이 외부 전문가의 도움을 받아 설문항목을 완성한 이후, 김 사장은 전직원이 모인 조회에서 이번 설문조사의 목적을 설명하였다. 고객만족경영을 위한 선행조치로서 종업원만족의 현주소를 알아보고자 하며, 이번 측정결과는 향후 비교를 위한 기준점(base-line)으로 사용된다고 설명하였다.

그는 이번 설문조사가 무기명으로 실시되며, 측정결과는 대외비로 취급되고 사장과 임원으로 구성된 고객만족경영추진위원회조차도 합계로 된 표 및 요약만 볼 수 있을 것이라고 선언하였다.

　　종업원만족을 위한 설문조사는 7일 동안 실시되었으며, 분석결과 근로조건 및 인사 분야에서 개선할 점이 지적되었다. 이러한 보고를 받은 김 사장과 고객만족경영추진위원회는 근로조건 및 인사분야를 각각 개선할 2개의 특별 프로젝트 팀을 발족시켰다.[9)]

Step 5

성공가능성이 높은 팀 프로젝트를 선정하라

왜(Why) 성공가능성이 높은 팀 프로젝트를 선정해야 하는가

로스앤젤레스에 있는 한 병원의 종합적 품질 서비스 특별 프로젝트 팀(task force)은, 고객만족을 위한 개선의 대상으로 안내 표지판을 선정하였다. 로비에 들어서면 누구나 혼란스런 안내표지판을 접하게 되는데, 크기와 스타일이 모두 다르기 때문에 방문자는 대개 어디로 가야 할지 모를 지경이었다.

안내표지판을 개선하려는 프로젝트에 관하여 토론한 후 그들은 표지판을 즉시 변경해야 한다는 결정을 내렸다. 그들은 세 사람을 지명하였고 이들은 안내표지판을 고안하여 인근지역의 간판상점에서 제작하여 병원 로비와 엘리베이터 주위에 설치하였다. 전체 과정을 제대로 하려면 약 세 달이 걸릴 일이었지만 불과 2주일 만에 끝냈다.

안내표지판과 같은 초기 성공 분야를 선정한 것은, 그것이 즉시 모든 사람들에게 영향을 미친다는 점에서 매우 바람직하였다. 즉, 모든 사람들이 안내표지판의 개선을 느낄 수 있기 때문에, 고객만족경영에 대한 새로운 태도가 쉽게 확산될 수 있었다.[1]

고객만족경영의 초기에 성공가능성이 높은 팀 프로젝트를 반드시 선정해야 하는 이유는 다음과 같다.[2]

첫째, 비용 및 자원의 초기 투입이 작아도 된다.

둘째, 성공을 거둠으로써 고객만족경영의 실천에 따른 내부저항을 최소화할 수 있다.

셋째, 성공은 또 다른 성공을 낳는다.

넷째, 고객만족경영을 의심의 눈초리로 보는 간부, 직원들의 사고를 바꿀 수 있다.

다섯째, 모든 조직 구성원에 의한 고객만족경영 실천 전에, 미비점을 점검할 수 있다.

여섯째, 성공한 초기 팀 프로젝트의 절차, 방법, 성과를 후속 팀 프로젝트의 모델로 삼을 수 있다.

문제해결에 왜(Why) 팀을 많이 활용하는가

조직이 활용할 수 있는 팀의 종류는 크게 다음 두 가지로 구분할 수 있다.[3]

첫째로 부서개선 팀(Department Improvement Team)이다. 이는 특정부서 또는 기능의 구성원만이 참여하는 팀이다. 부서 내의 문제만을 해결하며 일반적으로 전체 팀의 약 80% 정도를 차지한다.

둘째로 프로젝트 팀(Project Team)이다. 이는 태스크 포스(task

force)라고도 하며, 여러 부서에서 적합한 인원을 차출하여 구성되는 팀이다. 여러 부서에 걸친 문제를 해결하고 임무를 완료했을 때 해체되며 전체 팀의 약 20%를 차지한다.

모든 조직에서 조직의 중요문제 해결에 팀을 적극적으로 활용하는 것이 요즘의 추세이다. 이러한 경향은 표 1에서 알 수 있듯이, 조직구성원의 1/2 이상이 팀 활동에 참여하는 제조업체, 서비스업체의 비율이 계속 증가하는 추세에서도 알 수 있다. 특히 서비스업체도 계속 증가하고 있다.

그렇다면 고객만족경영 실행초기에 부서개선 팀보다 프로젝트 팀에 의한 문제해결이 우선되어야 하는 이유는 무엇일까?[4]

첫째, 개개인이 각자 일할 때보다 여러 부서 사람이 모여 팀 단위로 작업할 경우, 중지를 모을 수 있어 지식과 능력을 좀더 잘 활용할 수 있기 때문이다.

둘째, 팀을 구성하여 작업할 경우 공동체의식이 생겨나 의사소통이 더 잘된다. 따라서 팀 목표의 달성이 개개인이 했을 경우보다 더 쉬워지기 때문이다.

표 1. 조직구성원의 1/2 이상이 팀에 참여하는 업체

	제조업체	서비스업체
과거	22%	3%
현재	30%	8%
미래	53%	33%

자료 : H. J. Harrington & J. S. Harrington, *Total Improvement Management*, McGraw-Hill, p. 239.

셋째, 팀 구성원들은 조직 내의 중요문제 해결을 위해 조직이 자신들에게 권한을 주었다는 인식을 하게 된다. 따라서 조직의 목표달성을 위해 선택되었다는 인식과 함께 책임의식이 생기게 된다. 이 경우 팀 목표 달성을 위해 개인이 가지고 있는 역량보다 더 많은 노력을 기울이기 때문이다.

넷째, 동일부서 내의 문제를 해결하는 부서 내의 부서개선 팀보다는 여러 부서에 걸친 문제를 해결하고자 하는 프로젝트 팀이 성공했을 경우, 조직 내에서 홍보효과도 높고 자신감이 생겨 고객만족경영의 초기도입 및 정착에 효과적이기 때문이다.

팀 프로젝트의 선정기준

초기에 성공가능성이 높은 프로젝트를 선정할 때 사용되어야 할 기준으로는 다음과 같은 것들을 들 수 있다.[5]

- 프로젝트 팀에 참여하는 조직구성원의 능력과 전문성을 활용할 수 있는 프로젝트
- 열성적이고 적극적인 태도를 가진 조직구성원이 팀 멤버로 참여할 수 있는 프로젝트
- 조직의 강점을 최대한 활용할 수 있고, 조직의 약점을 피할 수 있는 프로젝트
- 조직의 비전과 목표와 양립하는 프로젝트
- 팀 목표를 오랜 기간보다는 가능한 한 짧은 기간 내에 달성할 수 있는 프로젝트
- 무엇보다도 성공가능성이 높은 프로젝트

팀 구성원의 확정

팀 구성원의 선정기준

고객만족추진위원회에서는, 초기 프로젝트 팀의 구성 멤버를 여러 부서에서 선발하여야 한다. 팀 구성원의 신중한 선정은 고객만족경영의 추진을 위해 매우 중요하다.

만일 부적합한 팀 구성원이 선발될 경우 팀 프로젝트는 실패할 수밖에 없기 때문에, 고객만족경영에 대한 조직구성원의 의심 및 저항이 증가하게 되어 고객만족경영의 추진은 실패할 가능성이 높아지게 된다.

다음은 초기 프로젝트 팀에 적합한 팀 구성원을 선발하기 위한 기준이다.[6]

- 고객만족경영에 대한 회의론자가 아닌 옹호자인가?
- 필요한 지식과 능력을 가지고 있는가?
- 필요한 경험이 있는가?
- 사리 판단시 불편부당한 시각을 가지고 있는가?
- 적극적인 사고방식을 가지고 있는가?
- 다혈질이라기보다는 차분한 성격을 가지고 있는가?
- 평소 동료와 의사소통을 잘하고 있는가?
- 팀 프로젝트에 참여하고자 하는 의사를 가지고 있는가?
- 팀 플레이어(team player)인가?

팀 지침(team guideline)의 마련

팀 프로젝트가 선정되고 팀 구성원이 확정된 후, 고객만족추진위원회는 팀 지침을 마련하여야 한다. 만일 팀 지침 없이 프로젝트를 실행할 경우 실패할 가능성이 높으므로 팀 지침은 반드시 필요하다. 팀 지침에 포함되어야 할 내용은 다음과 같으며, 가능하면 팀 프로젝트와 관련하여 많은 정보를 팀 구성원에게 제공해 주는 것이 바람직하다.

1. 프로젝트의 개요
   - 해결되어야 할 문제는 무엇인가?(팀 목표)
   - 프로젝트 팀에 대해 고객만족추진위원회가 기대하는 바는 무엇인가?
   - 팀 구성원 개개인은 왜 선발되었는가?

2. 고객만족추진위원회에 대한 보고
   - 보고서의 내용
   - 보고시기 및 간격
   - 보고절차

3. 팀 스케줄
   - 팀 프로젝트 시작 시점
   - 팀 회의 개최시기 및 주기
   - 팀 프로젝트 완료 시점

4. 팀 성공 여부에 대한 측정 및 보상
   - 팀 성과의 측정방법

- 목표달성시의 보상 및 인정

5. 팀 리더십
- 팀 리더의 지명 또는 선출
- 팀 리더의 책임 및 권한
- 팀 운영을 위한 세부사항의 마련

6. 팀 및 팀 구성원의 책임
- 팀 회의 참석
- 고객만족추진위원회에 결과보고서 제출

7. 팀 구성원이 속해 있는 부서 상급자의 협조사항
- 팀 회의 참석에 대한 배려
- 적극적인 팀 활동에 대한 배려

초기 프로젝트 팀 구성의 예[7]

비디오 투사기 제조업체 중 가장 큰 회사인 화봉 비디오사는, 고객에 대한 부속품 배달 서비스와 관련하여 문제를 가지고 있었다. 고객들은 부속품을 주문하여도 제때 배달되지 않고, 간혹 다른 부품이 배달되기도 한다고 불평하였다.

권치중 사장은 이러한 사실을 잘 알고 있었으며, 계속될 경우 화봉 비디오의 명성에 흠이 가고 시장점유율이 하락하지 않을까 걱정하였다. 따라서 권치중 사장이 위원장으로 있는 화봉 비디오의 고객만족추진위원회에서는, 고객만족경영의 추진을 위한 최초의 팀 프로젝트를 통해 이 문제를 해결하기로 결정하였다.

이 프로젝트는 한 부서만이 나서서 해결될 문제가 아니고 여러 부서에 걸쳐 발생하는 문제이므로, 이들 관련 부서(고객서비스부, 검사부, 수송부, 생산부, 영업부)로부터 적임자라고 생각되는 총 7명의 팀 구성원을 선발하였다.

그리고 팀장으로는 회사 내에서 고객만족경영의 적극적인 옹호자이며 고객만족경영을 위한 방법론에 지식과 경험을 가지고 있는, 고객서비스부의 이용희 차장을 지명하였다.

이들 총 8명은, 고객만족추진위원들이 모두 참석한 회의에서 위원장인 권치중 사장에게서 서면으로 된 팀 지침, 즉 개요, 고객만족추진위원회에 대한 보고, 팀 스케줄, 팀 성공 여부에 대한 측정 및 보상, 팀 리더십, 팀 및 팀 구성원의 책임, 팀 구성원이 속해 있는 부서상급자의 협조사항 등을 받았다. 이 회의에서 권치중 사장은 특히 다음 세 가지 사항을 강조하였다.

- 고객이 부품 주문부터 부품을 접수하기까지의 과정에서 어떤 일이 발생하는지를 보여주는 흐름도를 작성할 것
- 현재의 흐름도를 구성하고 있는 세부 프로세스를 분해하여 각 프로세스를 개선시킬 수 있는가를 파악할 것
- 고객들이 주문한 부품을 항상 제시간에 배달받을 수 있는 방안을 마련하여 고객만족추진위원회에 보고할 것

회의 마지막에 권치중 사장은 좌중을 둘러보면서 본인이 도와줄 사항이 없느냐고 물었다. 팀장인 이용희 차장은 팀원이 소속되어 있는 부서장이, 과연 팀원들이 이 프로젝트 때문에 시간을 소비하는 것을 적극적으로 도와줄 것인지에 대해 우려를 표시하였다. 권치중

사장은 다음과 같이 답변하였다.

"이용희 차장, 이 프로젝트는 우리 회사의 어느 업무보다도 중요하다네. 이 사실은 임원들로 구성되어 있는 이 자리에 있는 고객만족추진위원 모두가 잘 알고 있다네. 또한 회의중에 나누어준 팀 지침의 '팀 구성원이 속해 있는 부서 상급자의 협조사항'에도 표현되어 있으며, 내가 이 회의 전에 각 부서장에게 이 사실을 전화로도 통지하였다네. 큰 염려 하지 않아도 될 걸세."

프로젝트 팀에 대한 교육훈련

왜(Why) 교육훈련이 필요한가

조직구성원들이 프로젝트 팀원으로 선발되었을 때, 대부분의 경우는 팀 프로젝트를 성공시키기 위한 지식 및 기법이 부족한 상태이다.[8] 그 이유는 조직 내의 의사결정이 관리자들에 의해 행해져 왔기 때문에 일선 종업원들은 의사결정에 익숙지 않기 때문이다.

전통적으로 조직 내에서는, 지위상으로나 경험상으로나 적절한 의사결정을 내릴 수 있는 위치에 있는 것은 관리자라고 생각한다. 그러나 고객만족경영에서는 고객과 직접 접하는 일선담당자가 고객에 대해 가장 잘 알고 있다고 생각하며, 의사결정 권한을 가능한 한 하위 담당자에게 위임하고자 한다.

이러한 개념은 종업원들에게 생소한 것으로 받아들여지며, 또한 이를 반영한 기법 및 지식도 준비되어 있지 않다. 따라서 이러한 하위담당자들이 프로젝트 팀원으로 구성될 수밖에 없는 프로젝트 팀의 경우, 문제해결 기법, 팀워크, 의사소통 등에 관한 지식의 습득을 위해 프로젝트 팀에 대한 교육훈련이 무엇보다도 선행되어야 한다. 만일 이들에 대한 교육훈련 없이 팀 프로젝트를 부과할 경우 십중팔구 그 팀 프로젝트는 실패하게 되며, 고객만족경영의 실행도 초기부터 난관에 봉착할 수밖에 없을 것이다.

프로젝트 팀원에 대한 교육훈련은 적기조달방식(just-in-time)이 가장 바람직하다.[9] 대개의 경우 고객만족경영에 대한 교육의 성과는 교육훈련을 이수한 사람수로 측정하곤 한다. 즉 교육훈련을 받은 조직구성원이 많을수록 바람직한 것으로 간주한다. 따라서 고객만족경영에 관한 교육훈련은 초기에 모든 조직구성원들이 이수받고자 노력한다. 이러한 접근방법이 일반적으로 행해지는 이유는 파악하기가 쉽고, 경영층이 숫자가 많은 것이 고객만족경영의 실행속도를 반영하는 것이라고 생각하기 때문이다.

그러나 불행하게도 이러한 방법은, 대부분의 경우 고객만족경영의 성과에는 큰 영향을 미치지 못하고 모처럼 조성되었던 열기를 식게 하는 작용을 하기 쉽다.

그렇다면 그 이유는 무엇일까? 그것은 모든 조직구성원들이 한 번에 프로젝트 팀원이 될 수 없으므로, 대부분의 경우 교육받은 내용을 쉽게 잊어버리게 되기 때문이다. 즉시 활용되지 않을 경우 교육훈련 내용이 머릿속에 남아 있지 않기 때문에 결과적으로는 교육훈련 효과가 떨어지며, 투자된 많은 교육훈련비도 낭비되는 결과를 가져오게 된다.

따라서 교육훈련은 특정 프로젝트에 대한 팀이 구성되었을 때 제공되는 것이 가장 바람직하다. 이러한 접근방법은 다음 두 가지 면에서 가장 바람직하기 때문에 교육훈련 비용을 줄일 수 있을 뿐만 아니라 낭비하는 시간과 자원을 최소화할 수 있다.

첫째, 교육훈련에서 배운 내용을 현장에서 바로 활용할 수 있다.

둘째, 교육훈련 프로그램도 특정 프로젝트 내용에 최대한 적합하게 구성할 수 있다.

교육훈련 내용

모든 프로젝트 팀은 기본적인 교육훈련으로 세 가지 분야, 즉 고객만족의 개념, 팀워크 및 의사소통, 문제해결 기법에 대한 교육훈련을 받아야 한다. 그 밖에 필요한 교육은 프로젝트의 성격에 따라 추가될 수 있다.

1. 고객만족의 개념
   - 왜 고객만족경영이 필요한가
   - 비전, 사명, 가치, 목표
   - 고객만족경영에 대한 우리 조직의 접근방법
   - 어떻게 고객지향적 조직이 될 것인가

2. 팀워크 및 의사소통
   - 팀워크 및 의사소통의 필요성
   - 바람직한 팀워크의 방향
   - 의사소통의 원리

3. 문제해결 기법
- 파레토 도표
- 원인결과 도표
- 체크 시트
- 히스토그램
- 산포도
- 관리도
- 흐름도

이들 분야에 대한 교육훈련이 끝나면, 프로젝트 팀의 구성원들은 다음에 대한 지식과 능력을 갖출 수 있다.
- 고객을 좀더 만족시킬 수 있는 기회의 파악
- 시급히 해결하여야 할 문제의 도출
- 문제점의 분석

그림 1. 교육훈련 내용

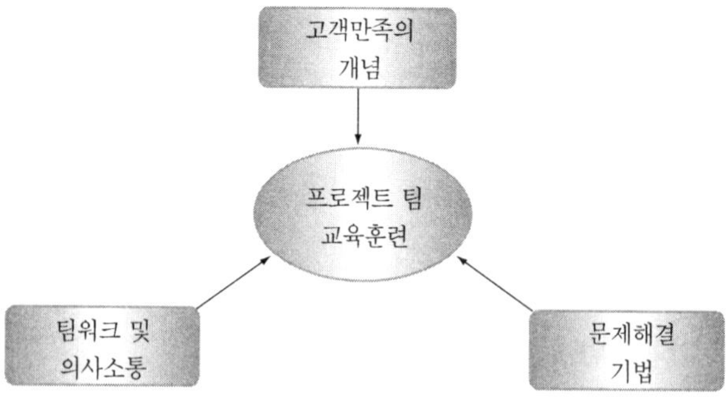

- 가치 있고 실현가능한 해결방안의 개발
- 새로운 해결방안의 유효성에 대한 평가

프로젝트 팀에 대한 교육훈련의 예[10]

MTC사의 변동석 사장과 고객만족추진위원회 위원들은 한 시간이 넘도록 프로젝트 팀에 대한 교육을 어떻게 할 것인가에 대해 논의하였다. 최종적으로 그들은 초기에는 외부 교육훈련 전문가의 도움을 받되, 궁극적으로는 계단식 방법(또는 폭포식 방법 cascaded training approach)에 의해 접근하기로 하였다. 즉, 각각의 고객만족추진위원들은 이미 고객만족경영에 관한 교육을 받은 바 있으므로 그들이 중간관리자들을 교육시키고, 다시 중간관리자들이 하급자들을 교육훈련시키는 방법이다.

변동석 사장은 이번 프로젝트 팀의 교육훈련을 2인의 고객만족추진위원이 맡도록 하였으며, 초기 교육의 성공을 위해 외부 교육훈련 전문가로 하여금 시간이 부족한 고객만족추진위원들의 과목선정, 교육훈련 프로그램 개발 및 진행을 돕게 하였다.

2인의 고객만족추진위원 및 외부전문가는 팀 프로젝트를 본격적으로 추진하기 전에, 팀원들에 대해 다음 분야들을 교육훈련시키기로 하고 교육훈련 계획 및 교재를 마련하였다.

- 고객만족의 개념
- 팀워크 및 의사소통
- 문제해결 기법

프로젝트 팀에 의한 문제해결 사례

고객만족추진위원회에 의해 구성된 프로젝트 팀은 주어진 문제를 해결하기 위해 팀 회의를 개최하고, 개선을 위한 실행방안을 마련하기 위해 계속 노력하게 된다. 이때 문제해결을 위한 6단계 방법은 문제에 접근하는 표준화된 과정을 제시해 줌으로써, 프로젝트 팀에 대해 방향제시를 해주는 매우 유용한 방법이다.[11]

문제해결을 위한 6단계 방법은 다음과 같다. 아울러 제시하는 레스토랑 사례는, 고객이 장시간 기다리는 것을 줄이려고 하는 레스토

그림 2. 문제해결을 위한 6단계 방법

1단계 : 프로젝트의 선택

↓

2단계 : 현재 상황의 분석

↓

3단계 : 근본원인의 분석

↓

4단계 : 대안들의 도출 및 해결방법의 결정

↓

5단계 : 실행계획의 수립

↓

6단계 : 결과의 평가

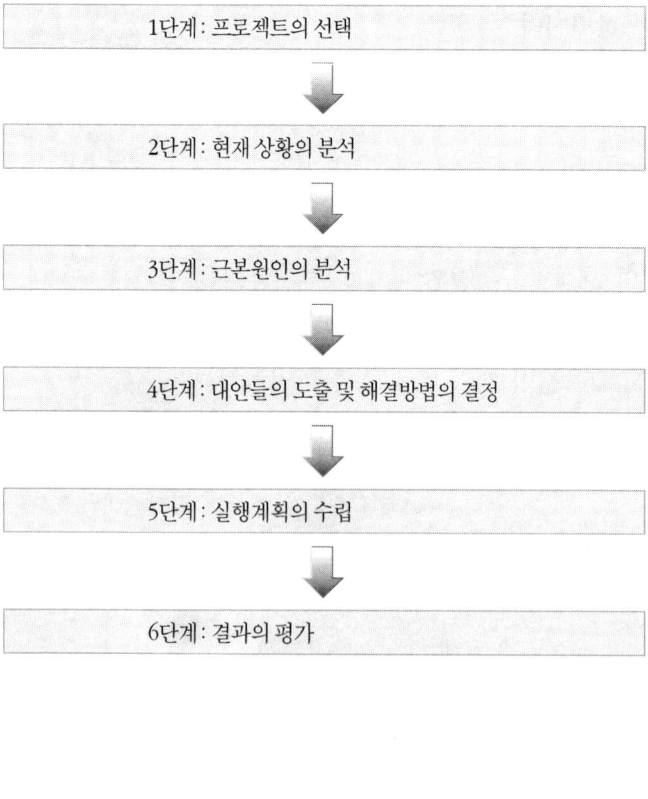

랑 종업원들이 팀을 이루어 6단계 방법을 어떻게 전개하는지를 보여주고 있다.[12]

1단계 프로젝트의 선택

중요하고 시급히 해결되어야 할 문제를 프로젝트로 선택한다. 문제는 현재 상태(what is)와 바람직한 상태(what should be)의 차이(gap)에 의해서 인식될 수 있다. 이 단계에서 주로 사용되는 기법으로는 다음과 같은 것들이 있다.

- 런 차트(Run chart) : 문제의 심각한 상황을 보여준다.
- 파레토 도표(Pareto diagram) : 가장 중요한 문제를 보여준다.
- 관리도(Control chart) : 통제범위를 벗어나는 상황을 보여준다.

〈사례〉

아침에 비즈니스 여행자들에게 셀프 서비스 뷔페를 제공하는 성심 레스토랑의 경영자는, 고객이 만족하고 있는지에 대해 많은 관심을 가지고 있다. 그는 고객만족을 측정하기 위하여 설문조사를 3개월 동

그림 3. 고객불평에 대한 파레토 도표(2000년 1월~4월)

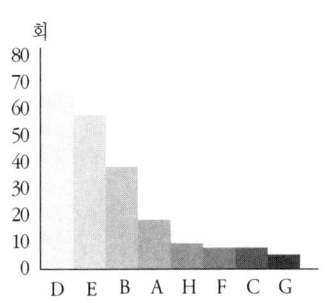

항목	이 유
A	방에 외풍이 너무 강함
B	테이블이 깨끗치 못함
C	다이어트용 감미료가 제공되지 않음
D	자리에 앉기까지 기다림
E	뷔페 테이블이 엉성하게 배치됨
F	식사도구를 빠뜨림
G	테이블에 재떨이가 없음
H	커피를 장시간 기다려야 함

안 실시하였다. 그 결과 나타난 고객의 불평들을 그림 3과 같이 파레토 도표로 요약하였다.

파레토 도표에 따르면, 고객들의 가장 큰 불평은 "고객들이 착석하기 전까지 너무 오랫동안 기다린다"는 것이었다. 이 문제를 해결하기 위해 종업원들로 프로젝트 팀을 구성하였다.

개선팀은 조사 결과를 토대로 하여 첫 단계를 수행하였다. 문제는 고객들이 좌석에 자리잡을 때까지 너무 오랫동안 기다린다는 것이다. 성심 레스토랑의 경우 고객들을 오랫동안 기다리게 해서는 치명적일 수 있다. 고객들이 기다리는 것에 대해 불만을 호소했을 뿐만 아니라 설문조사를 통한 파레토 도표에 의해 다시 명확해졌으므로, 이 문제의 해결은 매우 중요하다고 할 수 있다.

성심 레스토랑의 고객들 대부분은 빠른 아침식사를 원하거나 아침식사 동안 사업 이야기를 나누기를 바라는 비즈니스 여행자들이다. 개선팀은 '착석하기 전까지의 기다림'이라는 추상적 표현을 측정이 가능하도록 명료화하기 위해, 다음과 같은 질문을 제기하였다. 기다림이 언제 시작되는가? 그리고 언제 끝나는가? 그것은 어떻게 측정되는가?

개선팀은 이에 대한 답으로서 "성심 레스토랑에 들어와서 착석하기까지 1분 이상 기다리는 고객의 비율"을 매일 측정함으로써, 개선 여부를 확인할 수 있다고 의견을 모았다.

2단계 현재상황의 분석

문제가 있는 현재상황을 파악하기 위하여 기초가 되는 자료를 수집하고 이를 시각화한다. 보통 런 차트 또는 관리도 등이 사용되며,

흐름도를 사용하여 현재의 프로세스를 표현하기도 한다. 이를 통해 문제를 내포하고 있는 분야를 파악한다.

또한 성과측정에 쓰일 자료와 현 시스템의 절차에 관련된 자료를 모은다. 문제점과 관련있는 변수들을 확정하고 그런 변수들에 관한 자료를 수집한다. 연관성을 발견하기 위해 모든 자료들을 분석한다. 이 단계에서 주로 사용되는 기법으로는 다음과 같은 것들이 있다.

- 흐름도(Flow chart) : 복잡한 프로세스 및 문제를 내포하고 있는 분야를 보여준다.
- 런 차트(Run chart) : 증가하는 문제를 보여준다.
- 파레토 도표(Pareto diagram) : 소수의 중요한 것과 다수의 사소한 것을 분리시킨다.
- 바 차트(Bar chart) : 좀더 세분화하여 보여준다.
- 히스토그램(Histogram) : 자료의 분산정도를 보여준다.

〈사례〉

프로젝트 팀은 현상황을 분석하기 위해 기초자료를 수집하기로 하고 우선 "고객이 레스토랑에 들어와 착석하기까지 1분 이상 기다리는 고객의 비율"에 관한 자료를 수집하여 런 차트(Run chart)로 나타내었다(그림 4).

동시에 고객이 착석하기까지의 흐름도를 작성하였다. 팀 구성원들은 객장의 배치도가 도움이 될지 모른다고 느껴 그림 5의 레스토랑 배치도를 그렸다. 프로젝트 팀 회의를 통해 이 문제에 잠재적으로 영향을 준다고 판단된 변수들은 요일, 고객의 규모, 기다림의 이유, 오전의 시간대 등이었다. 따라서 이런 변수들에 관련된 자료들이 수집되었다.

프로젝트 팀은 수집된 기초자료에 의해 기다리는 사람들의 비율이 주초에 더 높고, 주중 동안 줄어들어서 주말에는 아주 낮다는 것을 알

그림 4. 런 차트 (착석시까지 1분 이상 기다리는 고객의 비율)

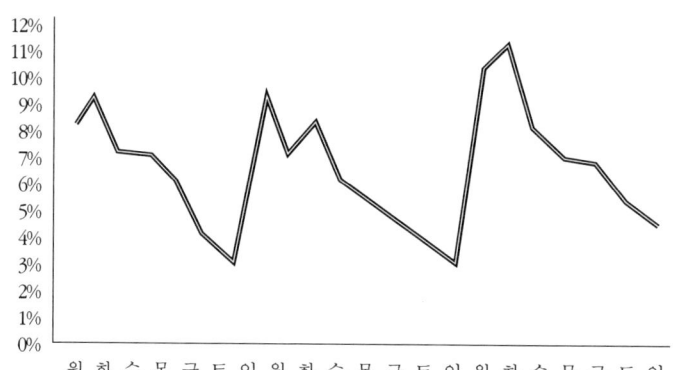

기간 : 2000. 5. 11.~6. 1.

그림 5. 레스토랑 배치도

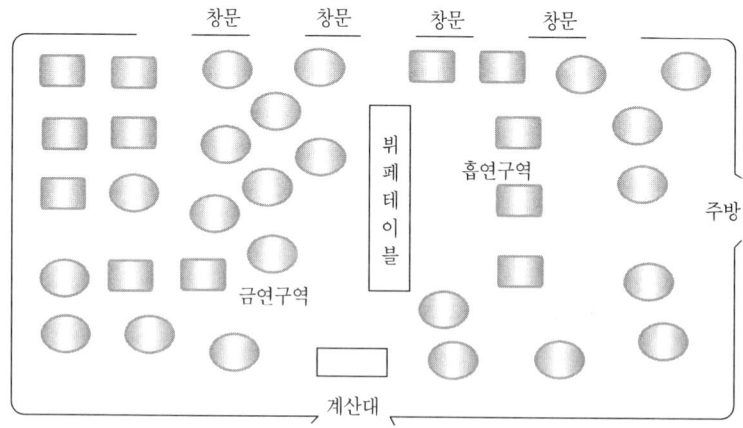

게 되었다. 이는 매우 일리가 있다. 레스토랑의 주고객들이 비즈니스 여행자들로 이루어져 있기 때문이다.

한편 고객들이 고객의 규모에 관계없이 거의 같은 비율로 기다리기 때문에, 고객의 규모는 어떤 요인으로 작용하지 않는 것으로 판정되었다. 오전 시간대별로 작성한 대기고객들의 히스토그램인 그림 6에는, 한가한 시간대보다 바쁜 시간대에 더 많은 사람들이 기다리는 것으로 나타났으므로 특이한 점은 보이지 않는다.

그런데 고객이 기다리는 이유가 흥미로웠다. 고객들을 인도할 종업원이 없거나 식사를 함께 하기로 한 친구들을 기다리는 고객들도 있었으나, 대부분의 사람들은 사용할 테이블이 없거나 특정 좌석을 선호하기 때문에 기다리는 것이었다.

이 시점에서, 프로젝트 팀은 주초와 오전의 바쁜 시간대에 직원을 더 늘려서 배치하자고 성급히 결론을 내리기가 쉽다. 그러나 원인 분

그림 6. 대기고객들의 히스토그램(오전 시간에 1분 이상 기다리는 고객들의 수)

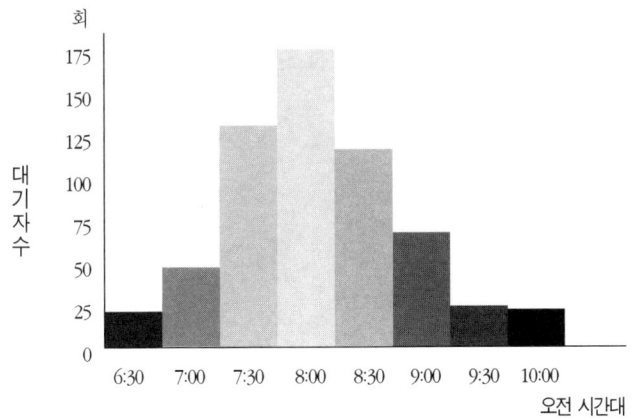

석은 다음 단계에서 심도 있게 검토되어야 한다.

　개선팀은 "테이블을 왜 이용할 수 없는가"와 "좌석 선호가 기다림에 어떤 영향을 주는가"에 대한 추가정보가 필요하다고 결론을 내렸다. 추가자료를 수집한 결과, 개선팀은 그 이유가 주로 테이블이 치워지지 않았기 때문에 사용할 수 없었다는 점과 특정 좌석을 선호하는 사람들이 대부분 금연 구역의 테이블을 기다린다는 것을 알게 되었다.

3단계　근본원인의 분석

　작업장에서 일하고 있는 종업원들이 문제의 원인에 대해서 가장 잘 아는 경우가 대부분이다. 따라서 종업원들의 의견을 수집함으로써 문제점의 주요원인을 파악할 수 있으며, 필요한 경우 고객들의 의견도 자료로 수집한다. 이를 통해 프로젝트 팀은 원인결과 도표를 작성한다. 이 단계에서 주로 사용되는 기법으로 다음과 같은 것들이 있다.

- 원인결과 도표(Fishbone diagram) : 문제점에 대한 근본원인을 파악하게 한다.
- 산포도(Scatter diagram) : 가능한 원인 및 결과를 보여준다.
- 비용 및 편익 분석(Cost/benefit analysis) : 예상되는 비용 및 이익을 보여준다.

〈사례〉

　근본적인 원인을 파악하기 위해 "왜 테이블이 빨리 치워지지 않는가?"에 대해 그림 7의 원인결과 도표를 그렸다. 팀이 수집한 자료와 원인결과 도표에 의해 팀은 테이블, 특히 비흡연 구역의 테이블과 주방 사이의 거리가 먼 것이 가장 중요한 원인이라고 결론지었다.

4단계 **대안들의 도출 및 해결방법의 결정**

브레인스토밍 방법에 따라 문제해결을 위한 대안들의 리스트를 만들고 각 대안의 장·단점을 평가한다. 이 단계에서는 해결책의 도출을 위해 프로젝트 팀원들의 창의성(creativity)이 요구된다. 해결책에 대해서는 실현가능성, 성공확률, 잠재적인 부작용 등이 검토됨으로써 왜 이 해결책으로 결정하였는지를 명료하게 보여주어야 한다.

〈사례〉

프로젝트 팀은 문제를 해결할 수 있는 대안들의 리스트를 작성하였으며, 각 대안의 장·단점을 비교하였다. 그러나 현재 상태로는 여러

그림 7. 원인결과 도표

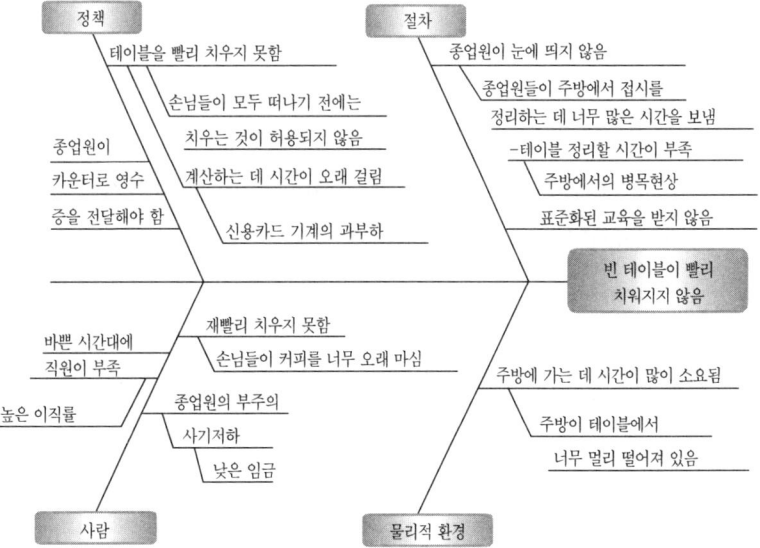

표 2. 실행계획의 예

무엇을(what)	언제(when)	누가(who)	추진상태(status)
고객불평자료의 수집	2000년 6월 3일(토) ~ 6월 18일(일)	마케팅부장 (송범진)	완료
자료의 분석	2000년 6월 22일(목) ~ 6월 30일(금)	전산실장 (조아라)	실행중
보고서의 작성	2000년 7월 1일(토) ~ 7월 8일(토)	영업부장 (조미혜)	대기중

변수들을 통제함으로써 원인을 검증하는 것이 불가능했기 때문에, 프로젝트 팀은 회의를 통해 쉽게 실행할 수 있는 해결책을 선택하였다. 즉, 다른 변화는 아무것도 일으키지 않고 금연구역에 임시작업대를 설치하기로 결정하였다.

5단계 **실행계획의 수립**

이 단계에서는 결정된 해결책을 실행하기 위한 구체적 계획을 수립해야 한다. 실행계획에는 표 2에 나타난 바와 같이 누가(who), 무엇을(what), 언제(when), 그리고 어디서(where) 할 것인지와 현재의 추진상태(status)가 나타나야 한다.

〈사례〉

성심 레스토랑의 프로젝트 팀은 결정된 해결책인 '임시작업대의 설치'를 구체적으로 실행하기 위해, 표 3과 같은 실행계획(action plan)을 수립하였다.

표 3. 실행계획

무엇을(what)	언제(when)	누가(who)	추진상태(status)
임시작업대용 자재의 구입	2000년 7월 3일(월) ~ 7월 9일(일)	조혜인	미실행
임시작업대 설치위치의 선정	2000년 7월 3일(월) ~ 7월 6일(목)	오현준	미실행
임시작업대의 설치	2000년 7월 10일(월) ~ 7월 11일(화)	주방장 (조성윤)	미실행

6단계 **결과의 평가**

실행계획에 따라 실행한 결과가 효과적인지에 대해 평가한다. 이를 위해 성과측정에 쓰일 자료 및 기타 관련자료들을 모은다. 프로젝트 팀은 수집된 자료를 분석하고 실행되어진 해결책의 유용성에 대해 결론을 내려야 한다. 그리고 결과평가에 대한 보고서를 작성하여 고객만족추진위원회에 보고한다. 보고를 통해 유용성이 인정된 해결책은 조직내에서 시스템화하여 지속적으로 실행토록 한다.

이 단계에서 주로 사용되는 기법으로는 다음과 같은 것들이 있다.

- 런 차트(Run chart) : 변화 전후를 보여준다.
- 파레토 도표(Pareto diagram) : 세부 분야별로 변화 전후를 보여준다.
- 레이더 차트(Radar chart) : 변화 전후에 대한 성과 차이를 보여준다.
- 바 차트(Bar chart) : 변화를 보여준다.

〈사례〉

프로젝트 팀은 '임시작업대의 설치'를 실행하고 이에 따른 결과를 평가하기 위해 "고객이 레스토랑에 들어와 착석할 때까지 1분 이상 기다리는 비율"에 대한 자료를 측정하였다. 한 달 후 프로젝트 팀은 이 자료에 대해 런 차트를 이용하여 분석하였다. 그림 8에서 알 수 있듯이 개선은 놀랄 만했다.

프로젝트 팀은 이 결과를 사장에게 보고하였으며, 사장의 지시에 따라 임시작업대를 고정화하여 영구작업대로 만들었다. 프로젝트 팀은 이번 프로젝트에 관한 마지막 팀 회의를 소집하였다.

여기서 앞의 1단계에서 작성된 파레토 도표에서 고객들이 두 번째로 많은 불평을 하고 있는 문제, 즉 "뷔페 테이블이 엉성하게 배치되어 있다"를 해결해야 한다고 의견을 모았다.

그림 8. 개선 후의 런 차트 (착석시까지 1분 이상 기다리는 고객의 비율)

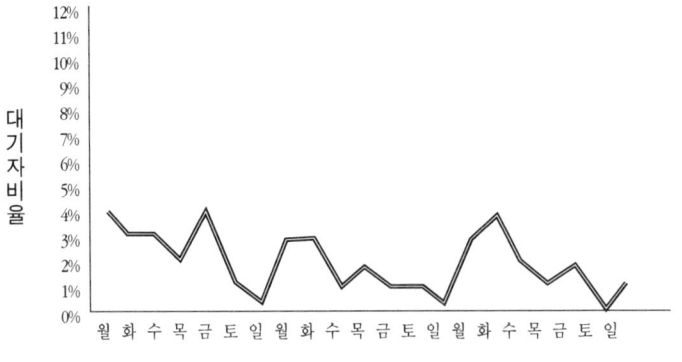

기간 : 2000. 7. 23.~8. 12.

Step 6

프로젝트 팀과 부서개선 팀을 계속 선정하여 지속적 개선을 추구하라

프로젝트 팀과 부서개선 팀에 의한 지속적 개선, 왜(Why) 필요한가

고객만족경영은 한두 가지 문제를 프로젝트 팀이 성공적으로 해결했다고 해서 달성되는 것은 아니다. 조직 내에는 개선해야 할 문제들이 많이 있을 뿐만 아니라 시장환경의 변화, 경쟁자의 움직임, 소비자의 욕구변화 등에 따라 다양한 문제들이 계속 발생하기 때문이다. 따라서 이들 문제를 해결하기 위해서는, 문제의 성격에 따라 프로젝트 팀 및 부서에 의한 지속적인 개선(continuous improvement)이 이루어져야 한다.

고객만족경영에서는 무엇보다도 도입기의 성공이 중요하다고 할 수 있다. 프로젝트 팀에 의해 많은 분야에서 초기 성공의 기회를 포착할 수 있는데, 몇 가지 분야에 대해 예를 들면 다음과 같다.[1]

- 극단적으로 고객 불만족이 집중되는 분야들
- 종업원의 불만을 많이 야기시키는 프로세스들
- 위험이나 적합성에 대한 논란을 수반하지 않으면서 종업원 재량이나 권한 부여를 증대시킬 수 있는 방법들
- 대부분의 고객과 종업원들이 시각적으로 알 수 있는 변화를 가져올 수 있는 분야

문제를 해결하기 위해서는 여러 부서 또는 한 부서 사람들이 임시적으로 팀을 이루어, 문제를 발생시키거나 개선의 여지가 있는 과정을 집중적으로 검토하게 된다. 해결방안 모색에 누가 참여하게 될지, 그리고 책임과 권한의 범위는 프로젝트 규모와 복잡성, 동원가능한 자원에 따라 결정된다.

문제해결은 조직 전체에 걸쳐 모든 것을 한꺼번에 개선하려고 하기보다는 초점을 제대로 가질 때 큰 효과를 발휘한다. 일단 고객만족에 큰 영향을 미치며 그럴 가능성이 높은 몇 개 분야에서만 개선을 시작하여 성공함으로써, 조직 전체에 대한 지속적 개선에 조직구성원의 지원과 동조를 이끌어내는 편이 훨씬 바람직하다.

품질관리 전문가인 주란은 프로젝트 팀에 의한 문제해결에서 초점의 필요성을 자주 지적해 왔다. 그는 "고객만족은 프로젝트 수준에서 실시되어야 한다. 모든 것을 한번에 하려고 노력하지 말라. 주요한 개선 프로젝트를 몇 개만 선정하여 개선의 목표를 설정하고 추진하라. 일단 그것들이 성취되고 나면 다음 것을 시작하라, 그리고 끊임없이 지속적으로 하라"고 말했다.[2]

팀 프로젝트의 선정, 어떻게(How) 해야 하는가

고객만족경영을 한다고 해서 고객에게 물어보고 고객이 원하는 것을 뭐든지 다 해주라는 뜻은 아니다. 물리적으로 불가능한 것도 있고 회사의 능력이 모자라는 부분도 있다.[3]

예를 들면, 도심지 점포에서 고객이 주차장이 넓었으면 하고 원한다고 해서 주차장을 충분히 확보할 수 있는 것은 아니다. 은행 창구에서도 고객은 기다리지 않기를 원하지만, 창구 대기시간 단축은 아직 모든 은행의 숙제로 남아 있다. 화장실의 이용이 편했으면 하는 고객의 소리에 상당한 돈을 들여서 화장실을 개선했다고 해서, 고객만족도가 높아지는 것은 아니다. 화장실 이용을 불편해하는 고객은 얼마 안 되기 때문이다.

따라서 고객에게 물어보고 중요한 항목부터 회사의 형편을 고려하여 투자 우선순위를 정해서 꾸준히 개선해 나가야 한다. 고객만족 항목은 수없이 많기 때문에 현재의 만족수준과 종합만족도에 미치는 영향으로 우선순위를 정해 보고, 현재 가장 불만이면서 종합만족도에 미치는 영향도 큰 항목인 문제항목부터 개선해야 한다.

그림 1에서 문제항목은 종합만족도에 영향력이 높은 반면 현재 만족도가 낮은 항목으로서, 이 뒤에 종합만족도를 높이기 위해서는 이 항목을 집중적으로 개선해야 한다. 은행에서 대표적인 문제항목은 '직원의 응대 태도'와 '대기시간 단축'이다. 고객이 가장 바라는 것이 친절하고 신속한 업무 처리인데, 은행은 친절하지도 않고 업무 처리도 빠르지 않다는 뜻이다.

우등항목은 종합만족도에 대한 영향력이 높고 현재 만족수준도 높은 항목으로서, 현재의 종합만족도 형성에 크게 공헌하고 있는 항목이므로 우등항목이라 할 수 있다.
　현상유지항목은 현재의 만족도는 높으나 종합만족도에 대한 영향력이 낮은 항목으로서, 앞으로 현상유지만 해도 좋은 항목이다.
　잠재항목은 현재의 만족도도 낮고 종합만족도에 미치는 영향력도 낮지만, 고객의 취향이 바뀌면 언제든지 문제항목으로 변할 요소가 잠재되어 있는 항목이다.

　이러한 개념 없이 이것저것 개선을 하다 보면 개선효과도 적을 뿐만 아니라 상하 간에 직무구분도 모호해져서, 현장에 권한을 위임해도 될 일을 굳이 은행장까지 결재를 올리는 비능률을 초래하게 된다.

그림 1. 고객만족 항목의 우선순위

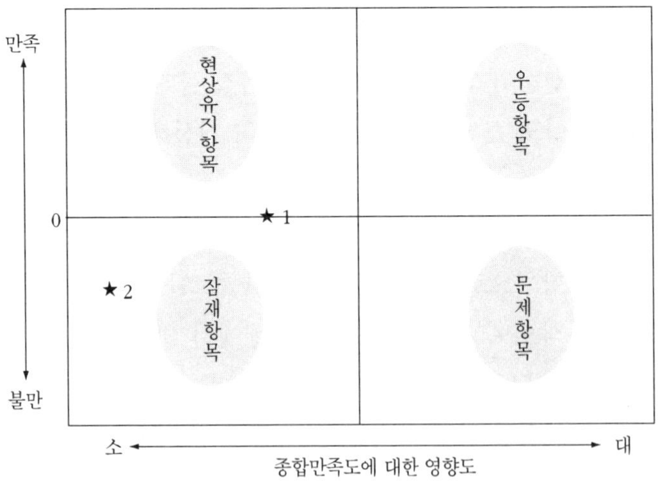

예를 들면, 여직원들의 유니폼에 대한 고객의 의견을 물어보니 ★1의 위치였다(일본 유통정보센터가 92년 4월 7일부터 7월 24일까지 동경시 고객 1천명을 조사한 예). 즉 여직원의 유니폼에 대해서는 고객이 만족도, 불만족도 없는 그저 그렇다고 느끼는 정도이고, 종합만족도에 대한 영향력도 평균 이하이므로 은행 전체의 고객만족항목으로 보아서는 중요도가 매우 낮은 항목이다.

따라서 여직원대표들이나 디자인실 등 현장에 디자인 결정권을 위임해도 될 일인데도 굳이 은행장까지 결재를 받고 임원회의에서 품평회까지 하는 것은, 고객이 대수롭지 않게 생각하고 있는 일을 은행에서 과잉반응하여 임원이 제 역할을 다하지 못하고 있는 예라고 할 수 있다.

또 고객에게 제공되는 사은품에 대한 고객의 의견은 ★2의 위치이다. 여직원 유니폼보다도 중요도나 만족도가 더 낮은 항목이므로, 실무 대리나 과장에게 사은품에 대한 결정권을 위임하든지, 아니면 각 지점장에게 경비를 주고 자율적으로 지점 실정에 맞는 사은품을 선택하게 하는 것이 바람직하다. 은행장에게까지 결재를 받아 사은품을 결정한다면 이는 대단한 시간낭비라고 할 수 있다.

문제항목은 대개 한두 부서의 문제라기보다는 전부서에 관련된 은행경영의 핵심적인 항목이므로, 윗사람일수록 문제항목 해결에 노력해야 할 것이다. 여기서 대표적인 문제항목은 고객 대기시간, 직원의 응대태도, 전산시스템 등이다.

고객만족경영을 위한 지속적 개선의 예

사례 1 페더럴 익스프레스(Federal Express)

페더럴 익스프레스사는 품질개선 팀(QAT : Quality Action Teams)을 이용하여 특정문제들을 해결하고 있다. 초창기에는 12개 팀들이 운영되었고 각 팀은 4~10명으로 구성되어 있었으며, 각 팀의 최종 책임자는 부사장들이 맡았다. 팀의 활동이 효과적이자 수백 개의 팀들로 더욱 확장하였다. 이 팀들은 서비스 품질 인덱스(SQI : Service Quality Index)에서 보고된 특정문제들의 해결을 목표로 하고 있으므로 목적의식이 분명하다.[4]

이 팀들은 20개의 문제해결 기법들을 교육받고 나서 활동을 시작하였으며, 3개월마다 활동사항을 스미스 사장 및 임원진에게 보고하였다. 참여자에 대한 보상의 기준은 서비스 품질 인덱스(SQI) 향상에 대한 중대한 기여, 교육훈련을 받은 품질개선 기법의 최적이용, 근본적 문제점의 파악, 문제와 가장 밀접한 관련이 있는 현장 종업원들의 적극적인 참여 및 활용 등이다.[5]

페더럴 익스프레스사는 품질개선 팀의 성공사례들을 널리 홍보 및 전파하고 있다. 성공사례들을 공유하기 위해 14개 부서의 품질전문요원들로 위원회를 구성하였으며, 정기적으로 모임이 이루어지고 있다.

이 모임에서 성공과 실패 사례들을 분석하고, 성공요인들을 파악하여 발표하며, 이에 대해 토론한 뒤 회사 내에서 적극 홍보하고 있다. 1996년 현재 페더럴 익스프레스사에서는 4천 개가 넘는 품질개선 팀이 활동하고 있다.[6]

사례 2 **TGI 프라이데이**

TGI 프라이데이가 처음으로 일곱 개의 레스토랑을 개점했을 때, 워낙 선풍적인 인기를 모아 고객들이 바깥에서 줄을 서서 음식을 기다려야 할 정도였다. 그러나 오래잖아 판매량은 개점 초에 비해 절반 수준으로 떨어졌다.

이 회사의 사장이었던 다니엘 R. 스코긴은 한동안 경영상의 어려움을 겪게 되자 회사가 레스토랑에 대한 정밀 조사에 나섰다고 회상하고 있다. 조사결과 고객들은 그들의 기대가 실현되지 않았기 때문에 떨어져 나간 것으로 밝혀졌다.

경영자들은 비뚤어진 표시판, 불결한 화장실, 종업원들의 불친절한 태도 등 수천 가지에 이르는 크고 작은 문제점들을 발견했다(TGI 프라이데이는 처음에는 가족적인 분위기의 고급 레스토랑을 추구했으나 결과적으로 칙칙한 싸구려 식당으로 전락하고 말았다).

이 회사는 곧바로 크고 작은 문제들을 해결하기 위한 방안을 프로젝트 팀의 구성에 의해 마련하여 실천에 옮겼고, 매출은 곧 회복세로 돌아섰다.[7]

이처럼 성공적인 초우량기업들은 현재의 상황에 만족하지 않고 끊임없는 개선활동을 추진하고 있다. 예를 들면 미국의 어느 전자업체는 프로젝트 팀의 구성을 통해 고객의 주문에 대한 대처시간을 과거 2개월에서 1개월로 줄였으며, 이에 만족하지 않고 다시 2주로 단축시켰다. 이와 같은 상황에서 경쟁기업이 주문처리기간 1개월 목표를 이룩한 후 개선활동을 중지하게 되면, 냉혹한 경쟁사회에서 열세를 면치 못할 것이다.

제록스에서는 경영혁신을 시도하기 전에 중가 및 저가 복사기의 제품개발에 24개월이 소요되었지만, 일본 경쟁업체의 경우 6개월밖에 소요되지 않는다는 것을 종업원에게 설명해 줌으로써 소기의 성과를 올릴 수 있었다.

이처럼 고객만족경영을 추진하기 위해서는 경쟁업체 또는 타업계의 사례를 종업원들에게 전달하고 프로젝트 팀을 구성, 추진함으로써 종업원들의 끊임없는 개선활동을 고취시켜야 한다.[8]

고객만족경영이 어느 정도 정착되었다고 판단되면, 부서개선 팀을 구성하라

고객만족경영 실행 초기에는, 주로 여러 부서에서 적합한 인원을 차출하여 구성되는 프로젝트 팀이 활동을 하는 것이 바람직하다고 하였다. 프로젝트 팀에서는 비즈니스 프로세스 리엔지니어링(BPR : Business Process Reengineering), 벤치마킹과 같이 많은 인력과 자원이 요구되는 프로젝트도 수행할 수 있을 것이다.

이제 고객만족경영이 어느 정도 궤도에 올랐다고 판단되면, 고객만족추진위원회에서는 동일부서 구성원만이 참여하는 부서개선 팀을 적극적으로 구성하여, 동일부서 내의 여러 문제를 계속 해결해 나가야 한다.

팀이 활성화된 조직을 보면 대개 약 80% 정도가 부서개선 팀이며, 프로젝트 팀은 약 20%를 차지한다. 다음은 부서개선 팀에 의한 문제해결 사례이다.

사례 1 **암스트롱사**

 최근 5년 동안 암스트롱(Armstrong World Industries)사의 빌딩제품사업부(Building Products Operations)에서는 매년 총인력의 절반 이상이 250개가 넘는 개선 팀에 참여했다. 개선 팀의 목표는 한 공장의 특정 작업의 문제를 해결하는 것에서부터 전체 조직을 위한 중요 프로세스를 개선하는 데 이르기까지 매우 다양하였다.[9]

사례 2 GTE Directories사

 94년도 말콤 볼드리지(MB) 상 수상업체인 GTE Directories사는 초기에 경영혁신팀, 고객만족 추진팀 형태로 일부 직원이 중심이 되어 고객만족을 추진하다가 4, 5년 후에는 거의 모든 종업원이 품질개선 팀에 참가하게 되었다.[10]

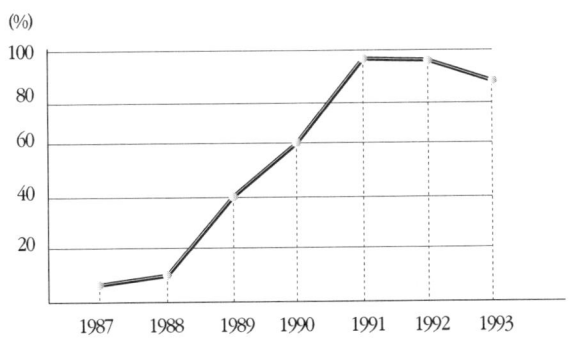

그림 2. GTE 종업원의 QIT 참가 비율

사례 3 **Milliken사와 페더럴 익스프레스사**

 89년도 말콤 볼드리지(MB) 상 수상업체인 Milliken사는 5백 개의 고객행동 팀(CAT : Customer Action Team)을 포함한 각종 Action 팀을 운용중이며, 90년도 말콤 볼드리지 상 수상업체인 페더럴 익스프레스사는 4천 개의 품질개선 팀을 운용중이다.[11]

이들 사례처럼 회사마다 이름은 다소 달라도, 고객만족경영을 실행하기 위해 구성원이 참여하는 팀은 전사적으로 활용되고 있다. 그림 3은 고객만족경영을 추구하는 세계 초우량기업의 팀 활동 사례를 잘 보여주고 있다.

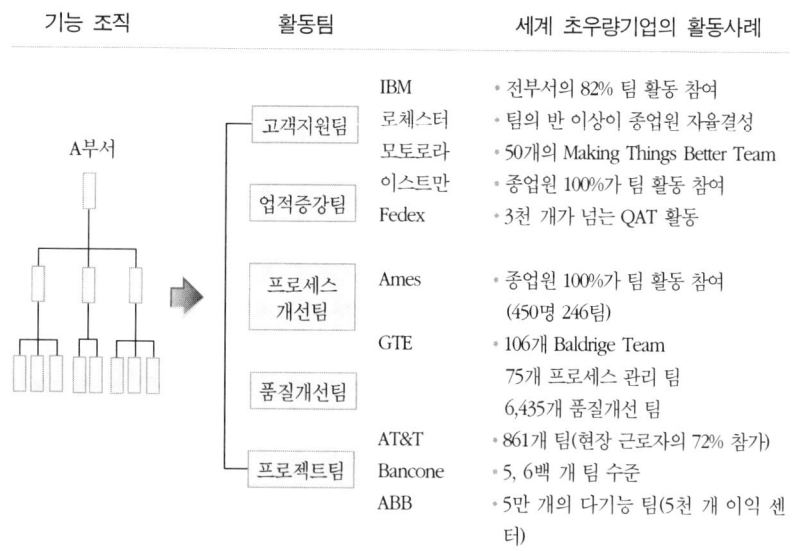

그림 3. 세계 초우량기업의 팀 활동 - 구성원들의 전사적 팀 참가

자료 : 손광수외(1996), 『우리 회사 어떻게 경영품질을 높일 것인가?』, 명진, p. 131.

부록

문제해결 도구 및 기법

흐름도
체크시트
히스토그램
파레토 도표
관리도
원인결과 도표

흐름도(Flow chart)

흐름도란

프로세스 개선을 위해서는 현재의 프로세스 상황을 파악하는 것이 필수적이다. 흐름도는 프로세스를 구성하는 연속적인 단계들을 시각적으로 이해하기 쉽게 보여준다. 따라서 흐름도는 개선되어져야 할 프로세스를 이해하기 위해 반드시 사용되어야 한다.

프로세스의 개선을 위해서는 그 프로세스가 현재 어떻게 작동되고 있는가에 대한 완전한 이해가 필수적이기 때문이다.

흐름도는 보통 다음과 같은 형태를 가지고 있다.[1]

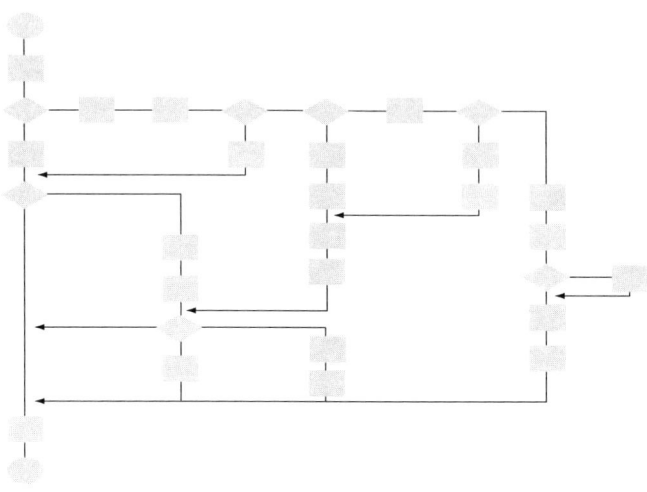

작성방법

단계1 다음 심볼에 대한 이해를 한다.

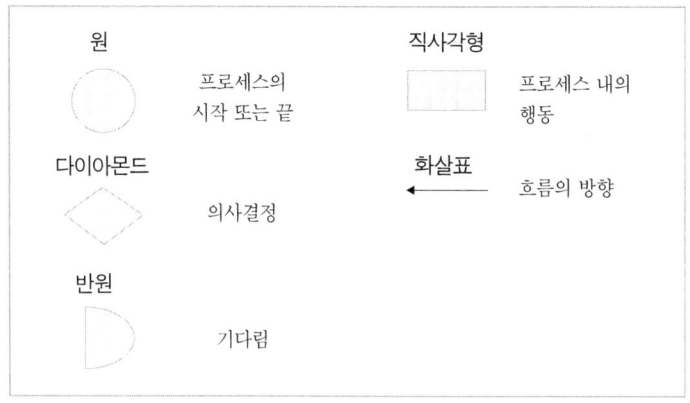

단계 2   브레인스토밍을 통해, 특정 프로세스의 시작부터 끝까지 나타나는 행동 및 의사결정에 대해 정리한다.

예를 들어, 햄버거 가게에서 갈비버거를 만드는 프로세스에 대해 정리하면 다음과 같다.

냉장고에서 햄버거용 갈비를 꺼낸다 → 그릴에 얹어 놓는다 → 한 쪽 면을 굽는다 → 뒤집는다 → 치즈를 넣는다 → 다른 면을 굽는다 → 햄버거용 빵에 집어넣는다

단계 3   흐름도를 심볼에 맞게 그린다.

위에서 정리한 갈비버거를 만드는 프로세스에 대해 흐름도를 그려보면 276쪽의 그림과 같다.

단계 4   완성된 흐름도를 보면서 개선할 부분이 있는지에 대해 분석한다. 다음 질문을 통해 프로세스 내에서 존재가치가 없는 행동들을 제거한다.
- 이 행동이 반드시 필요한가?
- 이 행동은 비용에 비해 가치가 있는가?

단계 5   불필요하거나 가치가 없는 행동들을 제거한 뒤 수정된 흐름도를 작성한다.

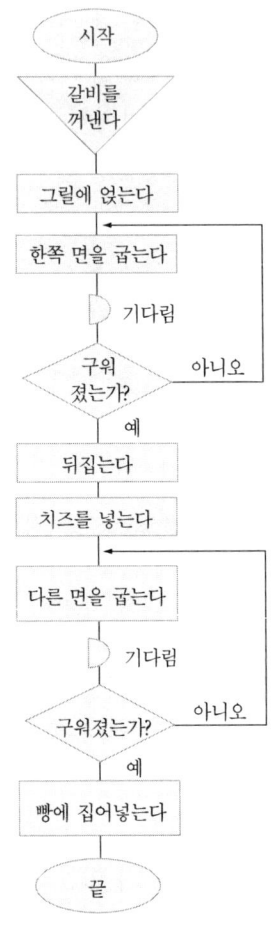

흐름도의 예

다음 그림 1은 베테스다(Bethesda) 병원의 프로세스 개선 모델에 관한 흐름도이다.[2]

그림 1. 병원의 프로세스 개선 모델

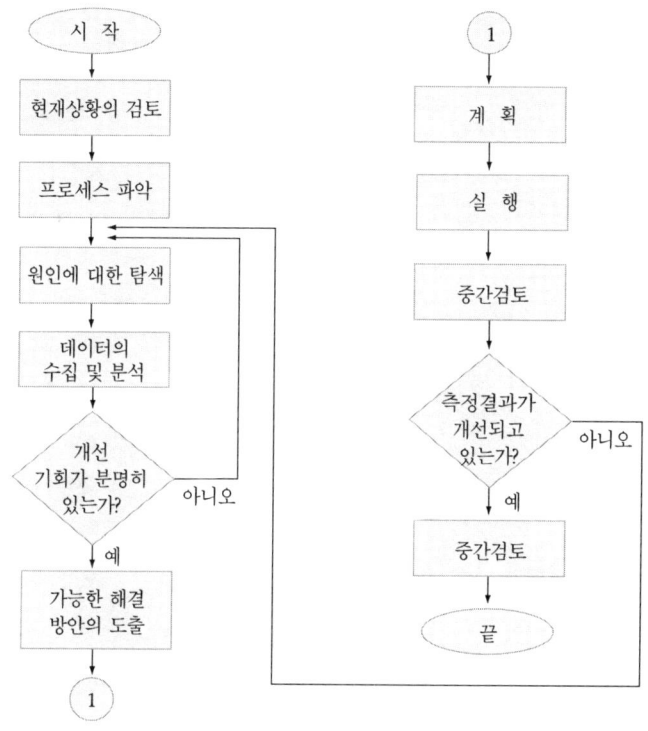

자료 : J. R. Evans & W. M. Lindsay(1996), *The Management and Control of Quality*, 3rd ed., West, p. 350.

또한 그림 2는, 인쇄소에서 사용되는 종이의 공급 프로세스에 관한 흐름도의 예를 보여주고 있다.

그림 2. 흐름도 - 종이공급 프로세스

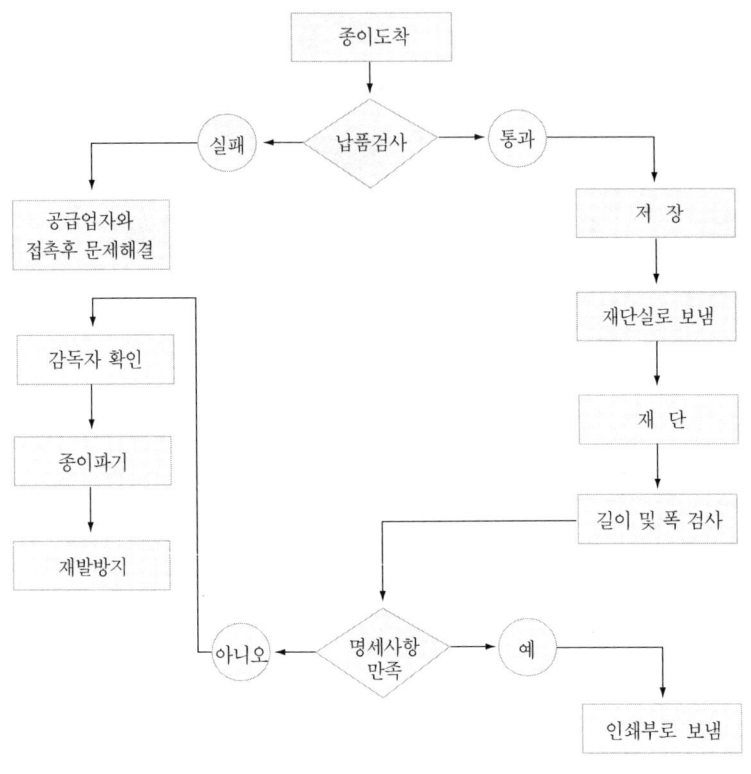

자료 : 안상형·이관석·이명호(1998), 『현대품질경영』, 학현사, p. 162.

체크 시트(Check sheet)

체크 시트란

　체크 시트는 불량수, 결점수 등 셀 수 있는 데이터가 분류항목별의 어디에 집중하고 있는가를 알아보기 쉽게 나타낸 그림이나 표를 말한다. 체크 시트는 매일의 기록용지 구실을 해준다.
　또 기록이 끝난 다음에는 데이터가 어디에 집중하고 있는가를 한눈으로 곧 알 수 있게 해준다. 또한 어디에 대책을 세워야 할 것인가도 알게 해준다.[3]
　따라서 체크 시트는 자료 수집의 특별한 형태이다. 체크 시트는 자료를 쉽게 모을 수 있게 하고, 좀더 정확히 모을 수 있게 하며, 분석에 매우 효과적이도록 자료를 정렬시켜 준다.[4]

작성방법

단계 1 취급할 데이터를 결정한다.

A인쇄소에서는 고객불만을 감소시킴으로써 고객만족을 추구하기 위해, 인쇄시에 발견되는 결점에 대한 자료를 2000년 3월 한 달 동안 수집하기로 하였다.

단계 2 기록하기 위한 양식을 작성한다.

A인쇄소에서는 다음과 같은 양식을 작성하였다.

그림 3. 체크 시트

```
_____ 인쇄유형 :
_____ 날    짜 :
_____ 비    고 :
```

결점유형	0	5	10	15	20	25	30	35	발생건
숫 자									
마 무 리									
색상불량									
핀홀위치									
얼 룩									
명도불량									
흠 집									

단계 3 데이터를 기록한다(기록시에는 ||||| 뿐만 아니라 ○, ●, △, × 등을 사용할 수 있으며 한 장의 체크 시트에 여러 가지 데이터를 기록할 수도 있다).

A인쇄소에서는 인쇄시에 발견되는 결점에 대해 2000년 3월 1일 하루 동안 다음과 같이 체크 시트를 기록하였다.

그림 4. 체크 시트

```
_____ 인쇄유형 :
_____ 날    짜 :
_____ 비    고 :
```

결점유형	0	5	10	15	20	25	30	35	발생건
숫 자	|||||	|||||	||						
마무리										
색상불량	||								
핀홀위치	|||||	|||||	|||||						
얼 룩										
명도불량	|||								
홈 집	|||||							

단계 4 데이터 수집기간, 기록자, 목적 등을 확실하게 기록한다.

A인쇄소에서는 2000년 3월 1일부터 3월 31일까지 한 달 동안 수집된 데이터에 대해 다음과 같이 데이터 수집기록을 기입하여 보관하였으며, 이 데이터들은 중요 결점유형의 파악을 위해 뒤에 나오는 파레토 도표 작성에 사용되었다.

• 기 간 : 2000. 3. 1.∼ 2000. 3. 31.

• 기록자 : 임 석 우
• 목   적 : 인쇄시 결점의 원인조사

체크 시트의 예[5]

그림 5. 자동차용 오디오 조립공정의 불량항목 조사 체크 시트

수 리 의 종 류	3월2일	3일	4일	5일	6일	9일	10일	11일	12일	13일	합계
파이럿램프교환	//	/	///	///		####	####	####//	///	####	38
나 사 조 임	//	///	//		//				/	//	16
화장판위치교정	/	####/	//	/		///	/	//	////	////	24
결 품 보 충			/	/				/			3
더 러 움 청 소	####//	//	/	///	/	///	####	///	####/	////	36
기 타	/	/				///		//	//	///	12
합 계	12	13	9	9	6	11	15	20	18	16	129

히스토그램(Histogram)

히스토그램이란

히스토그램이란 길이, 무게, 시간 등을 측정하는 데이터가 어떠한 분포를 하고 있는가를 알아보기 쉽게 나타낸 그림이다. 히스토그램을 작성하면 데이터만으로는 알아보기 어려웠던 전체의 모습을 간단하게 알 수 있고, 대체적인 평균이나 흩어짐의 모습 및 크기를 간단하게 알 수 있다.

표 1의 데이터는 작은 병에 들어 있는 어떤 약품의 무게이다. 이 약품의 평균은 어느 정도이며 어떤 분포를 하고 있는가 조사하고 싶을 때, 데이터만 보아서는 알 수 없으나 히스토그램을 작성하면 전체의 모습을 한눈에 알 수 있다.[6]

히스토그램의 역할 및 용도

히스토그램의 역할
1. 많은 데이터가 있을 때 그 분포상태를 알아보기 쉽게 하고, 분포의 모양을 그림으로 볼 수가 있다.
2. 데이터가 어떤 값을 중심으로 어떤 흩어짐을 하고 있는가를 알 수 있다.
3. 분포가 통계적으로 어떠한 형태를 하고 있는가를 조사할 수 있다.

히스토그램의 유용성
1. 프로세스를 해석하여 개선점을 찾아낸다.
2. 규격, 표준과의 비교에 의해 프로세스 능력을 파악한다.
3. 시계열적으로 기록하여 프로세스를 관리한다.
4. 많은 데이터를 모아서 보고한다.

작성 방법 [7]

단계 1   일정기간을 정하여 데이터를 모은다(일반적으로 데이터 총수(n)는 백 개 이상이 바람직하다).

한미약품에서는 작은 병에 들어 있는 A약품의 무게가 어떤 분포를 하고 있는지를 알기 위하여, 생산라인에서 120개의 표본을 조사한 결과 표 1과 같았다.

표 1. 약품의 무게

(단위 : g)

9.4	9.2	9.2	9.4	10.6	10.8	9.5	9.8	11.1	8.5	10.9	11.0
10.9	11.8	9.2	10.0	10.9	9.6	10.5	11.1	9.8	11.0	10.8	9.7
10.9	9.7	10.1	10.2	9.3	10.3	9.9	9.7	10.3	9.5	9.6	9.8
8.5	9.8	9.3	9.3	9.4	9.2	10.8	9.9	9.5	9.1	8.8	9.6
9.3	10.3	9.5	9.9	10.1	8.0	8.0	10.1	10.6	9.5	10.3	8.3
11.1	10.0	9.0	9.8	11.0	8.5	11.1	10.9	10.4	9.7	11.5	9.3
10.9	9.2	10.8	8.9	10.3	9.5	9.1	9.9	9.5	9.3	10.5	9.7
10.2	9.9	8.6	9.6	11.0	9.2	9.4	9.9	8.7	11.4	10.0	10.2
9.3	11.5	8.4	8.9	11.0	8.5	9.3	10.1	8.4	8.9	11.3	9.1
9.3	10.4	8.4	8.6	10.5	8.9	10.0	10.0	9.4	9.1	11.3	10.9

단계 2 　데이터의 범위(R)를 계산한다.

R=최대치−최소치

표 1을 조사한 결과 최대치는 11.8g, 최소치는 8g임을 알 수 있다. 따라서 범위(R)는 11.8−8=3.8이다.

단계 3 　계급의 수(k)를 계산한다(k=$\sqrt{n}$ 이며, 보통 8~15가 좋다).

계급의 수는 다음과 같이 계산하였다.

k=$\sqrt{120}$ =10.95, 따라서 반올림하여 11이 된다.

단계 4 　계급의 폭(h)을 계산한다(h=R/k).

계급의 폭은 다음과 같이 계산하였다.

h=R/k=3.8/10.95=0.35

이 예에서는 h를 구간파악의 편리성을 위해 0.5로 정하였다.

단계 5   최소치를 포함하는 계급의 경계치를 정한다(계급의 경계치는 측정단위보다 한 자리 아래 즉, 측정단위의 1/2까지 잡는다).

다음과 같이 계급의 경계치를 정하였다.

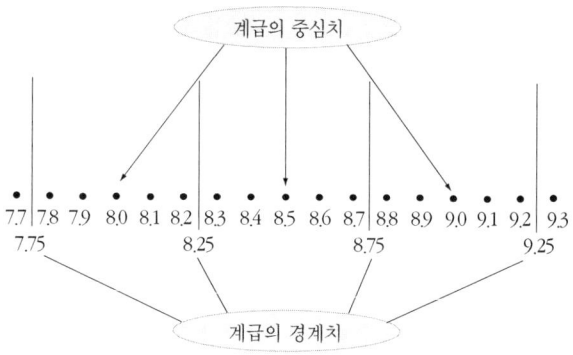

단계 6   계급의 중심치를 계산한다(계급의 중심치는 두 경계치를 더하여 2로 나눈다).

한미약품에서는 다음과 같이 계급의 중심치를 계산하였다.

계급의 번호	계급의 경계	중심치	마 킹	도 수
1	7.75~8.25	8.0		
2	8.25~8.75	8.5		
3	8.75~9.25	9.0		
4	9.25~9.75	9.5		

5	9.75~10.25	10.0		
6	10.25~10.75	10.5		
7	10.75~11.25	11.0		
8	11.25~11.75	11.5		
9	11.75~12.25	12.0		

단계 7 데이터에 체크마크하고 도수를 구한다.

한미약품에서는 다음과 같이 체크마크하고 도수를 구하였다.

계급의 번호	계급의 경계	중심치	마 킹	도 수
1	7.75~8.25	8.0	//	2
2	8.25~8.75	8.5	### ### /	11
3	8.75~9.25	9.0	### ### ###	15
4	9.25~9.75	9.5	### ### ### ### ### ### /	31
5	9.75~10.25	10.0	### ### ### ### ///	23
6	10.25~10.75	10.5	### ### //	12
7	10.75~11.25	11.0	### ### ### ###	20
8	11.25~11.75	11.5	###	5
9	11.75~12.25	12.0	/	1
계				120

단계 8 도수분포표를 히스토그램으로 그린다.

한미약품에서는 작성된 도수분포표를 이용하여 다음과 같은 히스토그램을 그렸다.

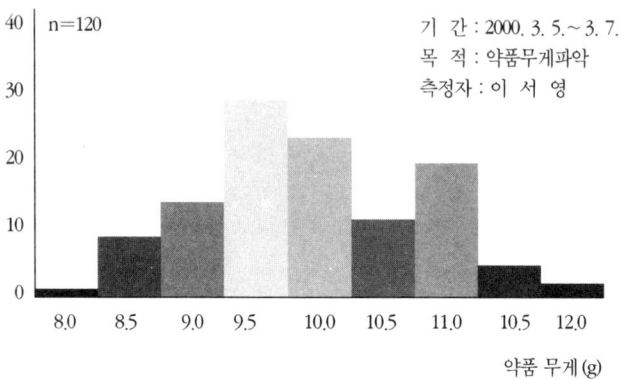

히스토그램의 예[8]

그림 6(a)는 'ABC 회사'에서 생산한 52개 제품의 불소함유량을 규격한계(specification limits, 7.0±0.3%) 내에서 히스토그램으로 나타내고 있는데, 몇몇 제품들은 규격한계를 벗어나고 있다. 제품들은 두 개의 서로 다른 생산라인에서 생산되었으므로, 제품들을 생산라인에 따라 계층화하고 히스토그램을 만들었다.

그림 6. 히스토스램

(a) 전체 52개

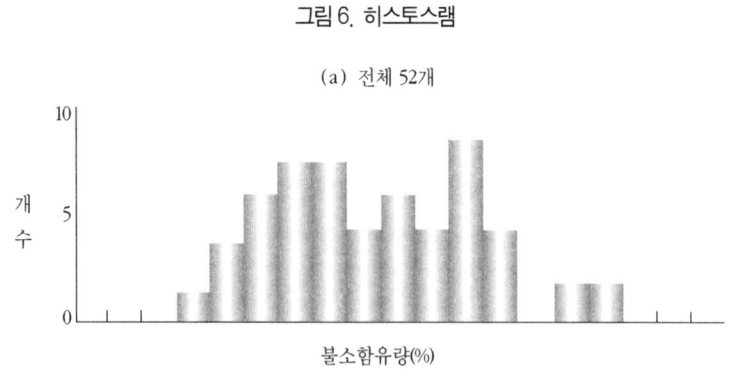

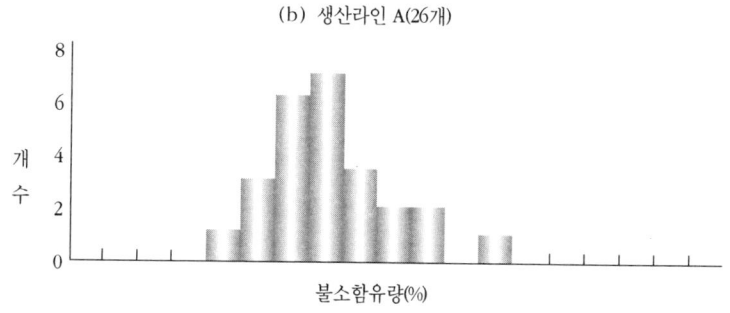

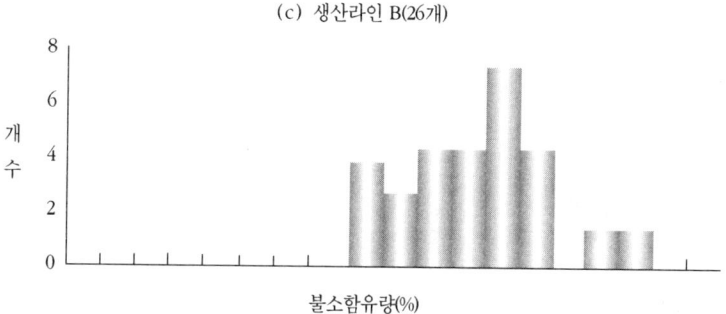

그림 6(b)와 그림 6(c)를 보면, 두 생산라인 가운데 생산라인 B만이 질소 함유량에 문제가 있다는 것을 알 수 있고, 이에 따라 생산라인 B를 개선해야 한다는 목표가 설정되었다.

파레토 도표(Pareto diagram)

파레토 도표란

　프로세스 개선을 위해 사용되는 도구 및 기법 가운데 흐름도는 상황을 이해하는 데 사용되며, 체크 시트는 사실에 관한 자료를 수집하는 데 사용되었다. 이제는 중요한 문제를 파악하기 위해 파레토 도표가 활용되어야 할 시점이다.
　이탈리아계 스위스인 파레토(Vilfredo Pareto : 1848~1923)는 사회학자 겸 경제학자로 19세기 말 수입과 부의 분배에 대한 연구를 하던 도중, 비교적 소수의 사람들이 전체 수입의 대부분을 차지한다는 것을 발견하게 되었다.
　파레토 원칙이란, 많은 경우에 있어서 소수의 항목이 전체의 대부분을 차지한다는 것이다. 예를 들면 비교적 소수의 고소득층이 전체 소득의 많은 부분을 차지하고 있다는 것과, 대다수의 기업에 있어서 소수의 고객이 전체 매출액의 상당 부분을 차지한다는 것, 회사에 접수된 고객불만 가운데 단지 몇 가지 불만형태가 모든 불만의 대부분을 차지하고 있다는 것들이다. 때로는 80-20규칙으로 불리기도 하는데, 이는 전체의 거의 80퍼센트가 20퍼센트의 항목으로 설명되기 때문이다. 이때 80-20은 물론 고정된 수는 아니며, 상황에 따라 당연히 변하기도 한다.[9]

결론적으로 파레토 도표는 "소수의 핵심적인 것(the vital few)"을 "사소한 많은 것(trivial many)"과 구별시켜 준다. 즉, 파레토 도표는 핵심이 되는 문제를 알 수 있게 해줌으로써 핵심문제에 대해 관심을 집중시킬 수 있게 해주는 유용한 도표이다.

작성방법

다음의 예를 보기로 하자. 유병인 부장은 (주) 사러가의 구매부장으로 재직하고 있다. 그는 최근 들어 생산부와 경리부가 구매부에 대해 자주 불만을 나타내는 것을 알게 되었다. 따라서 구매관련 문제점을 파악하기로 하였다.[10]

단계 1 일정기간 동안의 체크 시트를 작성한다.

유병인 부장은 구매관련 문제점 발생에 대해 2000년 4월 1일부터 2000년 5월 31일까지 체크하게 하고, 이를 다음과 같은 체크 시트에 기록하였다.

구매문제(2000. 4. 1.~ 2000. 5. 31.)

문제의 종류	발생빈도
잘못된 제품의 수령	✓✓✓✓✓ ✓✓✓✓✓ ✓✓✓✓✓ ✓
늦은 배달	✓✓✓✓✓ ✓✓✓✓✓ ✓✓✓✓✓ ✓✓✓
대금지급에 대한 불만	✓✓✓✓✓ ✓✓✓✓✓ ✓✓✓✓✓ ✓✓✓✓✓ ✓✓✓✓✓ ✓✓✓✓✓ ✓✓✓✓✓ ✓✓✓✓✓ ✓✓✓✓✓ ✓✓✓✓
잘못된 주소의 기입	✓✓✓✓✓ ✓✓✓✓✓ ✓✓
손상된 제품 - 사용가능	✓✓✓✓✓ ✓✓✓✓✓ ✓✓✓✓✓ ✓✓✓✓✓ ✓✓✓✓
손상된 제품 - 사용불가능	✓✓✓✓✓ ✓✓✓✓✓
기타	✓✓✓✓✓ ✓✓

단계 2   내림차순으로 빈도 및 누적빈도 그리고 각각에 대한 퍼센트를 기록한다.

구매문제(2000. 4. 1.~ 2000. 5. 31.)

문제의 종류	빈도
대금지급에 대한 불만	49
손상된 제품 - 사용가능	24
늦은 배달	18
잘못된 제품의 수령	16
잘못된 주소의 기입	12
손상된 제품 - 사용불가능	10
기타	7

구매문제(2000. 4. 1. ~ 2000. 5. 31.)

문제의 종류	빈도	%	누적빈도	누적 %
대금지급에 대한 불만	49	36.0	49	36.0
손상된 제품-사용가능	24	17.7	73	53.7
늦은 배달	18	13.2	91	66.9
잘못된 제품의 수령	16	11.8	107	78.7
잘못된 주소의 기입	12	8.8	119	87.5
손상된 제품-사용불가능	10	7.4	129	94.9
기타	7	5.1	136	100.0

단계 3 파레토 도표 양식을 작성한다.

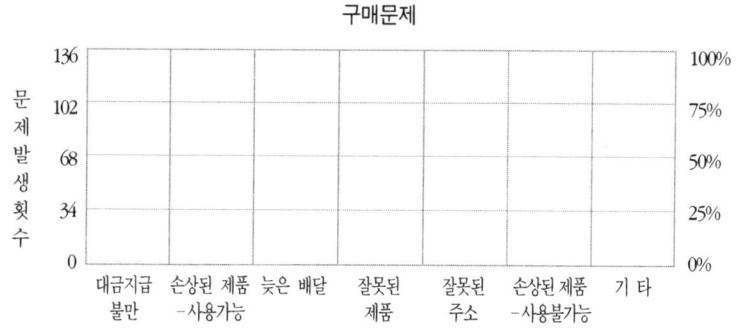

단계 4 빈도와 누적 퍼센트를 이용하여 파레토 도표를 그린다.

단계 2에서 구한 데이터인 빈도와 누적 퍼센트를 이용하여 파레토 도표를 다음과 같이 작성한다.

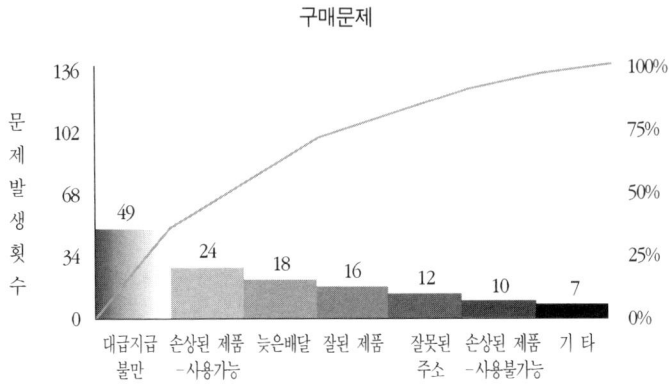

단계 5 파레토 도표를 해석한다.

유병인 부장은 파레토 도표를 통해 구매부에 대한 불만들 가운데 우선적으로 관심을 기울여야 할 것은, '대금지급에 대한 불만' 과 '손상된 제품-사용가능'으로서 전체 불만의 53.7%를 차지한다는 사실을 파악할 수 있다.

작성시의 유의점

첫째, 파레토 도표의 항목들은 상호중복이 되지 않아야 한다. 예를 들면 '부상(injuries)'이라는 항목이 있다면 '뼈의 골절(broken bones)'은 다른 항목이 되어서는 안 된다. 왜냐하면 부상 안에 뼈의 골절이 이미 포함되기 때문이다.

둘째, 문제에 관한 항목들을 같이 포함시키지 말아야 한다. 다음의 그림을 보자.

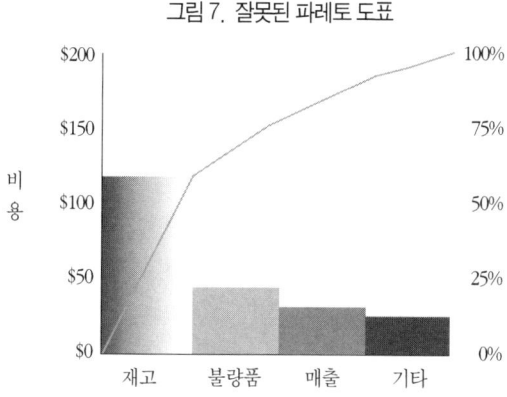

그림 7. 잘못된 파레토 도표

- 재고는 감소와 관련된 문제이다. 비록 재고가 없을 수는 없지만 대부분의 경우 재고의 최소화를 추구하고자 한다.
- 불량품은 전혀 발생하지 않게 하는 것과 관련된 문제이다. 즉, 불량품은 0까지 줄이고자 한다.
- 매출은 증가와 관련된 문제이다. 매출은 감소시키거나 0으로 만들고자 하는 대상이 아니다.

따라서 잘못된 파레토 도표를 보면, 항목들 간에 서로 충돌이 일어남을 알 수 있다.

파레토 도표의 예

파레토 도표는 다양하게 사용될 수 있다. 예를 들어 2000년 3월 한 달 동안의 물사용량을 조사해 보니 다음 표와 같았다. 그러나 표만 보아서는 핵심을 정확히 파악하기가 쉽지 않다.

표 2. 한 달간의 물사용량

(2000년 3월)

항목	사용량(l)	누적사용량(l)	누적(%)
잔디밭	1,900	1,900	38.8
화장실	900	2,800	57.1
정 원	600	3,400	69.4
목욕탕	500	3,900	79.6
샤 워	400	4,300	87.8
설거지	300	4,600	93.9
세 차	200	4,800	98.0
기 타	100	4,900	100.0

같은 자료를 이용해 다음과 같은 파레토 도표를 작성해 보자. 독자들은 물 사용량을 줄이기 위해 어느 부분에 노력을 기울여야 할지를 파악할 수 있게 될 것이다. 즉, 잔디밭과 화장실이 관심분야임을 알 수 있다. 이 말은 다른 분야에 대해서는 어떠한 조치도 필요하지 않음을 의미하는 것은 아니다. 다만, 만일 다른 조건이 동일하다면 잔디밭과 화장실의 문제점을 우선적으로 고려해야 한다는 것이다.

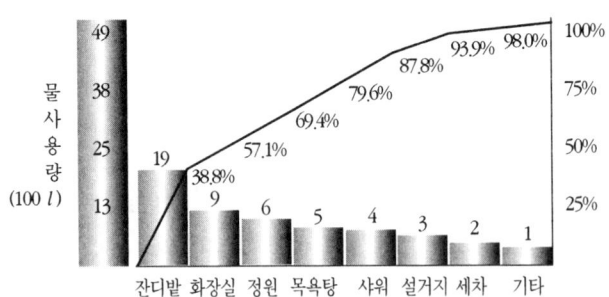

그림 8. 파레토 도표(한 달간의 물사용량 - 2000년 3월)

관리도(Control chart)

관리도란

관리도는 프로세스가 어떻게 진행되고 있는지를 시각적으로 보여주는 도표로서, 프로세스가 정상적인지 또는 비정상적인 원인이 작용하고 있는지를 판단할 수 있게 해준다. 만일 프로세스가 비정상적이면 원인을 조사하여 해결함으로써 프로세스를 정상화시킬 수 있는 조치를 취해야 한다. 관리도는 주기적으로 작성하면, 프로세스 내의 문제를 알 수 있게 해줌으로써 개선 기회를 제공해 준다.

관리도의 해석

관리한계(control limit)를 나타내는 한 쌍의 관리한계선인 관리상한선(UCL : Upper Control Limit)과 관리하한선(LCL : Lower Control Limit)을 그어두고, 프로세스의 측정결과를 표시했을 때 점이 관리한계선 안으로 들어오면 통계적으로 관리된 상태로 보고, 만약 점이 관리한계선 밖으로 나가면 그냥 지나칠 수 없는 어떤 이상이 발생한 것으로 파악한다. 그림 9는 프로세스가 관리된 상태(controlled state)와 관리되지 못한 상태(uncontrolled state)를 보여준다.

그림 9. 관리도

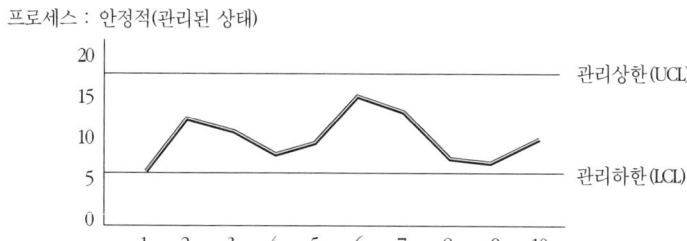

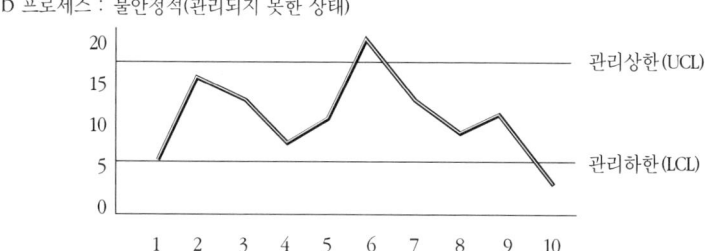

작성방법

다음과 같은 절차에 따라 관리도를 작성할 수 있다.

단계1 : 프로세스 성과를 나타낼 수 있는 적합한 변수를 선정한다

단계2 : 측정되어지는 시간 간격을 선택한다.

단계3 : 도표의 수직축에는 프로세스 성과의 변수값을, 수평축에는 시간 간격을 표시하고, 측정된 값을 기입한다.

단계4 : 프로세스 성과의 평균값, 관리상한(UCL), 관리하한(LCL)을 계산하여 표시한다.

단계5 : 관리도의 추세변화를 관찰하고, 관리상한(UCL)과 관리하한 (LCL)을 벗어나는 비정상적인 경우에 대해 해석한다.

관리도 작성의 예

한종문 차장은 자가운전을 하며 출퇴근을 하고 있다. 그는 휘발유 값이 상승함에 따라 자기 차의 연료소비가 경제적인지에 대해 관심을 가지게 되었다. 그는 자기 차의 연료소비 프로세스가 정상적인지를 분석하기 위해 관리도를 작성하기로 하였다.

단계1 프로세스 성과를 나타낼 수 있는 적합한 변수를 선택한다. 한 차장은 자기 차의 연료소비 프로세스를 나타낼 수 있는 변수로

서, 휘발유 1리터당 몇 km를 주행하는지 알아보기로 하였다.

단계 2 측정되어지는 시간 간격을 선택한다.

측정되어지는 시간 간격은 주 단위로 하기로 하고, 다음과 같이 22주 동안 km/*l*를 측정하였다.

주	최종주유 후의 주행거리(km)	가득 주유시 필요한 리터	km/*l*
1	255.0	6.942	36.73
2	280.4	8.190	34.24
3	334.6	9.546	35.05
4	309.8	8.757	35.38
5	350.5	9.406	37.26
6	320.4	9.049	35.41
7	319.5	9.611	33.24
8	305.1	8.685	39.70
9	283.5	9.121	31.08
10	347.1	10.122	34.29
11	343.2	9.990	34.35
12	353.4	8.225	42.97
13	167.8	5.540	30.29
14	307.8	9.105	33.81
15	293.4	9.067	32.36
16	262.3	7.282	36.02
17	310.8	8.671	35.84
18	312.9	8.673	36.08
19	337.3	9.575	35.23
20	335.1	9.575	35.00
21	318.8	8.631	36.64
22	270.6	9.420	28.73

단계 3 도표의 수직축에는 프로세스 성과의 변수값을, 수평축에는 시간 간격을 표시하고 측정된 값을 기입한다.

앞의 표는 주별 연료소비에 대해 명확히 나타내지 못하므로, 한 차장은 도표 수직축에 km/l , 수평축에 주를 표시하고 이에 대한 값을 기입함으로써 다음과 같은 도표를 작성하였다.

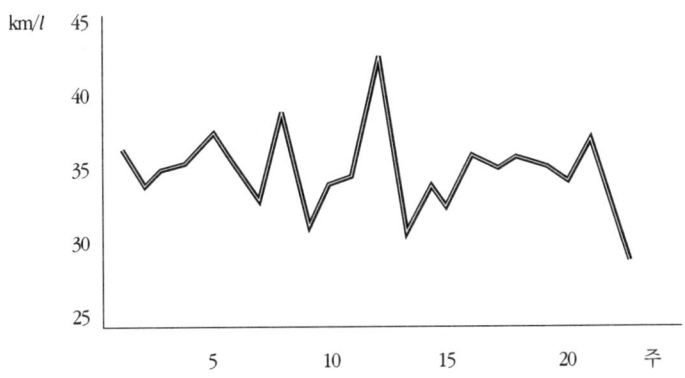

단계 4 프로세스 성과의 평균값, 관리상한(UCL), 관리하한(LCL)을 계산하여 표시한다.

한 차장은 통계적 품질관리(Statistical Quality Control) 지식을 가진 친구에게 문의하여 다음과 같은 평균값, 관리상한, 관리하한을 계산하였으며 이를 관리도에 표시하였다.

- 평균값 → 35km/l
- 관리상한(UCL) → 41km/l
- 관리하한(LCL) → 29km/l

그림 10. 관리도

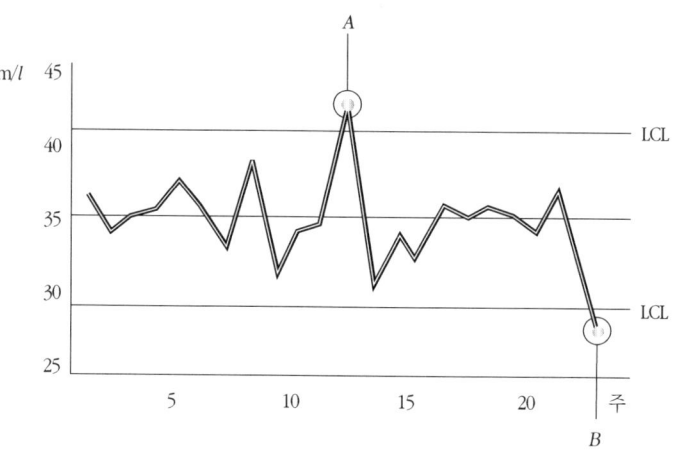

단계 5   관리도의 추세변화를 관찰하고 관리상한(UCL)과 관리하한(LCL)을 벗어나는 비정상적인 경우에 대해 해석한다.

한 차장은 관리도의 추세변화를 살펴본 결과 비정상적인 경우가 나타나고 있음을 발견하였다. 이들 중 A는 리터당 주행거리가 매우 효율적인 경우이며, B는 매우 안 좋은 경우이다.

A에 대해 생각해 보니, 한 차장은 그 주에 긴급한 수출업무 때문에 평소보다 한 시간 일찍 출근했던 사실을 기억하였다. 즉, 평소 출근시간보다 한 시간 빨랐기 때문에 차량소통이 원활했고, 따라서 멈춤과 출발이 적어 리터당 주행거리가 효율적인 것으로 나타났다고 해석하였다.

반면 B에 대해서는, 지난 주부터 가격이 저렴한 점에 끌려 평소에 이용하던 주유소 대신 새로운 주유소를 이용하기 시작한 사실을 기억하였다. 한 차장은 관리도를 통해 새로운 주유소가 리터당 주행 거리가 매우 안 좋은 것을 깨닫고 다시는 그 주유소를 이용하지 않겠다고 마음먹었다.

원인결과 도표(Fishbone diagram)

원인결과 도표란

원인결과 도표는 어떤 문제에 대한 근본원인(root cause)을 파악할 수 있게 해주는 매우 유용한 기법이다. 1943년에 이시가와 교수에 의해 처음 개발되었으며, 생선뼈 모양같이 생겼다고 하여 생선뼈 다이어그램(Fishbone diagram) 또는 이시가와 다이어그램(Ishikawa diagram)으로 불리기도 한다.

일반적으로 그림 11과 같은 모양을 하는데, 우측의 생선머리 부분이 결과로서 해결하고자 하는 문제를 표현하는 반면, 생선뼈 부분은 문제를 일으키는 원인을 표시하게 된다.[11]

그림 11. 일반적인 원인결과 도표

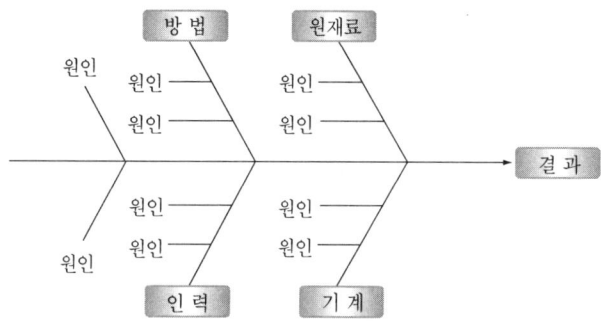

작성방법

다음의 예를 보기로 하자. 보라매 항공은 고객의 불만사항을 조사하다가 비행기가 제때 출발하지 않는 점에 대해 불만이 가장 많다는 사실을 발견하게 되었다. 따라서 정시출발이 제대로 이루어지지 않는 원인을 파악하기 위해 원인결과 도표를 작성하기로 하였다.

단계 1 원인을 파악하고자 하는 문제를 정한다.

비행기의 '출발지연'을 문제로 정하고 다음과 같은 도표를 우선 그린다.

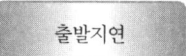

단계 2 가능한 원인을 몇 개의 포괄적인 범주(생선의 큰뼈)로 묶는다. 일반적으로 생산공정의 주요범주는 4M(사람, 시설 및 장비, 정책, 절차)를 사용한다.

비행기의 출발지연을 일으키는 분야로 직원(people), 시설 및 장비(plant and equipment), 절차(procedure), 그리고 원자재 공급 및 기타를 지목하였다. 따라서 다음 도표를 작성하였다.

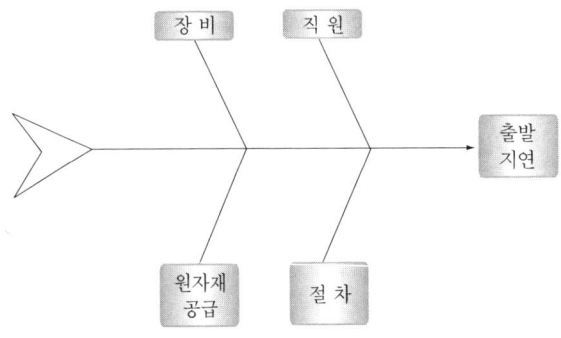

단계 3 다음 질문을 함으로써, 각 범주의 원인(생선의 중간뼈)을 도출한다.
- 이것을 일으키는 원인은 무엇인가?
- 왜 이러한 조건이 존재하는가?
- '왜' 라는 질문을 5회 반복한다.

'직원'에 대해서는 출발지연과 관련이 있는 직원유형을 파악해 보니 출구직원, 청소담당 직원, 조종사와 승무원의 세 가지로 분류할 수 있었다. 이들이 출발지연을 초래할 수 있는 경우에 대해 브레인스토밍을 한 결과 다음의 세 가지 원인을 도출할 수 있었다(그림

12 참조).
- 출구직원이 승객을 빠르게 처리하지 못함.
- 기내청소의 지연
- 조종사와 승무원의 지연도착

그림 12. 원인결과 도표

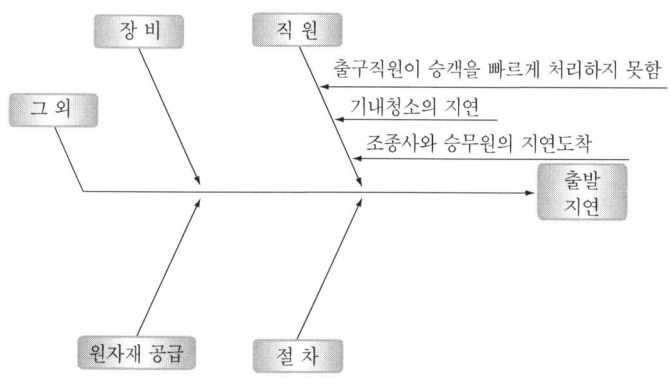

단계 4   각 원인에 대해 다음 질문을 함으로써 세부원인(생선의 작은 뼈)을 도출한다.
- 이것을 일으키는 원인은 무엇인가?
- 왜 이러한 조건이 존재하는가?
- '왜' 라는 질문을 5회 반복한다.

각 세부원인에 대한 원인이 모두 파악되었다고 판단될 때까지 이 단계를 반복한 후, 원인결과 도표를 작성한다. '출구직원이 승객을 빠르게 처리하지 못함' 을 초래할 수 있는 원인에 대해 다시 브레인스토밍을 한 결과 다음 세부원인들을 도출하였다.

- 너무 적은 인원
- 교육받지 않은 직원
- 동기부여가 되지 않은 직원

한편 다른 원인에 대해서도 각각 세부원인을 도출하여, 그림 13과 같이 완성된 원인결과 도표를 작성하였다.

그림 13. 원인결과 도표

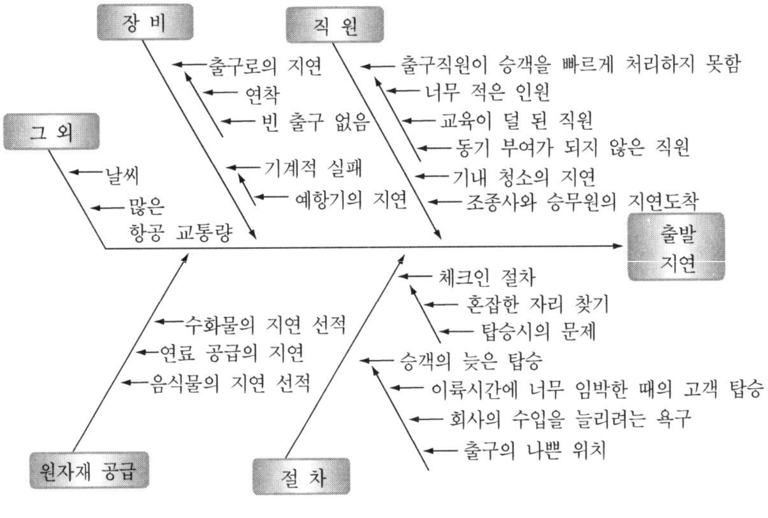

```
         장비              직원
          ↓                ↓
    ← 출구로의 지연    ← 출구직원이 승객을 빠르게 처리하지 못함
    ← 연착            ← 너무 적은 인원
    ← 빈 출구 없음    ← 교육이 덜 된 직원
그 외 ← 기계적 실패   ← 동기 부여가 되지 않은 직원
 ↓   ← 예항기의 지연  ← 기내 청소의 지연
 ← 날씨                ← 조종사와 승무원의 지연도착
 ← 많은
   항공 교통량                                    출발
                                                 지연
                     ← 체크인 절차
                     ← 혼잡한 자리 찾기
    ← 수화물의 지연 선적  ← 탑승시의 문제
    ← 연료 공급의 지연   ← 승객의 늦은 탑승
    ← 음식물의 지연 선적 ← 이륙시간에 너무 임박한 때의 고객 탑승
                     ← 회사의 수입을 늘리려는 욕구
                     ← 출구의 나쁜 위치
      원자재 공급         절차
```

이 그림은 항공사의 출발지연에 대한 원인결과 도표를 보여주고 있다. 결과, 즉 출발지연은 오른쪽에, 그에 대한 가능한 원인 및 이에 대한 세부원인 그리고 그들의 관계가 왼쪽에 표시되어 있다.[12]

원인결과 도표의 종류와 예[13]

원인추구형 원인결과 도표

현장에서 문제가 되고 있는 상황 그 자체를 파악하여, 그러한 문제의 발생요인을 큰 뼈, 중간 뼈, 작은 뼈로 계통을 세워 정리하는 방법으로 문제발생의 원인을 추구하는 데 적합한 방법이다.

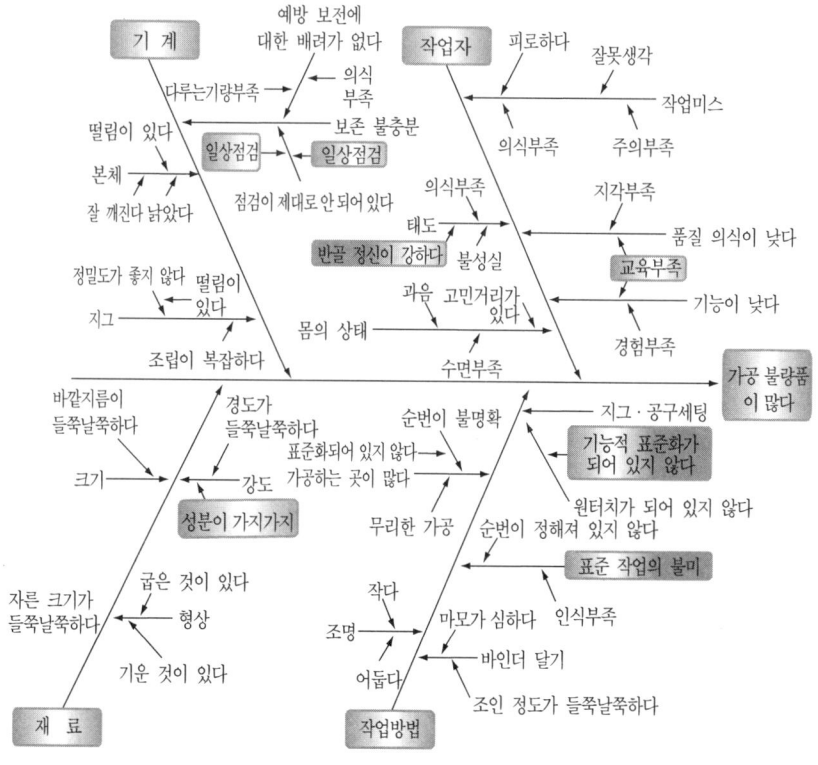

그림 14. 원인추구형 원인결과 도표의 실례

대책검토형 원인결과 도표

문제를 해결하려면 어떤 대책이 필요한지 검토할 수 있도록 그 방법을 정리하는 것으로, 참된 문제점을 찾아내어 확인하고 그에 맞는 수단이나 대책을 세우는 데 효과적인 방법이다.

그림 15. 대책검토형 원인결과 도표의 실례

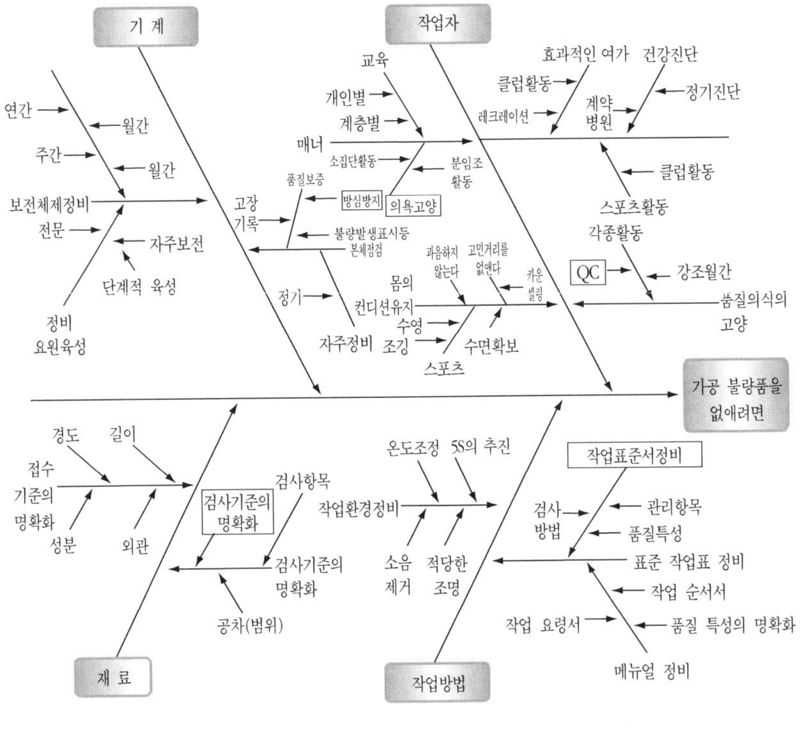

에필로그

이 책을 쓸 생각을 한 후 자료를 수집하고, 정리하고, 책 모양을 갖추는 데 7년이란 기간이 걸렸다. 물론 중간에 박사 학위를 받느라고 시간을 많이 투입했지만…….

이 책을 다 쓴 지금 이런 생각을 해본다. "과연 이 책이 우리나라 기업의 고객만족경영에 어느 정도 도움이 될 수 있을지" 두려운 마음이다.

필자의 고향 어귀에 가면 조그만 산소가 하나 있고, 거기에는 다음과 같은 내용을 가진 비석이 서 있다.

최 재 현
1948~1991

여기 … 최재현이 잠들어 있다. 그는 1948년 7월 11일 이곳 포천에서 태어나 … 후진양성과 함께 한국사회의 … 미래를 설계하는 논문을 줄곧 발표하였으며, … 에 적극 참여하였다. 1991년 … 불의의 병을 얻어 세상을 … 떠나니 1991년 10월 24일, 그의 나이 43세였다. 다정다감했던 … 그가 이루고자 했던 수많은 일들을 생각할 때, 그 애석함을 금할 길 없다. 이제 일주기를 맞아 유족과 벗들은 … 고인이 미처 펴지 못한 뜻과 정을 기리면서 삼가 명복을 빈다.

필자는 이 산소가 한 번도 본 적이 없는 고등학교 선배의 것인지를 전혀 몰랐다. 단지 필자의 어머니 산소에서 백 미터 정도의 거리에 떨어져 있고, 비석이 좀 특이해서 호기심으로 읽어 보았다.

그러나 처음 그 비문을 읽을 때도 그랬고, 지금 이 글을 쓰는 순간에도 기억에 남는 귀절은 "그가 이루고자 했던 수많은 일들을 생각할 때……"이다. 과연 이 책이 "부족한 제가 그나마 이루고자 했던 일들 중 한 가지가 될 수 있을지……."

이 책을 쓰면서 많은 밤을 본인의 능력부족에 대해 생각해 보았다. 그러나 이 책이 주위에서 흔히 볼 수 있는 그렇고 그런 책이 아니고 뭔가 고민을 하면서 쓴 책이라고 독자들이 생각해 주신다면, 많은 면에서 부족한 필자에게도 조그만 위안이 될 수 있을 것 같다.

2000년 4월
조광행

참고문헌

제 1 부
고객만족경영 왜 필요한가?

1) 안상형·이관석·이명호(1998), 『현대품질경영』, 학현사, p. 366.
2) 히라시마 야스히사 지음·KMAC CS경영혁신센터 옮김(1992), 『고객만족경영의 추진방법』, 21세기북스, pp. 67~68.
3) 유필화(1998), 『현대 마케팅론』(제4판), 박영사, pp. 13~15.
4) Ibid.

제 2 부
고객만족경영 원칙

종업원만족

1) 이유재(1997), 『울고 웃는 고객이야기』, 연암사, pp. 205~206.
2) 칼소웰/폴 브라운 지음·장성호 옮김(1991), 『한번 고객을 평생의 고객으로 만드는 법』, 장락, p. 107.
3) 이유재(1997), Ibid.
4) 손광수(1994), 『알기 쉬운 CS 하기 쉬운 CS』, 21세기북스, pp. 219~220.
5) 리차드 C. 화이틀리 지음·한국IBM 경영혁신팀 옮김(1996), 『원칙과 인간을 통한 경영혁신』, 자작나무, pp. 140~141.
6) 이유재(1999), 『서비스 마케팅』(제2판), 학현사, pp. 412~413.
7) Ibid.
8) 고나가와 신지로/에가와 가쓰히코 지음·한국 제이마크(주) 옮김(1993), 『DC카드의 CS경영』, 21세기북스, p. 182.
9) 하워드 슐츠/도리 졸스 양 지음·홍순경 옮김(1999), 『스타벅스 커피 한잔에 담긴

성공신화』, 김영사, p. 150.
10) 류한주(1994), 『TQM에 의한 경영혁신』, 한국생산성본부, pp. 111~112.
11) 이유재(1999), 『서비스 마케팅』(제2판), 학현사, pp. 416~426.
12) 히라시마 야스히사 지음 · KMAC CS경영혁신센터 옮김(1992), 『고객만족경영의 추진방법』, 21세기북스, pp. 48~50.

최고경영자의 리더십

1) 칼 소웰/폴 브라운 지음 · 장성호 옮김(1991), 『한번 고객을 평생의 고객으로 만드는 법』, 장락, pp. 186~187.
2) 이유재(1999), 『울고 웃는 고객이야기』, 연암사, pp. 231~232.
3) 손광수(1994), 『알기 쉬운 CS 하기 쉬운 CS』, 21세기북스, pp. 68~70.
4) *Ibid.*, pp. 90~91.
5) 폴 레베스크 지음 · 최연홍 옮김(1997), 『고객감동주식회사』, 한세, pp. 94~114.
6) Goetsch, D. L. & S. B. Davis(1995), *Implementing Total Quality*, Prentice Hall, p. 39.
7) 이유재(1999), *op. cit.*, pp. 117~119.
8) 손광수 외(1996), 『우리회사 어떻게 경영품질을 높일 것인가?』, 명진, pp. 76~78.
9) 이순철(1997), 『서비스기업의 운영전략』, 삼성경제연구소, p. 93.
10) 손광수 외(1996), *op. cit.*, p. 78.
11) 손광수 외(1996), *op. cit.*, pp. 86~87.
12) 톰 피터스/낸시 오스틴 지음 · 조영호 역(1994), 『초우량기업을 만드는 엑셀런트 리더쉽』, 21세기북스, p. 45.

보상과 인정

1) 칼 알브레히트 지음 · 유동근 옮김(1994), 『서비스 품질관리』, 세종서적, pp. 288~290.
2) 이순철(1997), 『서비스기업의 운영전략』, 삼성경제연구소, p. 131.
3) Brown, M. G., D. E. Hitchcock, & M. L. Willard(1994), *Why TQM Fails and What to Do About It*, Irwin, pp. 114~115.
4) Goetsch, D. L. & S. B. Davis(1997), *Introduction to Total Quality*, Prentice Hall, p. 600.
5) 칼 소웰/폴 브라운 지음 · 장성호 옮김(1991), 『한번 고객을 평생의 고객으로 만드는 법』, 장락, p. 111.
6) Harrington, H. J. & J. S. Harrington, *Total Improvement Management*, McGraw-Hill, pp. 469~470.

7) George, S. & A. Weimerskirch(1994), *Total Quality Management*, John Wiley, p. 203.
8) Harrington, H. J. & J. S. Harrington, *op. cit.*, p. 480.
9) Saylor, J. H. (1996), *TQM Simplified, 2nd ed.*, McGraw-Hill, p. 337.
10) Brown M. G., D. E. Hitchcock, & M. L. Willard(1994), *op. cit.*, pp. 131~132.

측정

1) 칼 소웰/폴 브라운 지음 · 장성호 옮김(1991), 『한번 고객을 평생의 고객으로 만드는 법』, 장락, pp. 147~148.
2) 리차드 C. 화이틀리 지음 · 한국 IBM 경영혁신팀 옮김(1996), 『원칙과 인간을 통한 경영혁신』, 자작나무, pp. 186~187.
3) 얀 칼존 지음 · 김영한 옮김(1992), 『고객을 순간에 만족시켜라』, 성림, pp. 151~152.
4) 리차드 C. 화이틀리 지음 · 한국IBM 경영혁신팀 옮김(1996), *op. cit.*, pp. 188~191.
5) 이순철(1996), 『신경영기법』, 매일경제신문사, p. 368.
6) Harrington, H. J. & J. S. Harrington, *Total Improvement Management*, McGraw-Hill, p. 155.
7) 리차드 C. 화이틀리 지음 · 한국IBM 경영혁신팀 옮김(1996), 『원칙과 인간을 통한 경영혁신』, 자작나무, pp. 70~71.
8) *Ibid.*, pp. 66~67.
9) 칼 소웰/폴 브라운 지음 · 장성호 옮김(1991), *op. cit.*, pp. 34~36.
10) 손광수(1995), 『바로 가는 CS 거꾸로 가는 CS』, 21세기북스, pp. 74~75.
11) *Ibid.*, pp. 177~178.
12) 이유재(1999), 『서비스 마케팅』(제2판), 학현사, p. 564.
13) *Ibid.*, p. 561.
14) Evans, J. R. & W. M. Lindsay(1996), *The Management and Control of Quality*, 3rd ed., West, p. 168.
15) Barsky, J. D. (1995), *World-Class Customer Satisfaction*, Irwin, pp. 55~56.
16) Bounds, G., L. Yorks, M. Adams, & G. Ranney(1994), *Beyond Total Quality Management*, McGraw-Hill, p. 529.
17) 리차드 C. 화이틀리 지음 · 한국IBM 경영혁신팀 옮김(1996), *op. cit.*, p. 71.
18) Bounds, G., L. Yorks, M. Adams, & G. Ranney(1994), *op. cit.*, p. 519.
19) Brown, M. G., D. E. Hitchcock, & M. L. Willard(1994), *Why TQM Fails and What to Do about It*, Irwin, p. 96.

20) *Ibid.*, 96~97.
21) George, S. & A. Weimerskirch(1994), *Total Quality Management*, John Wiley, pp. 195~196.
22) *Ibid.*, p. 197.
23) Evans, J. R. & W. M. Lindsay(1996), *op. cit.*, p. 296.
24) 손광수(1994), 『알기 쉬운 CS 하기 쉬운 CS』, 21세기북스, pp. 47~49.
25) 칼 소웰/폴 브라운 지음 · 장성호 옮김(1991), 『한번 고객을 평생의 고객으로 만드는 법』, 장락, pp. 151~152.
26) 리차드 C. 화이틀리 지음 · 한국IBM 경영혁신팀 옮김(1996), *op. cit.*, pp. 193~194.
27) 칼 소웰/폴 브라운 지음 · 장성호 옮김(1991), *op. cit.*, p. 152.
28) *Ibid.*, pp. 157~163.
29) George, S. & A. Weimerskirch(1994), *op. cit.*, p. 200.
30) 칼 소웰/폴 브라운 지음 · 장성호 옮김(1991), *op. cit.*, pp. 110~111.

교육과 훈련

1) 손광수 외(1996), 『우리회사 어떻게 경영품질을 높일 것인가?』 명진, p. 136.
2) *Ibid.*, p. 138.
3) 이순철(1997), 『서비스기업의 운영전략』, 삼성경제연구소, pp. 73~74.
4) 손광수(1995), 『바로 가는 CS 거꾸로 가는 CS』, 21세기북스, p. 79.
5) 칼 소웰/폴 브라운 지음 · 장성호 옮김(1991), 『한번 고객을 평생의 고객으로 만드는 법』, 장락, p. 74.
6) 이유재(1999), 『서비스마케팅』(제2판), 학현사, p. 420.
7) 손광수(1994), 『알기 쉬운 CS 하기 쉬운 CS』, 21세기북스, p. 279.
8) 손광수 외(1996), *op. cit.*, pp. 138~141.
9) 손광수 외(1996), *op. cit.*, pp. 139~140.
10) Brown, M. G., D. E. Hitchcock, & M. L. Willard(1994), *Why TQM Fails and What to Do about It*, Irwin, p. 42.
11) 손광수(1994), *op. cit.*, pp. 278~279.
12) 김영한(1994), 『고객만족 리엔지니어링』, 성림, pp. 175~176.
13) Brown, M. G., D. E. Hitchcock, & M. L. Willard(1994), *op. cit.*, pp. 40~41.
14) *Ibid.*

프로세스 개선

1) 손광수(1995), 『바로 가는 CS 거꾸로 가는 CS』, 21세기북스, pp. 50~51.

2) 손광수 외(1996), 『우리회사 어떻게 경영품질을 높일 것인가?』, 명진, pp. 161~164.
3) George, S. & A. Weimerskirch(1994), *Total Quality Management*, John Wiley, p. 165.
4) 손광수 외(1996), *op. cit.*, pp. 150~153.
5) 박우동(1996), 『품질경영』, 법문사, p. 83.
6) Tenner, A. R. & I. J. DeToro(1992), *Total Quality Management*, Addison Wesley, p. 103. ; 박우동(1996), *op. cit.*, p. 85에서 재인용.
7) Tenner, A. R. & I. J. DeToro(1992), *op. cit.*, p. 101.
8) *Ibid.*, pp. 109~122. ; 박우동(1996), *op. cit.*, pp. 86~89에서 재인용.
9) 손광수(1995), *op. cit.*, pp. 44~45.
10) *Ibid.*, pp. 23~27.
11) 안상형 · 이관석 · 이명호(1998), 『현대품질경영』, 학현사, pp. 163~164.

제 3 부
고객만족경영 어떻게(How) 해야 성공할 수 있을까!

Step 1 최고경영자가 솔선수범하면서 고객만족경영을 주도하라

1) 오쿠보 간지 지음 · 이강석 역(1998), 『경영의 질을 높이는 8가지 기준』, 평범사, p. 64.
2) 손광수 외(1996), 『우리회사 어떻게 경영품질을 높일 것인가?』, 명진, p. 90.
3) 김성혁(1992), 『고객만족경영』, AMI 컨설팅그룹, p. 143.
4) 손광수 외(1996), *op. cit.*, pp. 88~89.
5) 리차드 C. 화이틀리 지음 · 한국IBM 경영혁신팀 옮김(1996), 『원칙과 인간을 통한 경영혁신』, 자작나무, p. 72.
6) 손광수 외(1996), *op. cit.*, pp. 83~89.
7) 이유재(1997), 『울고 웃는 고객이야기』, 연암사, pp. 119~121.
8) *Ibid.*, pp. 214~215.
9) 손광수 외(1996), *op. cit.*, pp. 83~84.

Step 2 고객만족추진위원회를 구성하라

1) 손광수(1995), 『바로 가는 CS 거꾸로 가는 CS』, 21세기북스, p. 226.

2) *Ibid.*, pp. 206~209.
3) 서울 Q & I 포럼(1999), 『경영품질의 세계기준, 말콤 볼드리지』, 한·언, p. 352.
4) 리차드 C. 화이틀리 지음·한국IBM 경영혁신팀 옮김(1996), 『원칙과 인간을 통한 경영혁신』, 자작나무, pp. 176~177.
5) 고나가와 신지로/에가와 가쓰히코 지음·한국 제이마크(주) 옮김(1993), 『DC카드의 CS경영』, 21세기북스, pp. 135~136.
6) 히라시마 야스히사 지음·KMAC CS경영혁신센터 옮김(1992), 『고객만족경영의 추진방법』, 21세기북스, pp. 89~91.
7) *Ibid.*, pp. 158~160.
8) 손광수(1995), *op. cit.*, pp. 207~208.
9) *Ibid.*, pp. 204~206.
10) Goetsch, D. L. & S. B. Davis(1995), *Implementing Total Quality*, Prentice Hall, p. 84.
11) 손광수(1994), 『알기 쉬운 CS 하기 쉬운 CS』, 21세기북스, p. 279.
12) Goetsch, D. L. & S. B. Davis(1995), *op. cit.*, pp. 85~99.

Step 3 비전, 사명, 가치, 목표를 설정하라

1) 이유재(1997), 『울고 웃는 고객이야기』, 연암사, pp. 194~196.
2) 조광행(1995), 『전략적 유통업 마케팅』, 경문사, pp. 54~56.
3) 이유재(1997), *op. cit.*, pp. 196~197.
4) 얀 칼존 지음·김영한 옮김(1992), 『고객을 순간에 만족시켜라』, 성림, p. 186.
5) 리차드 C. 화이틀리 지음·한국IBM 경영혁신팀 옮김(1996), 『원칙과 인간을 통한 경영혁신』, 자작나무, pp. 56~57.
6) Goetsch, D. L. & S. B. Davis(1997), *Introduction to Total Quality*, Prentice Hall, p. 620.
7) 박우동(1996), 『품질경영』, 법문사, p. 105.
8) *Ibid.*, pp. 107~108.
9) Tenner, A. R. & I. J. DeToro(1997), *Process Redesign*, Addison Wesley, p. 108.
10) 조광행(1995), *op. cit.*, pp. 78~79.
11) 박우동(1996), *op. cit.*, p. 110.
12) Goetsch, D. L. & S. B. Davis(1997), *op. cit.*, pp. 75~85.
13) Saylor, J. H. (1996), *TQM Simplified*, 2nd ed., McGraw-Hill, pp. 114~115.

Step 4 고객만족 및 종업원만족 수준을 파악하라

1) Goetsch, D. L. & S. B. Davis(1995), *Implementing Total Quality*, Prentice Hall, p.

171.
2) 고나가와 신지로/에가와 가쓰히코 지음 · 한국제이마크(주) 옮김(1993), 『DC 카드의 CS경영』, 21세기북스, pp. 89~90.
3) 이철(1998), 『고객의 눈으로 보면 모든 것이 새롭다』, 학현사, p. 44.
4) *Ibid.*
5) 손광수(1994), 『알기 쉬운 CS 하기 쉬운 CS』, 21세기북스, pp. 253~254.
6) *Ibid.*, pp. 221~223.
7) Zeithaml, V. . & M. J. Bitner(1998), *Services Marketing*, McGraw-Hill, p. 323.
8) Goetsch, D. L. & S. B. Davis(1995), *op. cit.*, p. 165.
9) *Ibid.*, pp. 167~168.

Step 5) 성공가능성이 높은 팀 프로젝트를 선정하라

1) 칼 알브레히트 지음 · 유동근 옮김(1994), 『서비스 품질관리』, 세종서적, pp. 248~249.
2) Saylor, J. H. (1996), *TQM Simplified*, 2nd ed., McGraw-Hill, p. 108.
3) Harrington, H. J. & J. S. Harrington, *Total Improvement Management*, McGraw-Hill, p. 239.
4) Wesner, J. W., J. M. Hiatt, & D. C. Trimble(1995), *Winning with Quality*, Addison Wesley, pp. 138~139.
5) Goetsch, D. L. & S. B. Davis(1995), *Implementing Total Quality*, Prentice Hall, pp. 193~195.
6) *Ibid.*, p. 205.
7) *Ibid.*, pp. 202~204.
8) Brown, M. G., D. E. Hitchcock, & M. L. Willard(1994), *Why TQM Fails and What to Do about It*, Irwin, pp. 210~213.
9) *Ibid.*, p. 213.
10) Goetsch, D. L. & S. B. Davis(1995), *op. cit.*, p. 216.
11) 안상형 · 이관석 · 이명호(1998), 『현대품질경영』, 학현사, pp. 169~170.
12) Rao, A., L. D. Carr, I. Dambolena, R. J. Kopp, J. Martin, F. Rafii, & D. F. Schlesinger(1996), *Total Quality Management* : A Cross Functional Perspective, John Wiley, pp. 207~221. ; Fitzsimmons, J. A. & M.J.Fitzsimmons(1994), *Service Management for Competitive Advantage*, McGraw-Hill, pp. 312~318. ; 안상형 · 이관석 · 이명호(1998), *op. cit.*, pp. 529~535에서 재인용.

Step 6 프로젝트 팀과 부서개선 팀을 계속 선정하여 지속적 개선을 추구하라

1) 칼 알브레히트 지음 · 유동근 옮김(1994), 『서비스 품질관리』, 세종서적, p. 249.
2) Ibid., pp. 240~241.
3) 손광수(1994), 『알기 쉬운 CS 하기 쉬운 CS』, 21세기북스, pp. 92~95.
4) 이순철(1997), 『서비스기업의 운영전략』, 삼성경제연구소, pp. 213~215.
5) Lovelock, C. H. & C. B. Weinberg(1993), *Marketing Challenges : Cases and Exercises*, Mcgraw-Hill, pp. 556~557.
6) Evans, J. R. & W. M. Lindsay(1996), *The Management and Control of Quality*, 3rd ed., West, p. 446.
7) 리차드 C. 화이틀리 지음 · 한국IBM 경영혁신팀 옮김(1996), 『원칙과 인간을 통한 경영혁신』, 자작나무, p. 174.
8) 이순철(1996), 『신경영기법』, 매일경제신문사, pp. 26~27.
9) 서울 Q&I 포럼(1999), 『경영품질의 세계기준, 말콤 볼드리지』, 한 · 언, pp. 271~272.
10) 손광수(1995), 『바로 가는 CS 거꾸로 가는 CS』, 21세기북스, p. 188.
11) 손광수(1994), op. cit., p. 249.

부록 문제해결 도구 및 기법

1) Mears, p. (1995), *Quality Improvement Tools & Techniques*, McGraw-Hill, p. 20.
2) Evans, J. R. & W. M. Lindsay(1996), *The Management and Control of Quality*, 3rd ed., West, p. 350.
3) 송종대 · 김성영 · 조길복(1998), 『미니탭을 활용한 품질관리 실무』, 한울, p. 35.
4) 안상형 · 이관석 · 이명호(1998), 『현대품질경영』, 학현사, p. 149.
5) 하동식 · 송종대(1998), 『현장관리를 위한 품질경영 기초실무』, 학현사, p. 6.
6) Ibid., p. 81.
7) Ibid., pp. 81~83.
8) 안상형 · 이관석 · 이명호(1998), op. cit., pp. 147~148.
9) Ibid., p. 157.
10) Mears, p. (1995), op. cit, pp. 34~38.
11) Gitlow, H., A. Oppenheim, & R. Oppenheim(1995), *Quality Management : Tools and Methods for Improvement*, Irwin, p. 311.
12) 안상형 · 이관석 · 이명호(1998), op. cit., p. 164.
13) 하종식 · 송종대(1998), op. cit., pp. 44~45.